U0141953

王崇峻著

維風導俗
——明代中晚期的社會變遷與鄉約制度

文史哲學術叢刊

文史哲出版社印行

國家圖書館出版品預行編目資料

維風導俗：明代中晚期的社會變遷與鄉約制度/
王崇峻著. -- 初版. -- 臺北市 :文史哲,民89
面；　公分.（文史哲學術叢刊;16）
參考書目:面
ISBN 957-549-283-8 (平裝)

1.社會 - 中國 - 明（1368-1644）

540.9206　　　　　　　　　　　　　　89004596

文史哲學術叢刊　⑯

維　風　導　俗

明代中晚期的社會變遷與鄉約制度

著　　　者：王　　崇　　峻
出　版　者：文　史　哲　出　版　社
登記證字號：行政院新聞局版臺業字五三三七號
發　行　人：彭　　正　　雄
發　行　所：文　史　哲　出　版　社
印　刷　者：文　史　哲　出　版　社
　　　　　臺北市羅斯福路一段七十二巷四號
　　　　　郵政劃撥帳號：一六一八〇一七五
　　　　　電話 886-2-23511028・傳真 886-2-23965656

實價新臺幣四〇〇元

中　華　民　國　八　十　九　年　三　月　初　版
中　華　民　國　九　十　一　年　九　月　再　版

維 風 導 俗
明代中晚期的社會變遷與鄉約制度

目 錄

表格目錄

附錄

第一章　緒論

　　明代是傳統王朝中非常特殊的一朝，它不如漢、唐的開疆拓土，聲威遠播，也不如宋代在文化、學術上的開創性和影響性。從朱元璋創立基業後，一直到十六世紀，我們看到在政治上是廢除宰相，誅殺異己；宦官干政，特務猖獗；以及濫刑廷杖，屈折士人。在文化上則是以程朱之學統制人心，以八股制藝僵化思考，從上到下都以守舊遵循為尚，在各方面都給予人沉悶的感覺，缺乏創造的、活潑的氣象，這一切都展現了君主專制的種種負面影響。

　　然而，從十五世紀中葉開始，政治上雖然愈趨腐敗，卻在政治以外的各領域都產生了劇烈的變化。經濟上，商品經濟和土地兼并的發展，改變了以自耕農為主體的社會狀況，商品化農業經營的出現，勞力密集的手工業的發展，區域性的商人集團活躍，各地區以工商為主的市鎮也紛紛出現，使個體經濟與市場的聯繫更趨密切。文化上則王守仁的心學出

現，快速地吸引學者的注意，衝擊著程朱理學的正統地位，同時也解放了禁錮已久的人心，其影響由哲學層面擴展到文學、藝術創作乃至日常行為等各個層面，引起的爭論雖多，但確實開啟了一個活潑豐富的時代。

　　十六世紀的明代，給予人們新舊衝突、劇烈變化的感覺，但是在轉變之中，又充滿了深重的無力感和不確定性。政治的黑暗腐敗和效率不彰，使其無法成為引領提昇整體的力量，經濟的發展和思想的活潑，卻只是衝擊著既有的秩序和價值觀，無法促成結構的轉型。社會風氣奢靡，貧富差距加大，富強者恃力凌弱，為所欲為。在以金錢為權衡下，群起逐利，不恤禮義，拐騙詐偽，無所不至。不只是宗族間不相敦睦互助，甚至父母出賣子女，子女毆殺父母的人倫悲劇，亦時有所聞，社會的光怪陸離，代表著整個社會秩序已完全動搖。

　　這種由靜而動、以至於劇烈變化的過程，是明代歷史由盛轉衰非常重要的關鍵，也是傳統王朝歷史中非常特殊的景象，並成為近年來明史研究的重要課題。

　　筆者在閱讀的過程中，注意到明代中期以後的社會變遷，除了從經濟與文化層面加以探討之外，制度面的問題也應不可忽略，特別是明初社會的相對穩定，與明太祖的社會控制系統與措施有著密切的關係，而太祖的種種規定，在十

五世紀中葉以後，即逐漸地失去效用。

　　在面對社會失序的情況下，明代有一群儒家學者與地方官員，努力的在地方上推行教化工作，並且在既有的制度之外，重新拾取宋代的保甲、鄉約制度，期以重建社會秩序，更進而朝向他們理想中的社會狀態而努力。而這些社會重建工作主要是由個人推動的，朝廷在整個過程中並未起著決定性的作用，這也是君主愈趨專制的發展過程中非常特別的現象。筆者在探究明代儒家學者的講學活動中，注意到舉行鄉約也是他們極爲重視的教化工作之一環，所以希望能以本文瞭解明代鄉約與社會變遷的關係，明代鄉約的特殊性及其意義之所在。

　　鄉約源自於北宋時陝西藍田呂大忠、大鈞、大臨(約 1042—1090)兄弟的創作。它主要的內容有「德業相勸」、「過失相規」、「禮俗相交」、「患難相恤」等四項，目的在透過鄉民的自發力量，提倡倫理道德、推廣地方教育、促進民衆交流與合作，並利用定期性的聚會和互相約束的方式，組織成一個類似的地方性自治團體。然而，鄉約雖然在宋代出現，卻未能普遍推行，《宋史》中只記載了與鄉約相關的著作，除

呂氏兄弟以外，並沒有明確記載其他人曾經實行過鄉約[1]，《元史》則完全沒有鄉約的記錄。換言之，要到明代以後，鄉約制度才普遍推行。

關於明代鄉約的研究成果，早在民國二十四年有王蘭蔭〈明代之鄉約與民眾教育〉一文，雖為開創性的著作，但內容則比較簡略，主要依據地方志的記載，記述實行鄉約的方法與集會的過程，另也附帶敘述了明太祖的「勸善六諭」，以及與鄉約相關的保甲、社倉等制度。大體而言，本文已觸及了明代鄉約的多項特點，只是不夠深入。

此後，鄉約的研究一直未受重視，直到一九六０年，分別有蕭公權與日人酒井忠夫的鉅著[2]，為鄉約的研究開啟了更寬廣的視野。然而，蕭公權的著作以清代為主，明代只是作為背景的敘述，並非全書的重點。而酒井忠夫的著作則以善書為中心，偏重在明代學者和官員對太祖「勸善六諭」的闡演，鄉約也只是放在研究「六諭」的脈絡下進行，並非其研究的主題。

---

[1] 有張時舉著《弟子職女誡鄉約家儀鄉儀》一卷，及吳昌裔著《鄉約口義》。《宋史》，卷 205，頁 5210、卷 408，頁 12304。

[2] Kung-Chuan Hsiao(蕭公權)：*Rural China：Imperial Control in the Nineteenth Century*, University of Washington Press, 1960。酒井忠夫：《中國善書の研究》，東京，圖書刊行會，昭和 35 年。。

　　近年來隨著研究範圍的擴大，鄉約的研究漸受到學者的關注，如朱鴻林與曹國慶的文章[3]，分別對於呂柟及王守仁所實行的鄉約，作比較深入的研究。但是受限於專題研究的文章體裁，對其他地區重要鄉約的介紹，以及與鄉約之所以出現之政治、社會背景的研究，並非二文的重點，且對鄉約在明代發展之歷史意義的探討，也仍具有再多用筆墨的空間。

　　爲從比較寬廣的角度瞭解明代鄉約的發展與特殊性，本書擬從以下幾項重點著手：

　　一、探討明太祖的社會控制系統與措施，特別是以里甲制爲中心，以瞭解明初社會的概況，並連繫明代中期以後的社會變遷。

　　二、敘述明代中期以後社會風氣的改變，及其對傳統價值與人倫的衝擊。

　　三、介紹社會變遷的內容，以探討明太祖制定的社會控制系統的失效，及明代學者重新復興宋人的創制。

　　四、比較宋、明二代鄉約的內容與實施概況，並從歷史

---

[3] 朱鴻林：〈明代中期地方社區治安重建理之展現〉，刊韓國《中國學報》，第 32 輯，1992 年 8 月。曹國慶：〈王守仁與南贛鄉約〉，刊《明史研究》，第 3 輯，合肥，黃山書社，1993 年。曹國慶：〈明代鄉約研究〉，刊《文史》，第 46 輯。

的脈絡瞭解明代鄉約的特殊性。

五、簡介明代主要鄉約的內容，檢討其成效，並探究明代鄉約的歷史意義。

限於個人的學識和能力，本書對上述目標的達成，或有未及，且疏漏之處應也不在少數，然期能以絮磚引得錦玉，則學術之功方得日新月積。懇祈方家斧正，亦為區區衷願。

第二章　明太祖的社會控制

　　朱元璋(1328—1398)以平民開創新朝，即位之初，在內政上首需面對的迫切問題有二項：一是元末天災、戰亂造成的土地荒蕪和民生凋弊[1]。二是戰爭時期引發的法紀縱弛和社會失序[2]。這二項問題的處理實關係到太祖統治地位的確立與穩定，所以在即位之後，就馬上與劉基(1311—1375)討論人民「生息之道」，劉基主張「寬仁」，朱元璋則強調：

> 寬仁必當阜民之財，而息民之力。不節用則民財竭，不省役則民力困，不明教化則民不知禮義，不禁貪暴則民無以遂其生，不如是而曰寬仁，是徒有其名

---

[1] 吳元年一月，太祖謂中書省臣曰：「予嘗親歷田野，見人民凋弊，土地荒蕪，失業者多。蓋因久困兵革，生息未遂。」《明太祖實錄》，卷22，頁313，台北，中央研究院歷史語言研究所，民國51年。

[2] 元至正二六年三月，上語太史令劉基、起居注王禕曰：「喪亂之後，法度縱弛，當有更張，使紀綱正而條目舉。然必明禮義、正人心、厚風俗、以為本也。」徐學聚：《國朝典彙》，卷24，頁429，台北，學生書局，中國史學叢書。

而民不被其澤也[3]。

因此,「阜民之財,息民之力」、「使明教化,以知禮義」,就成為太祖在內政上首要的施政原則。前者的具體施政項目有蠲免賦稅、移民屯田、開墾荒地、興修水利、種植桑棉等等,目的在振興農業,提高糧食的生產。此外,他還清查戶口、丈量田地、嚴懲貪官,期以保障農民的收益,促進社會的公平[4]。

至於「明教化,知禮義」,則關係到明初所建立社會控制系統,目的在遏止民眾的偏差行為,維持社會秩序。

一、明太祖的「教化」觀

先從洪武三年(1370)談起,是年二月,太祖問戶部:「天下民孰富?」,戶部對曰:「惟浙西多富民巨室。」太祖基於他的成長經驗認為富民多是豪強,欺凌小民、武斷鄉曲。於是命令戶部召富民前來,太祖以嚴厲的語氣告訴他們「今朕為爾主,立法定制,使富者得以保其富,貧者得以全其生」,告戒富民絕不可凌弱、吞貧、虐小、欺老,必要「孝敬父兄,

---

[3] 《明太祖實錄》,卷 29,頁 496。

[4] 關於太祖時農業生產的恢復和發展,詳見吳晗:〈明初社會生產力的發展〉,收在周康燮編:《明代社會經濟史論集》第一集,香港,崇文書店,1975 年。

和睦親族，周給貧乏，遜順鄉里」，尤要循分守法才是良民，才可保有自己的性命和財富[5]。

值得注意是，太祖告諭富民時宋濂(1310—1381)、王禕(1322—1373)等人隨侍左右，事後，王禕大加讚揚曰：

> 自古帝王，皆兼君師之任。三代而下，為人主者知為治，而不知為教。今陛下訓諭之，不啻嚴師之教弟子，恩至厚也。誠所謂兼治教之道矣[6]。

這段記載的意義有二點：一、太祖對富民的訓諭，已預示他在社會風俗上的施政方向，除了孝敬、和睦外，最重要的是「循分守法，則能保身」。二、王禕的說法，更加堅定他對實施「教化」的信念，因為「兼治教之道」則足以上比三代帝王。

洪武八年(1375)三月，太祖召見即將前往北方擔任教職的國子監生們，再度表達他對「教化」的重視，太祖期勉監生們「教化行，雖閭閻可使為君子，教化廢，雖中材或墜於小人」[7]。然而，什麼樣的社會狀況，才是他心目中的「善俗」？

---

[5] 《明太祖實錄》，卷49，頁966—67。

[6] 《明太祖實錄》，卷49，頁966—67。

[7] 《明太祖實錄》，卷98，頁1672。又，洪武二十三年(1390)七月，在閱讀《大學》一書後，朱元璋更體察到統治必須以教化為本，他強調：「苟不明教化之本，致風俗變替，民不知趨善，流而為惡，國家欲長治久安，不可得也。」卷203，頁3035。

易言之，他的「教化」施政所要追求的境界是什麼？

　　首先，在朱元璋的觀念裡，除了政府要盡力施政之外，社會上的士、農、工、商四個階層更要各守其業，各盡其力，若沒有任何怠惰遊逸的人民，自然能夠足衣足食，所以他說：

> 先王之世，野無不耕之民，室無不蠶之女，水旱無虞，飢寒不至，自什一之塗開，奇巧之技作，而後農桑之業廢，一農執末而百家待食，……欲人無貧，得乎？朕思足食在於禁末作，足食在於禁華靡，爾宜申明天下，四民各守其業，不許游食，庶民之家不許衣錦繡，庶幾可以絕其弊也[8]。

雖然社會無游食，但以「禁末作」、「禁華靡」的強制方式，來維持社會階層的穩定，充其量只是造成靜態的、低水平的社會。

　　另一方面，太祖並不以水旱無虞為滿足，他更要改變胡元夷風，與民更化。為此，他制定社會各階層相應的禮樂制度，從婚喪冠冕到房舍、服色、器用等各個層面，職官庶民各有等差，例如他規定庶民房舍不超過三間，不可使用斗拱、彩色。其目的在「辨貴賤、明等威」，他認為「貴賤無等，僭禮敗度」，正是蒙元的失政[9]。若尊卑貴賤各階層都能

---

[8] 《明太祖實錄》，卷175，頁2663。
[9] 《明太祖實錄》，卷55，頁1076。

各安其位、各安其生,則社會秩序自能井然。不只如此,他心目中的理想社會更是要:

> 鄰保相助,患難相救。
>
> 有凍餒不能自存者,令富室假貸錢穀以資養之。
>
> 孤寡殘疾不能生理者,官為養贍。
>
> 鄉黨論齒,平居相見揖拜之禮,幼者先施。
>
> 歲時燕會坐次之列,長者居上。
>
> 行鄉飲之禮,以明長幼,厚風俗。
>
> 婚姻不重聘財。
>
> 喪事以哀為本,不以奢侈眩耀為尚。
>
> 僧道之教,以清淨無為為本[10]。

這真是一個理想的太平盛世,「教化」工作若能達此境界,則真如董仲舒所說「子孫長久,安寧數百歲」[11]。

　　前述太祖訓諭富民,強調「循分守法,則能保身」,這一訓示也展現了太祖教化工作的特殊性。在他的觀念裡,「教化」與「刑罰」是並用相濟的,他說:「君之養民,五教五刑焉」,而民眾若不遵循五教,必會造成強凌弱、眾暴寡的現象,社會秩序自然無法維持,太祖稱這些不遵五教之人為

---

[10] 《明太祖實錄》,卷73,頁1351—53。

[11] 班固:《漢書》,卷56董仲舒傳,頁2512,台北,鼎文書局,新校本。

「頑民」，必須「五刑以加焉」[12]。輕者，摒棄於化外，使不得與良民同居於鄉；重者，則全家誅之[13]。從《御製大誥》諸篇中所記，太祖刑罰之殘酷，實令人驚心。

　　以刑罰為後盾的教化措施，正是明太祖教化政策最重要的特色，更是完全背離儒家對教化的主張。孔子說：「道之以政，齊之以刑，民免而無恥。道之以德，齊之以禮，有恥且格。」(論語・為政) 是以個人道德之發展為政治的最高理想，所以雖是禮義與政刑兼用，但仍以禮義為主。太祖的教化，則不是以個人道德發展為目標，而是重在人民的順服，它其實已成為強制性的社會控制，以構建專制統治的社會基礎。

二、里甲制的淵源

　　里甲制是明太祖社會控制系統中最重要的部分，先略述其淵源與意義。

　　關於里甲制，一般以洪武十四年(1381)命郡縣編造賦役黃冊而推行的[14]。據《實錄》記載：

---

[12]　《御製大誥》，「民不知報」，第 31，收錄在吳相湘編：《明朝開國文獻》，台北，學生書局，中國史學叢書本。

[13]　《御製大誥續編》，「交結安置人」，第 80、「斷指誹謗」，第 79。

[14]　楊國禎、陳支平：《明史新編》，頁 47，台北，雲龍出版社，民國 84

是月命天下郡縣編賦役黃冊。其法以百一十戶為里，一里之中推丁糧多者十人為之長，餘百戶為十甲，甲凡十人。歲役里長一人、甲首十人，管攝一里之事。城中曰坊，近城曰廂，鄉都曰里。凡十年一周，先後則各以丁糧多寡為次。每里編為一冊，冊之首總為一圖。其里中鰥寡孤獨不任役者，則帶管于百一十戶之外，而列于圖後，名曰畸零。冊成為四本，一以進戶部，其三則布政司府縣各留其一焉[15]。

蕭公權則根據《明史》，認為里甲是以元代的「里社制」為基礎而組織成[16]。然而，蕭公權的著作是以清代為主，明代里社制的淵源非其重點，且《明史》對這部分的記載，是放在敘述土地丈量與建立魚鱗圖冊的脈絡之下，並未記載太祖創設里甲制的時間及其演變的過程。雖然如此，蕭公權的敘述仍然提供了有用的追尋線索。

年。
[15] 《明太祖實錄》，卷 135，頁 2143—44。
[16] Kung-Chuan Hsiao(蕭公權)：*Rural China—Imperial Control in the Nineteenth Century*，p.38，University of Washington Press, 1960。張廷玉：《明史》記載：「凡田以近郭為上地，迤遠為中地、下地。五尺為步，步二百四十為畝，畝百為頃。太祖仍元里社制，河北諸州縣土著者以社分里甲，遷民分屯之地以屯分里甲。社民先佔畝廣，屯民新占畝狹，故屯地謂之小畝，社地謂之廣畝。」卷 77，頁 1882，台北，鼎文書局，新校本。

　　查「里社」並非源自元代,「里」與「社」涉及古老的地方行政區劃與宗教活動。

　　「里」本是封建城邦時代大城之內的各個聚落,起初的家戶口數不多,春秋中期以後,城市發展,人口集中,里的規模也為之擴大,「百家為里」乃為戰國到秦漢城市社區的普遍情況[17]。「社」源於周代的社祭,社祭是封建禮樂制度的一個重要組成,從天子以至庶民,都需舉行社祭,至於社中奉祀之神,文獻記載雖不盡相同,但主要仍是與土地有關之神[18]。

　　既然是每個聚落都舉行社祭,所以聚落也稱為「社」,先秦文獻或稱作「書社」。《禮記·祭法》:「大夫以下成群立社曰置社。」鄭玄《注》:「大夫與民族居,百家以上則共立一社,今時里社是也。」由於漢代地方行政區劃,以里為最小的單位,積里為亭,積亭為鄉,積鄉為縣。一般庶民舉行社祭,乃以里為立社的單位,故鄭玄謂「今時里社是也」。若以聚落的規模看,其實不限於百家,如《史記·孔子世家》《索隱》載「古者二十五家為里,里各立社」。《漢書·五行

[17] 杜正勝:《編戶齊民—傳統政治社會結構之形成》,頁 103—105,台北,聯經出版公司,民國 79 年。

[18] 周人社中所供奉的社神,其說有四:一是五土之神,二為勾龍,三為禹,四為修車。洪德先:〈俎豆馨香——歷代的祭祀〉,文收張岱總主編:《中國文化新論》(宗教禮俗篇),頁 383,民國 71 年。

志》《注》引臣瓚說，漢代小至十家、五家的小聚落也可以共同立社，漢代也稱作「私社」，即相對於國家所立之社。

漢代里社的祭祀，多於春、秋舉行，祭祀花費由人民分攤，儀式結束後，眾人有分享祀肉的節目。因此，漢代的里社，可說是庶民於農閒之餘配合宗教節令聚集在一起，一方面藉著宗教儀式膜拜祈福；另一方面彼此聚首，進行交易或娛樂。發展至宋代，已成為人們日常生活裡一項極為重要的活動，孟元老的《東京夢華錄》中描寫的極為詳盡[19]。元代的社為官方組織，是農業事務的中心，據元人記載，鄉村中每五十戶為一社，並由一精通農業的老人為首，職責是教導和管理農桑[20]。

洪武二年(1369)，太祖命令每里一百戶內設立里社壇，於每年春秋二季祭祀五土五穀之神，並每年輪流由一戶擔任會首，負責祭壇的清潔維護與祭祀前的準備工作。比較特別的是，太祖規定社祭完畢，要舉行會飲，並於會中令一人宣讀太祖欽定的「抑強扶弱之誓」，誓詞曰：

> 凡我同里之人，各遵守禮法，毋恃力凌弱。違者，先共制之，然後經官。或貧無可贍周給其家，三年不

---

[19] 洪德先：〈俎豆馨香——歷代的祭祀〉，頁 387。

[20] Kung-Chuan Hsiao：*Rural China—Imperial Control in the Nineteenth Century*，p.38。

立，不使與會。其婚姻喪葬有乏，隨力相助。如不從

眾，及犯姦盜詐偽，一切非為之人，並不許入會[21]。

務必恭敬神明，和睦鄉里，以厚風俗。這一特殊的作法，已
預示了後來里甲制度的內涵。

洪武三年(1371)十二月，太祖命令社祭增加祭祀無祀的
鬼魂。主因是元末戰爭傷亡慘重，許多士兵死時並無後嗣，
而民間信仰認為無依之鬼能興災厲，或是依附土木為民禍
福。太祖出身民間，深深明瞭一般民眾的鬼神觀，更懂得利
用這種心態，他要禮部討論，禮部官員引述《禮記》與《春
秋》的記載為證，認為祀厲在漢代以前是普遍舉行的，且引
《左傳》:「鬼有所歸，乃不為厲」之說。但後代卻以祀厲為
淫謟，非禮之正，故不舉行。因此，禮部建議各府州縣及里
社皆祭祀之，並摒除其他淫祠。太祖遂命令各府州縣於每年
春清明日、秋七月十五日、冬十月一日，祭無祀鬼魂。其壇
設於城北郊間，京都謂之泰厲、王國謂之國厲、州府謂之郡
厲、縣謂之邑厲、民間謂之鄉厲。祭物，牲用羊三、豕三，
飯米三石，香燭酒紙隨用[22]。

洪武七年(1374)，再由禮部頒定統一祭文，供各級地方
民眾使用。值得注意者，祭文中述:

---

[21] 申時行重修:《大明會典》，卷 94，頁 15—16，台北，新文豐出版公司。
[22] 《明太祖實錄》，卷 59，頁 1155—56。

　　天下之廣，兆民之眾，必立君以主之。君總其大，
　又設官分職於府州縣以各長之。各府州縣又於每一百
　戶內設一里長，以綱領之。上下之職，綱紀不紊，此
　治人之法如此[23]。

可見在里甲制正式實施前，已編百戶為里。且從祭文的思考
脈絡看，里長已屬設官分職的範疇，具有政府在鄉村中的代
理人員之內涵。

　　另外，厲祀若只為儀式，則只是太祖因俗為禮，正式承
認這一民間重要的信仰與節日[24]，但從祭文中可見到，太祖
的目的顯然並不僅只於此，祭文曰：

　　置備牲禮羹飯，專祭本府合境無祀鬼神等眾，靈其
　不昧，永享此祭。凡我一府境內人民，儻有忤逆不孝，
　不敬六親者；有姦盜詐偽，不畏公法者；有拗曲作直，
　欺壓良善者；有躲避差徭，靠損貧戶者。似此頑惡姦
　邪不良之徒，神必報於城隍，發露其事，使遭官府。
　輕則笞決杖斷，不得號為良民，重則徒流絞，不得生
　還鄉里。若事未發露，必遭陰譴，使舉家並染瘟疫，
　六畜田蠶不利。如有孝順父母，和睦親族，畏懼官府，

[23] 申時行重修：《大明會典》，卷 94，頁 11—12。
[24] 民間俗稱清明、七月十五、十月初一為「三鬼節」。參見喬繼堂：《中
　　國歲時禮俗》，頁 252，台北，百觀出版社，民國 82 年。

　　遵守禮法，不作非為，良善正直之人。神必達之城隍，
　　陰加護佑，使其家道安和，農事順序，父母妻子，保
　　守鄉里。我等闔府官吏等，如有上欺朝廷，下枉良善，
　　貪財作弊，蠹政害民者，靈必無私，一體昭報。如此，
　　則鬼神有鑒察之明，官府非諂諛之祭[25]。

先談談祭文中提及的城隍信仰。

　　城隍神原是城鎮的守護神，後來漸由守護神演變成「陰
官」，相對於人間政府所派遣的「陽官」，城隍專責這一地區
的陰間事務，又名之曰「陰堂正府」[26]。據文獻記載，城隍
信仰最早出現在三國時吳國蕪湖城隍祠。唐初城隍仍僅流行
於江南一帶，唐代文獻記載，因吳人特別怕鬼，所以每個州
縣都設有城隍。五代時杜光庭說：城隍管死者魂靈，道士為
亡者建醮超度，要上「城隍牒」，城隍同意，才能接受超度。
宋代城隍祠已幾遍天下，並對汴京、臨安的城隍封王。元代
至正年間，城隍再次封王，並宣布其職掌擴大為「司分善惡，
部領山川」[27]。

　　明代繼續這一傳統，洪武二年(1369)，太祖封京師、開
封、臨濠、太平、和州、滁州等府城隍神為王，皆正一品；

---

[25] 申時行重修：《大明會典》，卷 94，頁 11—12。
[26] 洪德先：〈俎豆馨香——歷代的祭祀〉，頁 389。
[27] 葛兆光：《道教與中國文化》，頁 333，上海，人民出版社，1987 年。

封府城隍爲公，正二品；封州城隍爲侯，正三品；封縣城隍爲伯，正四品。隨即於洪武三年(1370)詔去封號，止稱某府州縣城隍之神[28]。洪武三年六月，又詔天下府州縣皆立城隍廟，並規定建築物的規模大小和廟內的几案陳設，都要與官署衙門廳堂相同[29]。

原本只是個人單純的祭祀鬼神，以求風調雨順、合境平安，朱元璋卻轉而強調鬼神對民眾的鑒察，更援引城隍的神助；除了官府笞杖還不夠，還以「舉家並染瘟疫」、「六畜田蠶不利」的陰譴恐嚇，實不只是因俗爲禮，尤在援俗入禮，即以民間信仰主流的鬼神和「禍福感應」觀來作爲社會控制的一種手段，強化他所訂定的各項規範，正所謂是以「神道設教」。

從里社祭祀和規定宣讀抑強扶弱的誓詞始，太祖充分地明瞭這一淵源久遠的民間組織在地方上所具有的意義，它正是鄉村中「權力的文化網絡」(culture nexus of power)的一部分，這一網絡包括不斷相互交錯影響的等級組織，與諸如市場、宗族、宗教等非正式的相互關係網[30]。太祖從祭祀的角度介入這一網絡，再結合民間的鬼神信仰來規範之，使他的

---

[28] 《明史》，卷 49，頁 1286。

[29] 《明太祖實錄》，卷 38，頁 755—59、卷 53，頁 1050。

[30] 杜贊奇(Prasenjit Duara)著，王福明譯：《文化、權力與國家——1900～1942 年的華北農村》，頁 4，南京，江蘇人民出版社，1994 年。

政權成功地滲透到鄉村社區，並經由這一過程，讓他的統治權力擁有合法性。然後，他建立里甲制，也就是把原有的文化網絡轉型成爲新的組織[31]，在不斷的充實下，里甲制成爲鄉村的控制系統。

三、里甲制與社會控制

依照《明史》的記載，里甲屬於「役」的範疇[32]。但細查太祖時的各項規定，里甲制的內容並不只是「役」，還包含更多的職責，以下依時間順序介紹之：

第一、里甲負責「鄉里互知丁業」

前已述，朱元璋認爲社會的安定，在於四民各守其業、各盡其力，沒有任何怠惰遊逸之民，爲落實這一想法，他在洪武十九年(1386)創制了「鄉里互相知丁，互知務業」的規定，強調「市村絕不許有逸夫」，「凡有夫丁，除公占外，餘皆四業」[33]。他認爲不務生理、遊手好閒的「逸夫」，喜歡在

---

[31] 日本學者栗林宣夫曾經把里社壇和洪武十四年成立的里甲制的里甲數目互相比較，發現同一地區的里社壇及里甲數幾乎完全一樣，因此他認爲里社及鄉厲中的里，就是里甲制度中的里。參見張哲郎：〈明太祖的地方控制與里甲制〉，刊《食貨月刊》，11卷1期，民國70年4月。

[32] 《明史》，卷78，頁1893。

[33] 《御製大誥續編》，「互知丁業」，第3。

衙門裡幫閒，利用機會教唆官吏殘害人民，惡劣者甚至成為盜賊，為害鄉里[34]，所以地方官務必要命令其父母、兄弟、妻子告誡訓誨，使各著生理。

不只是告誡訓誨，太祖更要鄰里間彼此監督，互知每人的工作狀況，具體的做法是：

1.鄰里之間必需互知某一人家有民丁幾人，其中士、農、工、商各有幾人。

2.為士者，鄰里應知其師友何人，是入社學，或是府州縣學生員。

3.務農者，鄰里應互知朝出暮入，作息之道。

4.務工者，鄰里應知其工作項目與工作的地點。

5.務商者，因受限於交通路程，難以確定歸期。但鄰里仍務必周知，如經年無信，二載不歸，鄰里應詢問本戶。

太祖強調，若有「不務生理，捏巧於公私，以構患民之禍」的逸夫，許由鄰里親戚拘拿赴京，若坐視不理，使其繼續犯罪非為而由官署補獲者，則「逸夫處死，里甲四鄰化外

---

[34] 《御製大誥續編》記載一例，可明白太祖的看法：「有嘉興府逸民徐戩等七人，偽造印匣，在江都楊子橋留難糧船，以取鈔貫。大誥曰：『今民間如此者，尚未已。嗚呼，若不互知丁業，其頑民無籍者多，遊食者廣，良善何當，朕將焉治。所以知丁之條，吾良民必助吾以行，即日昇平矣』」「俏家」，第23。

之遷」[35]。

除了以威嚇強制要求里甲執行外，太祖還命令地方官監督，且里甲也需將鄰里情況定期向衙門報告。《御製大誥三編》曾記載應天府上元縣知縣呂貞，故意於里甲定期報告時刁難阻帶求索財賄，事由太祖獲悉，即命正法[36]。此可見太祖推行之決心。

第二、編造黃冊與丈量田地

洪武十四年(1381)確立里甲制與編造黃冊之後，二者便緊密地結合起來。洪武二十三年(1390)八月，戶部奏明重造黃冊，方法就是把規定的格式發交民戶，民戶依式謄寫後，交由甲首彙整，甲首再交里長，里長將全里戶的資料整理成冊後送交縣衙[37]。

另一方面，由於浙江、蘇州等地富民為了逃避賦役，常把田產詭託親鄰，通稱為「鐵腳詭寄」，所以太祖即位後就陸續處理逃稅的問題，並且在這些地區實施由糧長召集里甲一起進行田地覈實的工作，而所編製的地籍圖就是洪武二十(1387)年二月進呈的魚鱗圖冊[38]。

---

[35]　《御製大誥續編》，「互知丁業」，第 3。

[36]　《御製大誥三編》，「著業牌」，第 21。

[37]　《明太祖實錄》，卷 203，頁 3043—44。

[38]　《明太祖實錄》載：「遣國子生武淳等往各處，隨其稅糧多寡定為幾區，每區設糧長四人，使集里耆民躬履田畝以量度之，圖其田之方圓，

　　由於鄉村民眾文盲不少，在編造黃冊時，里長、甲首勢必需要幫忙謄寫，所以實際上可能黃冊並非全由民戶謄寫，然後交甲首、里長彙整，而是直接由里甲首長撰造[39]。在土地覈實方面也是類似情況，由於絕大部分地區不可能是逐坵按塊的實地測量，而是大體上遵循古制「令民自實田，彙為圖籍」[40]，也就是先由地主自行陳報畫圖，地方官吏、糧長、里甲首長等人協助，參考原有圖籍，核對當時坵畝，最後編成魚鱗圖冊的[41]。

　　總之，太祖訂立賦稅制度基礎的黃冊與魚鱗圖冊，與里甲系統關係非常密切，而且，極有可能大部分是出自里長、甲首之手。

　　第三、頒布〈教民榜文〉，賦予里甲更多的職權。

　　〈教民榜文〉於洪武二十一年(1388)頒布，主要是因為

次其字號，悉書主名，及田之丈尺四至，編類為冊。其法甚備，以圖所繪狀若魚鱗然，故號魚鱗圖冊。」卷180，頁2726。

[39] 《御製大誥三編》記載一個例子：「歸安縣楊旺二，明知本都里長攢造文冊，雇請良民文阿華，在家書寫，甲首盛秀二助勞，係是辦集公事，並無科斂害民情由。卻乃姦貪恣惡，將文阿華、盛秀二綁縛拿至安吉縣地面，私自監禁一月，百般欺詐銀鈔等物。……排陷小民，肆姦玩法，梟令示眾」。「臣民倚法為姦」，第1。

[40] 《明史》，卷138，頁3968。

[41] 何炳棣，《中國歷代土地數字考實》，頁59，台北，聯經出版公司，民國84年。

接連著發布三編《大誥》之後，太祖仍然認為各級官吏貪贓
枉法，不能盡職，致使民間詞訟常直接赴京師陳告，於是再
頒布〈教民榜文〉，以充實里甲組織，賦予里長、甲首與里
老更多的職權，使里甲制成為太祖社會控制的最重要機制。
以下分述〈榜文〉的內容，並針對某些特殊的項目，簡介其
發展過程：

1.賦予里甲老人裁判決斷權

太祖命令十惡、強盜、殺人以外的民眾糾紛，包括戶婚、
田土、鬥毆、爭占、失火、竊盜、罵詈、錢債、賭博、擅食
田園瓜果等、私宰耕牛、棄毀器物稼穡等、畜產咬殺人、卑
幼私擅用財、褻瀆神明、子孫違犯教令、師巫邪術、六畜踐
食禾稼、均分水利等民刑事案件，不可任意直接告官，必須
經由所屬里甲老人理斷。若不理規定直接告官者，「先將告
人杖斷六十，仍發回里甲老人理斷」[42]。

〈榜文〉中同時規定里長、老人行使裁判權的程序：

(1)必須由民眾自行陳告方許裁判。如果有里甲、老人風
聞生事者，杖六十。若有受賄，以贓論。

(2)剖決民眾爭訟，須在白晝進行，天黑即放回，若一日

---

[42] 本節敘述〈教民榜文〉的內容，除了引述其他史料另加註腳外，其餘
　　皆自〈教民榜文〉改寫而來。〈教民榜文〉收錄於《皇明制書》，卷 9，
　　台北，成文出版社，民國 58 年。

未能結束，次日再來聽問。不可設置牢獄拘禁，否則治以重罪，但允許使用竹篦荊條量情決打。

(3)若本里的老人，遇到難以裁決的事務，或其子弟、親戚涉及爭訟，須會集鄉里的眾老人里甲一起裁決。太祖認為有見識多者，是非自然明白。

(4)若老人自己犯罪，應由眾老人里甲共同會議審查，輕者，就即裁決，並再不許該老人參與審理爭訟；重者，須會審明白，具狀送交地方官，再解送京師，不許地方官擅自拿問。

(5)民眾應服從裁決，若有「頑民」違背命令直接陳告地方官，或不服裁決，輾轉告官，又捏詞誣陷者，本人處以極刑，家遷化外。其官吏人等，不察原由，一概受理，甚至貪贓作弊者，一體處罰。

(6)可於各里的「申明亭」審議裁決。

申明亭設於洪武五年(1372)，太祖的用意是，鄉野之民不知禁令，往往誤犯法令，所以令府州縣與鄉村的里社，皆設申明亭，亭中書寫犯過民眾姓名，使旁人有所懲戒[43]。其後，又設「旌善亭」以勸民為善，並於洪武十八年(1385)命禮部將地方官有善政者，揭示於其鄉之旌善亭；刑部將犯法

---

43 《明太祖實錄》，卷 72，頁 1332。

罪狀明著者，揭於申明亭以示勸戒[44]。

以上是里甲老人行使裁判的規定。

朱元璋雖然重用耆民，但是他也深知耆民並非都是品德無缺、熱心公益之人，他們之中有曾為衙門皁隸、簿書者，因而有利用職權為人關說收賄事項，甚至還有屢犯不改者，太祖說這些人「皆係無籍小人，苟延壽至於高年」[45]。所以〈教民榜文〉對於老人的資格也有規定：

(1)老人必須由本里民眾推舉公正、為人所敬服者，年齡在五十以上，人數不拘，並需報名在官署，才可參與裁決。

(2)有年齡雖高，但見識短淺，不能辨別是非者，可同樣置於老人之列，但不許裁決事務。

(3)老人中若有行事不正，倚法為姦，或不依眾人公論，攪擾壞事者，准許眾老人拿赴京來。若是里甲老人循情作弊顛倒是非者，依法論罪。

(4)老人不得以裁決為由，挾制里甲，把持官府，或是逃避差役。違者，家遷化外。

2.緝捕盜賊、逃兵與逃囚

〈教民榜文〉規定，里甲老人應緝捕盜賊、逃兵、逃囚與生事惡人。若一人不能緝捕，應會集多人擒拿赴官。此外，

---

[44]　《明太祖實錄》，卷172，頁1632—33。
[45]　《御製大誥續編》，「耆宿」，第8。

里甲老人還必須親至各家各戶叮嚀告誡，里內人民不可隱瞞窩藏，否則事發之時，里老也要連坐。洪武二十三年(1390)，太祖更命令里甲老人要調查逃戶，如有外地流移者，應即時送官[46]。

3.懲治刁頑、為非作歹、挾制良善者

太祖命令里老應懲治無籍潑皮、平日刁頑、為非作歹之人，與不受家長教訓，動輒挾制良善之民者。若仍不悔改，應拿送有司，解赴京來。若有司循情脫放不解者，許老人奏聞。

4.遵守鄉飲酒禮的各項規定

鄉飲酒禮源自封建時代國人可以參與貴族祭祀的活動，在春秋兩次的祭醋、祭社和歲末的大蜡，國人可與貴族合爵共飲，目的在行禮以敬老，並推及培養人民的孝悌精神[47]。

洪武五年(1372)，太祖詔天下舉行鄉飲酒禮。施行方法大略是：各府、州、縣衙所在地，於每年孟春正月、孟冬十月，由地方官與學校教官，率領年老士紳在學校舉行，但史料記載，也有在申明亭舉行的例子[48]。至於廣大的鄉村地區，

---

[46] 申時行重修：《大明會典》卷 19，頁 23。

[47] 杜正勝：《編戶齊民—傳統政治社會結構之形成》，頁 39、217。

[48] 葉盛：《水東日記》，卷 21，頁 529，台北，學生書局，中國史學叢書。

則以里社的百戶爲單位,於每季行之於里中,由糧長或里長主持,以年紀最長者爲正賓,其餘以序齒列坐。另外,與前代的規定相比,明初制度的最大不同在於參加衆人坐定之後,必須先選一人讀律和申明太祖戒諭[49],然後才舉行飲酒禮,朱元璋認爲:「如此則衆皆知所警,而不犯法矣」[50]。

　　洪武十四年(1381),因各地尚未能夠普遍舉行鄉飲酒禮,太祖命禮部再次申明。與洪武五年(1372)相比,這次規定的特別之處有二:

　　(1)鄉村地區前次命由糧長或里長主持,這次改爲「賢而長者主之」。

　　(2)對於坐席的規定,前次只規定「以序齒坐」,這次增加「有違條犯法之人列於外坐,同類者成席,不許雜於善良

---

[49] 關於讀律一事,早在洪武二年八月,就有監察御史睢稼建言:「宜倣古人月吉讀法之典,命府州縣長吏,凡遇月朔,會鄉之老少,令儒生讀律,解析其義,使之通曉,則人皆知畏法,而犯者寡矣。」但太祖曰:「威人以法,不若感人以心,敦信義而勵廉恥,此化民之本也。」似未採納。《明太祖實錄》,卷 44,頁 873。

[50] 《明太祖實錄》,卷 73,頁 1342—1343。鄉飲酒禮的規定,在當時確實是有地方官認眞的執行,《明史》記載:洪武五年,魏觀擔任蘇州知府,以明教化、正風俗爲施政重點,用耆民周壽誼、楊茂、林文友等人舉行鄉飲酒禮。卷 140,頁 4002。又,葉盛《水東日記》引述余熂〈鄉飲禮序〉,記載崑山縣於洪武十二年由一李姓糧長主持舉行鄉飲酒禮,當時年高百二十的耆民周壽誼仍也參加。卷 21,頁 524—25。

之中」[51]。

洪武十六年十月，再頒布「鄉飲酒禮圖式」，更清楚地以繪圖方式統一訂出陳設和坐次，而整個儀式進行的流程，從禮前的準備工作，儀式進行時的揖讓升堂，司儀的唱詞與揚觶飲酒，乃至讀律等項目，都有清楚地規定。此外，特別之處還有：

(1)讀律時，凡曾犯過的民眾，俱赴正席，站立聆聽[52]。

(2)曾犯過的民眾，不參加鄉飲酒禮，或是強坐在眾賓席之上者，即為「頑民」。主席及諸人首告，遷於邊遠。若主席與眾賓推讓有犯之人上坐，亦同罪[53]。

從洪武十八年(1385)起，太祖屢次申明鄉飲酒禮的坐席規定，如〈教民榜文〉就強調「長幼序坐，賢否異席」。到了洪武二十二年(1389)，太祖再特別針對鄉飲酒禮的坐席安排加以規定，所有民眾分成三等，分坐不同席次：

第一等是「年高有德，無公私過犯者」，坐於上座。

第二等是「戶役差稅遲誤」、「犯公杖私笞招犯在官者」，坐於中門之外。

第三等是曾犯「姦盜詐偽、說事過錢、起滅詞訟、蠹政

51 《明太祖實錄》，卷135，頁2146—47。
52 《明太祖實錄》，卷157，頁2436—38。
53 萬曆重修：《大明會典》，卷79，頁4。

害民、排陷官長」，及「私杖徒流重罪者」，坐於東門之內。

太祖並強調如有不遵守座席安排，使善惡混淆，或是有過之人不參加典禮者，「以違制論」[54]。

看了以上的規定，讓我們不禁要問，朱元璋為何對坐席的安排如此重視？甚至還嚴重到要全家移出化外？其實這正是太祖實施鄉飲酒禮的目的，誠如他自已說：「鄉飲酒禮，敘長幼、論賢良、別奸頑、異罪人。」也就是借由這種公開儀式，給予曾犯過之人特別的標籤，一方面是打擊其人格，另一方面是對良民做出無情的警示，所以太祖說：「吾今特申明之，從者昌，否者亡」[55]。原本是合爵共飲、行禮敬老的活動，此時已變質為正式且無情的社會控制措施。

5.陳報民眾孝順節義等善行

關於旌表孝子順孫、義夫節婦，志行卓異者，洪武元年(1368)規定由地方官舉名，然後由監察御史、按察司親自察覈，再呈請旌表[56]。此時，〈榜文〉中進一步規定，里甲老人將孝順等善跡造文二分，一分上聞朝廷，一分申告地方官，再轉陳朝廷。若里老人等已奏聞，而地方官不奏者，罪之。

6.老人持鐸勸善

---

[54] 萬曆重修：《大明會典》，卷 79，頁 5—6。

[55] 《御製大誥》，「鄉飲酒禮」，第 58。

[56] 萬曆重修：《大明會典》，卷 79，頁 8。

這是太祖社會控制措施中相當特別的一項，〈教民榜文〉
規定：

> 每鄉每里各置木鐸一個，於本里內選年老，或殘疾
> 不能理事之人，或瞽目者，令小兒牽引，持鐸循行本
> 里。如本里內無此等之人，於別里內選取。俱令直言
> 叫喚，使眾聞知，勸其為善，毋犯刑憲，其詞曰：孝
> 順父母、尊敬長上、和睦鄉里、教訓子孫、各安生理、
> 毋作非為。如此者每月六次。其持鐸之人，秋成之時，
> 本鄉本里內眾人隨其多寡資助糧食。如鄉村人民住居
> 四散窵遠，每一里內置木鐸一個，易為傳曉。

除了要老人持鐸勸善外，又規定鄉里子弟應敬老與廉
恥，而年長者亦應以禮教導後生，務要鄰里和睦，長幼相愛，
太祖認為如此則日久自無爭訟。如有不循教誨者，里甲老人
可量情責罰。

7.勸農

這項工作的重點有二：

(1)每村置鼓一面，由里老負責，遇農種時節，於每日五
更擂鼓，眾人聞鼓聲下田，若有懶惰不下田者，由老人督責
[57]。

---

[57] 每村置鼓的規定，〈榜文〉中原只針對河南、山東。洪武二八年，乃命
天下人民，每村置一鼓。龍文彬：《明會要》，卷 51，頁 952，台北，

(2)每戶應依規定，栽種桑、棗、柿、棉，與養蠶，太祖認爲絲棉可供衣服，棗柿豐年時可賣錢，荒年可做糧食，所以命里甲老人提督點視。違命者，家遷化外。

8.里民互助賙給

由於傳統鄉村中貧富不等，遇有婚喪吉凶之事，就成爲貧苦民眾最大的負擔，所以〈榜文〉規定同里的人民應互相賙給，出錢出力。太祖認爲如此可使民眾無急迫之憂，而且行之日久，鄉里自然相親相愛，不致於發生強凌弱、富吞貧之事。但這項規定並不容易落實，所以太祖在洪武二十八年(1395)又下令戶部重申規定[58]。

以上持鐸勸善、勸農與互助三點，朱元璋又於洪武三十年(1397)，再度命令戶部申明辦理[59]。

從以上的規定，一方面讓我們感受到朱元璋重建社會秩序的強烈企圖，他憚精竭慮地運用里甲組織、老人，甚至連殘疾瞽目者都被召用；另一方面是朱元璋用盡各種方式，要把統治權力深入鄉村中的每一戶人家，這確實是歷史上前所未見的。

世界書局，民國 61 年。

[58] 《明太祖實錄》，卷 236，頁 3457。

[59] 《明太祖實錄》，卷 255，頁 3677—78。

四、宗教控制

　　朱元璋除了建立各項制度，使人民循分守法外，他更要教化人心，規範人民的祭祀和信仰活動。洪武三年(1370)，他認為人君代天地治民，所以按禮應該由天子祭天地，諸侯祭山川，大夫士庶各有其相稱的祭祀對象。但是前代未能建立制度，聽任庶民祭祀天地，瀆禮僭分，莫大於此。於是命禮部規定庶民的祭祀活動：

　　　凡民庶，祭先祖，歲除祀灶，鄉村春秋祈土穀之神。凡省災患，禱於祖先。若鄉屬邑屬郡屬之祭，則里社郡縣自舉之。其僧道建齋設醮，不許章奏上表，拜旨詞，亦不許塑畫天神地祇。及白蓮社、明尊教、白雲宗、巫覡、扶鸞、禱聖書、符咒水諸術並加禁止。庶幾左道不興，民無惑[60]。

元末二十年的混戰，起事軍隊宣傳的是「明王出世」、「彌勒降生」，朱元璋親歷其中，當然深刻地明白這類預言與秘密宗教組織在村里中具有的意義，所以對於人民的信仰，他最重視的還是巫覡、符咒等民間信仰，與白蓮、明尊等秘密宗教，在「明律」中他訂定了具體的處罰規定：

　　　凡師巫假降邪神，書符咒水，扶鸞禱聖，自號端公、

---

[60]　《明太祖實錄》，卷53，頁1037。

> 太保、師婆，及妄稱彌勒佛、自蓮社、明尊教、白雲
> 宗等會，一應左道亂正之術，或隱藏圖像，燒香集眾，
> 夜聚曉散，佯修善事，扇惑人民，為首者，絞。為從
> 者，各杖一百，流三千里。若軍民裝扮神像，鳴鑼擊
> 鼓，迎神賽會者，杖一百，罪坐為首之人。里長知而
> 不首者，各笞四十。其民間春秋義社，不在禁限[61]。

「絞」與「杖一百」，是明律規定死刑與杖刑中最重的刑罰，
不僅處罰本人，而且還要連坐里長，可見朱元璋對於這類活
動的深刻忌憚與嚴格控制。

在佛教與道教方面，由於朱元璋的出身特殊，使他在即
位初年似乎頗好佛教，一方面他讓受寵信的僧徒進入皇宮，
賜坐與講論，並以他們為絕緣塵世之人而寄以心腹，用作耳
目[62]。又取周顛、鐵冠子等神異事跡，粉飾其統治，使民間
相信他是真命天子[63]。另一方面，在寬鬆的政策下，僧道人
數大增，洪武五年(1372)，發給度牒五萬七千餘人，並罷除

---

[61] 黃彰健：《明代律例彙編》(下)，頁 589—90，台北，中央研究院歷史
語言研究所，民國 65 年。

[62] 《明史》載：「帝自踐阼後，頗好釋氏教，詔徵東南戒德僧，數建法會
於蔣山，應對稱旨者輒賜金襴袈裟衣，召入禁中，賜坐與講論。吳印、
華克勤之屬，皆拔擢至大官，時時寄以耳目。由是其徒橫甚，讒毀大
臣。舉朝莫敢言」。卷 139 ，頁 3988。

[63] 參見吳晗：《朱元璋大傳》，頁 302—305，台北，遠流出版公司重印，
民國 80 年。

前代計名鬻錢以資國用的制度[64]。洪武六年(1373)八月，又度僧道九萬六千餘人[65]。

　　洪武十五年(1382)，在受寵僧人的請求下，太祖命令在中央和地方分別設置主管僧道的職官，中央為僧錄司、道錄司，主管分別是左右善世、左右正一各二人，正六品；府為僧綱司、道紀司，主管都綱、都紀各一人，從九品；州縣各為僧正司、道正司與僧會司、道會司，主管俱未入流。皆選精通經典、戒行端潔的僧人主持，主管事務包括寺觀住持的任用、度牒的申給、僧道行為的管理等事項，同時規定僧道違背戒律和清規者，由該司出理，除非涉及一般軍民，否則地方官不得干與[66]。

　　此事引起儒家官員的不滿，但因朱元璋的寵怙而莫敢言，惟大理寺少卿李仕魯與陳汶輝，慷慨力爭，章奏數十上，李仕魯更以投笏相諫，使太祖大怒，命武士捽搏之，李立死階下[67]。其後，太祖漸知僧道中包含不少弊端，於是開始了一連串清理佛道的措施。先是在洪武十七年(1384)，禮部表示許多出家人名為僧道其實是為逃避賦役，因而建請三年給

64　《明太祖實錄》，卷 77，頁 1415—1416。
65　《明會要》，卷 39，頁 694。
66　《明太祖實錄》，卷 144，頁 2262—63。
67　《明史》，卷 139，頁 3989。

一次度牒,且應嚴加考試[68]。

　　從洪武二十四年到二十七(1391—94)年間,太祖對宗教訂定了許多規範[69],主要內容有三部分:

　　1.在寺院管理方面

　　洪武二十四年六月規定,各府州縣只存一所寬大可容僧眾的寺觀,各寺觀僧眾都合併到此一寺觀,且不可與平民相混雜。次月,又令庵堂寺觀非原有舊額者,皆毀之[70]。

　　2.在民眾出家方面

　　洪武二十四年規定,維持三年一次發給度牒,而男子年非四十以上,女子年非五十以上,不得出家。並限制每府不得超過四十人,州三十人,縣二十人[71]。

　　二十七年一月,放寬規定,凡年二十以上,願為僧者,須父母具告,地方官奏聞方許,三年後並須赴京師考試,通

---

[68] 《明太祖實錄》,卷167,頁2563。

[69] 洪武二四年到二七年間,太祖對規範佛道,共有三次較重要的命令:

1.洪武二四年六月,命禮部清理釋道二教。見《明太祖實錄》,卷209,頁3109—10。

2.洪武二五年十二月,命僧錄司造周知文冊。《明太祖實錄》,卷223,頁3268—69。

3.洪武二七年一月,命禮部榜示寺觀。《明太祖實錄》,卷231,頁3372—73。

[70] 《明太祖實錄》,卷210,頁3125。

[71] 《明會要》,卷39,頁695。

經典者，始給度牒，不通者，杖為民。寺觀並不許收兒童為僧，違者，連同兒童父母皆連坐以罪[72]。

3.在僧道管理方面

朱元璋對此規定甚嚴，因他認為不守戒規，污教敗行的僧道頗多，且為害甚大。洪武二十四年(1391)規定：

(1)道士設齋，不許拜奏青詞，亦不可妄立條章，藉機索財。

(2)民有傚瑜珈教，稱為善友，或假張真人之名私自造符籙者，皆治以重罪。

所謂瑜珈教，簡言之，是一種顯、密混融的流俗信仰的民間佛教。它一方面是唐宋以來，以天台宗為中心的僧侶編撰的懺法、誦持、經咒的儀規、水陸道場的軌儀、燄口施食的法要等；另一方面，也習學一些元代喇嘛教的行儀。明代瑜珈僧的腐敗情形相當嚴重，不僅有禪寺的僧侶混居民間，從事瑜珈僧的行業，甚至還有蓄妻的情形，也有在家人摹擬其行狀，從事瑜珈僧的行業[73]。太祖本人對此情況相當清楚，因為他年幼時在皇覺寺出家，住持高彬法師就有妻子。

其實，真正值得注意的，倒不是瑜珈僧的腐敗，而是朱

---

[72] 關於僧道考試，洪武二八年十月又令天下僧道赴京考試，不通經典者黜之。《明太祖實錄》，卷 242，頁 3524。

[73] 釋聖嚴著、關世謙譯：《明末中國佛教之研究》，頁 61—62，台北，學生書局，民 77 年。

元璋對秘密宗教的嚴禁,「善友」指的正是所謂「左道惑眾」、「燒香集徒」、「夜聚曉散」的明教與白蓮等秘密宗教組織[74]。洪武二十七年(1394)一月更清楚的規定:

> 僧道不許奔走於外,及交構有司,強求人財。但若一、二人於崇山深谷修禪及全真道者聽,三四人則勿許。……有稱白蓮、靈寶、火居及僧道不務祖風,妄為論議沮令者,皆治重罪[75]。

3.命僧錄司造周知文冊

洪武二十五年十二月,朱元璋發現京師百福寺僧侶中隱藏有囚徒和逃軍,乃命令造冊。冊中須詳列各地寺院、僧道姓名,姓名之下並列始為僧道的年月,及所授度牒的字號等,然後頒示各地寺院。凡有遊方行腳僧到寺掛單,都應按冊查驗,如與記載不符,應先送地方衙門,後械至京師治重罪,而收容隱藏的寺院同治重罪。二十七年,又命令游方僧道必自備道費盤纏,不可沿途索取於民。所至僧寺,必須依周知冊,以查驗其實。

綜觀太祖對佛道二教的規定,一方面是控制可能危及政權的明教、白蓮等密秘宗教組織,以及防範僧道借宣教之名,散佈邪說;再一方面,朱元璋最反對怠惰遊逸之民,而

---

[74] 參見吳晗:《朱元璋大傳》,頁 146。
[75] 《明太祖實錄》,卷 231,頁 3372—73。

僧道雲遊四方，安坐而食，實爲蠹財耗民，所以要嚴控發給度牒；第三則針對不守戒律，奔走索財的僧道與收藏囚徒逃軍的寺院，加以整頓，使二教復其消愆息禍，利濟群生的社會職責。

朱元璋雖然在即位之後，立即封正一教張正常爲大眞人，領天下道教事，但要確定他的宗教信仰，則頗不容易，從他的家世和周圍文臣的趨向看，他似乎是偏重道教[76]，但他卻根本不信有長生和神仙之事，他強調：「朕所用者，聖賢之道；所需者，治術」[77]。易言之，他完全從統治者的角度來看待佛、道二教。以他在起事時出入民間的宗教組織，他深深地明白一般大眾「三教合一」的宗教態度，所以他雖然屢次詔令嚴控僧道，但他並不禁絕二教，他更撰寫〈三教論〉等文章來推行三教合一，因爲朱元璋知道二教具有「陰

---

[76] 馬堅楚：〈明太祖對道教的態度及對三教合一的追求〉，刊《明史研究》，第四輯，頁 157—158，合肥，黃山書社，1994 年。

[77] 《明太祖實錄》，卷 239，頁 3482—83。又洪武 03 年 12 月，「上頗聞公侯中，有好神僊者，悉召至諭之曰：神僊之術，以長生爲說，而又謬爲不死之藥以欺人，故前代帝王及大臣多好之，然卒無驗且有服藥以喪其身者，蓋由富貴之極，惟恐一旦身沒，不能久享其樂，是以一心好之。……人能懲忿窒慾，養以中和，自可延年，有善足稱，名垂不朽，雖死猶生，何必枯坐服藥以求不死，況萬無此理，當痛絕之」。《明太祖實錄》，卷 59，頁 1157。

翊王度」、「暗助王綱」[78]的作用，也就是以佛教的因果、輪
迴、天堂地獄，配合道教的清靜、善惡感應、鬼神懲戒，作
爲控制的助力，讓民眾在宗教的神力下恪守禮法，進而養成
畏懼災禍、順從、怯懦的意識，這對政權的穩定是有莫大的
助益。

　　朱元璋以淵源久遠的鄉村里社爲基礎建立里甲制度，並
透過這一遍布全國的地方組織來推行「教化」工作，雖然在
具體的項目中有勸善、勸農和互助賙給等正面的措施，但其
本質仍是以社會控制爲目的，太祖不僅利用里甲組織要鄰里
互相監視，還轉變鄉飲酒禮的性質，以冷酷無情的方式區別
「賢良」和「奸頑」，更充分運用人們敬老的觀念，援引老
人裁決糾紛、維持治安和調查犯罪，甚至利用鄉村民眾對鬼
神的敬畏，以陰譴威嚇的方式讓民眾恪守禮法。在嚴厲的刑
罰爲後盾下，明太祖確實讓元末混亂的秩序很快地重建起
來，甚至使後代懷古之士，認爲明初的社會風俗已臻於「淳
美」的境界[79]。

---

[78] 語出朱元璋：〈宦釋論〉與〈三教論〉，收在吳相湘編：《明太祖御製文
　　集》，台北，學生書局，中國史學叢書。關於唐宋以來「三教合一」的
　　趨向，及其與世俗社會的關係，可參見葛兆光：《道教與中國文化》，
　　頁 288—289。

[79] 參見徐泓：〈明代社會風氣的變遷〉，收在《第二屆國際漢學會議論文
　　集》。

第三章　明中葉以後社會風氣的改變

　　明初在朱元璋的「阜民之財」的施政原則下，採行了一連串蠲免賦稅、鼓勵移民、開墾荒地、興修水利、種植桑棉等措施，使糧食生產不斷提高，奠定了社會經濟快速發展的基礎。此外，又編製黃冊和魚鱗圖冊，保障民眾的土地所有，在屢次充實里甲制的社會控制系統後，重建了以小農經濟為基礎的社會秩序，大體而言，明初社會經濟的復甦是明顯易見的。

　　至少從正統時期開始，特別在長江下游地區，經濟發展的成果已逐漸顯現，單位面積的糧食產量提高，商品化農業經營出現，城鎮人口增加，勞力密集的手工業也逐漸繁榮，人們日常消費擴增，不再滿足於明初簡樸的生活狀況，轉而出現奢靡的社會風氣。

一、奢靡成風

此一風氣在天順初年，從長江下游經濟發展較速的地區

開始轉變，但是大體而言，明人多數認爲嘉靖初期以前的社
會風氣還是相當純樸的，如顧起元(1565—1628)就記述南京
地區在嘉靖以前「風尚最爲醇厚」，士紳以文章、政事、行
誼、氣節爲重，少有求田問舍之事，而「營聲利，畜伎樂者，
百不一二見之」；軍民也都敬畏官長，務本樸實，日常生活
謹守朝廷的規範，「服舍亡等、幾與士大夫抗衡者，百不一
二見之」；婦女更是深居家中，紡織烹飪爲常，少有珠翠綺
羅的裝扮，「而擬飾倡妓、交結姆媼、出入施施無異男子者，
百不一二見之」[1]。

　　嘉靖以後，奢靡之風從江南地區擴展，長江中游的兩湖
和江西地區、東南的福建、北方的河北、河南和山西等地區，
在地方志中「風俗」這一項記載上，奢靡幾乎是他們的共同
點[2]。

---

[1] 顧起元：《客座贅語》，卷 1，頁 25，北京，中華書局，元明史料筆記。
[2] 在「天一閣藏明代方志選刊續編」(以下簡稱「天一閣續編」)中，有奢
　靡等相關記載的地方志如下：
　嘉靖《涇縣志》(安徽)、嘉靖《寧國縣志》(安徽)、嘉靖《豐乘》(江西
　豐縣)、嘉靖《南康縣志》(江西)、嘉靖《廣信府志》(江西)、正德《新
　城縣志》(江西)、嘉靖《通許縣志》(河南)、嘉靖《濮州志》(河南)、
　嘉靖《商城縣志》(河南)、嘉靖《威縣志》(河北)、嘉靖《翼城縣志》(山
　西)、嘉靖《羅田縣志》(湖北)、嘉靖《茶陵州志》(湖南)、正德《松江
　府志》(江蘇)、萬曆《江浦縣志》(江蘇)、嘉靖《沛縣志》(江蘇)、正
　德《姑蘇志》(江蘇)、萬曆《會稽縣志》(浙江)、弘治《樂將縣志》(福

　　從方志的記載看，奢靡風氣主要表現在飲食、服裝等項目上，以下分述之：

1.飲食

　　早期燕會果蔬餚饌各四色至五色，並多取自土產與家畜，嘉靖以後「一會或費數十金，爲品至數十」[3]。早期燕會時賓客與主人共席，並且不用歌舞，後來則完全改觀，如萬曆《通州志》引嘉靖十四年(1535)進士陳堯(1502—1574)，記述其家鄉先輩回憶，早期庶民之家極少宴客，即使用「盂羹豆肉，相招一飯」，客人也不以爲簡陋。而大族富家除非有大事，也少有設綵演戲，偶而有歌舞演戲，則里人子弟皆結伴觀看，事後仍津津樂道談說數日。而今人無故也常要宴客，餚饌要「取諸遠方珍貴之品，稍賤則懼其瀆客」，且宴客時必要歌舞，優伶供不應求，甚至還要襲而奪之，以顯現主人的豪雄威勢[4]。

建)、嘉靖《清流縣志》(福建)、嘉靖《建寧縣志》(福建)。

[3] 嘉靖《廣信府志》，卷 1，頁 27 下—28 上，天一閣續編。嘉靖《通許縣志》亦載：「成化以前人心古朴，酒乃家釀，肴則土產，是後崇尚侈僭，食案至二三十豆，酒必南商粥者。」卷上，頁 21 上—22 上，天一閣續編。

[4] 萬曆《通州志》，卷 2，頁 48，天一閣藏明代方志選輯(以下簡稱「天一閣初編」，台北，新文豐出版公司。

　　中人之家如此，巨宦豪門更甚，如嘉靖晚期擔任首輔的
夏言(1482—1548)，因吃不慣皇宮日給酒饌而自行準備，卻
是「家所攜酒餚甚豐飫，什器皆用金」[5]。萬曆時張居正(1525
—1582)奉旨歸鄉葬父，所路過的州縣供給奢侈浩繁，牙盤上
食，水陸佳肴過百品，張居正卻「猶以爲無下箸處」[6]。

　　除了方志記載外，文人的敘述尤其傳神，例如何良俊
(1506—1573)曾記述自己年幼時見人家請，常只是果荣五
色，餚饌五品而已，只有遇貴賓或結婚喜事，才增添蝦、蟹
等珍品。而今尋常的宴會，也動輒十餘道荣，且需「覓遠方
珍品，以求相勝」。更有人於一次宴會就殺鵝三十餘隻，甚
至「餚品計百餘樣」[7]之奢華。再如晚明的謝肇淛(1527—1624)
感慨說：

　　　龍肝風髓，豹胎麟脯，世不可得，徒寓言耳。猩唇
　　猩炙，象約駝峰，雖間有之，非常膳之品也。今之富
　　家巨室，窮山之珍，竭水之錯，南方之蠣房，北方之
　　熊掌，東海之鰻炙，西域之馬奶。真昔人所謂富有四
　　海者，一筵之費，竭中產之家不能辦也[8]。

---

[5]　焦竑：《玉堂叢語》，卷 8，頁 275，北京，中華書局，元明史料筆記。

[6]　焦竑：《玉堂叢話》卷 8，頁 275—276。

[7]　何良俊：《四友齋叢說》，卷 34，頁 314，北京，中華書局，元明史料
　　筆記。

[8]　謝肇淛：《五雜組》，卷 11，頁 275，台北，偉文出版公司，民國 65 年。

而《金瓶梅》中描寫西門慶舉行家宴的情況，正可與謝肇淛的說法相呼應：

> 水晶盤內，高堆火棗交梨，碧玉杯中，滿泛瓊漿玉液。烹龍肝，炮鳳腑，果然下箸了萬錢。黑熊掌，紫駝蹄，酒後獻來香滿座。更有那軟炊紅蓮香稻，細膾通印子魚。伊魴洛鯉，誠然貴似牛羊，龍眼荔枝，信是東南佳味。(第 10 回)

就連西門慶與應伯爵早餐吃粥都奢華無比：

> 就是四個鹹食，十樣小菜兒，四碗頓爛，一碗蹄子，一碗鴿子雛兒，一碗春不老蒸乳餅，一碗餛飩雞兒，銀鑲甌兒，粳米投著，各樣榛松栗子，果仁梅桂，白糖粥兒。(第 22 回)

又為求異味，宰殺烹飪方式則殘忍至極，謝肇淛就記載有把鵝鴨置入鐵籠中，並放置調配好的醬汁，籠外用火烘烤，鵝受熱口渴，就飲入醬汁，一段時間後毛盡脫落而未死，但肉已熟而入味。還有活割羊肉的吃法，甚至肉已盡而羊仍未死。這類作法多是「巨璫富戚，轉相效尤，血海肉林，恬不為意」[9]。

既要品類豐富多變，更要歌舞相伴，由於風氣使然，不

---

[9] 謝肇淛：《五雜俎》，卷 11，頁 284。

比照則被評爲不合禮數，或被認爲虛矯[10]。飲食的奢華反映了市場的繁榮，但這種情況卻是極不均能的，湖南就有「富家一席，貧家三年」[11]的俗諺，福建俗諺則以「百金之家，十遭宴賓而亡」來勸人節儉[12]。再如萬曆以後流傳甚廣的善書《了凡四訓》也以「珍膏羅列，食過即空，蔬食菜羹，儘可充腹，何必戕彼之生，損己之福」[13]。來勸人簡樸。

2.服裝、房舍與器物

萬曆《通州志》的記述，說明了從 16 世紀初期以來，江南士人的衣著服飾風氣開始改變，從質地來說，由布素而追求綾羅錦繡，從顏色來說，由簡單而趨向華麗鮮豔，從式樣來說，由官制規定者向新奇怪異發展。《通州志》載：

> 吾鄉之俗遠者不可睹已，弘德之間猶有淳本務實之風，士大夫家居多素練，衣緇布冠，即諸生以文學名者，亦白袍青履，游行市中，庶民之家則用羊腸葛及太倉本色布，此二物者，價廉而質素，故人人用之，其風俗儉薄如此。今者里中子弟謂羅綺不足珍，及求

---

[10] 周汝登：《東越證學錄》，卷 13，頁 26 上，台北，文海出版公司，明人文集叢刊。

[11] 嘉靖《茶陵州志》，卷上，頁 20 下，天一閣續編。

[12] 嘉靖《建寧縣志》，卷 1，頁 25 下，天一閣續編。

[13] 袁黃：《了凡四訓》，「改過之法」。

遠方吳紬宋錦雲縑駝褐，價高而美麗者以為衣，下逮
褲襪亦皆純采，其所製衣長裙闊領寬腰細摺，倏忽變
易，號為時樣，此所謂服妖也。

社會風氣如此，若有不穿著文采華服而參加宴會，甚至
還會被人竊笑，而不接待安排座席[14]。嘉靖《涇縣志》，也同
樣記載在 16 世紀以前，「衣不過土布，非達官不得輒用紵
絲」，嘉靖時則「男子衣文繡，女子服五綵衣，珠翠金銀滿
飾，務華靡喜誇詐」[15]。北方山西地區風氣較為保守，所以
嘉靖《翼城縣志》的作者更直接地抨擊「時節遊街，男女妖
服」[16]。

在房舍、器物方面，何瑭(1474—1543)在嘉靖初曾說富
豪之民以奢侈的花費誇耀，營建一宮室台榭用銀數百兩，一
衣服燕享之費，也高達數十兩，而「車馬器用，務極華靡」，
「上下之分，蕩然不知」[17]。

萬曆初王丹丘著《建業風俗記》，敘述南京地區在嘉靖十
年(1531)以前，富厚之家多數還能謹守禮法，「居室不敢淫，

---

[14] 萬曆《通州志》，卷 2，頁 47，天一閣初編。

[15] 嘉靖《涇縣志》，卷 2，頁 16 下—17 上，天一閣續編。

[16] 嘉靖《翼城縣志》，卷 1，頁 7 下，天一閣續編。

[17] 何瑭：〈民財空虛之弊議〉，文收許孚遠等編：《皇明經世文編》，卷 144，
頁 15 下。

飲食不敢過」，到了嘉靖末年，即使是尋常百姓的房舍都已僭擬公侯，他記載：

> 有三間客廳費千金者，金碧輝煌，高聳過倍，往往重檐獸脊如官衙然，園圃僭擬公侯。下至勾闌之中，亦多畫屋矣[18]。

萬曆時何良俊更有一段讓人驚訝的記載：

> 嘗訪嘉興一友人，見其家設客，用銀水火爐金滴嗉，是日客有二十餘人，每客皆金臺盤一副，是雙螭虎大金杯，每副約有十五六兩。留宿齋中，次早用梅花銀沙鑼洗面。其帷帳衾裯皆用錦綺。余終夕不能交睫，此是所目擊者[19]。

所以何良俊要感嘆曰：「僭侈之極，幾於不遜矣」。

　　從以上敘述可知，明太祖嚴厲推行的社會各階層相應的禮樂制度，從房舍、服色，到日常器用等項目，至少到了嘉靖時期已難以在奢侈成風的社會中實踐，而富貴豪民階層更是普遍違反規定。

二、婚喪儀節的違禮

---

[18] 顧起元：《客座贅語》，卷 5，頁 169—70。
[19] 何良俊：《四友齋叢說》，卷 34，頁 316。

奢靡風氣也影響到婚、喪習俗，使二者違禮背制，出現許多光怪陸離的現象。

在婚禮方面，太祖於即位之初，即對時俗「專論聘財，習染奢侈」表示不滿，所以提出「崇尚節儉」為原則，要中書省制定各階層遵行的婚禮儀節[20]。

但隨著奢侈成風，太祖的規定已為文具，婚姻成為市道，聘者厚取采，娶者厚索奩，「兢聘物多寡，或至百金不以為侈」[21]。嘉靖時袁襃(1502—1547)曾說：

> 古者婚姻六禮而已，今乃傾貲以相夸，假貸以求勝，履以珠綠，髻以金飾，寶玉翠綠，奇麗駭觀，長衫大袖，旬日異制，京師則世祿之家，兩浙則富商大賈，越禮踰制，僭儗王者[22]。

有人千方百計透過婚姻以獲取利益，有探指腹為婚的，也有以田地為質押，甚至還有兒女互易為婚的。江西一些地方甚至連寡婦改嫁，原來的夫家都還要索財受禮[23]。也有本

[20] 萬曆《大明會典》，卷 71，頁 13，台北，新文豐出版公司。
[21] 嘉靖《寧國縣志》，卷 2，頁 34 上，天一閣續編。
[22] 袁襃：《世緯》，卷下，頁 13—14，台北，新興書局，筆記小說大觀。
[23] 嘉靖《南康縣志》，卷 1，頁 14 上。嘉靖《南安府志》，卷 10，頁 13 上下，天一閣續編。

爲奴隸，因驟得富貴，而多方尋找高門華胄結姻[24]，爲求利益，雙方不計良賤家世，也不理會對象的長幼年紀[25]。

此外，騙婚的手法也無奇不有，如陸容(1436—1497)早在成化時就記載，有初看時出示以美女，及臨娶親時調換成貌醜者，名曰「戳包兒」；有剛一過門就盜取財貲逃去者，名曰「挐殃兒」；更有以男佯爲女子詐婚者，陸容記曰：

> 又有幼男詐為女子，傅粉纏足，其態逼真，過門時，乘其不意，即逸去。成化間，嘗有嫁一監生者，適無釁可逸，及暮，近之，乃男子也，執於官，併其媒罪之[26]。

因婚禮耗費無窮，一般人家無力承受，而造成悲劇不少，如負債成親，無力償還而賣新婦以償債[27]。再如貧素力寡的男姓，難於求婚，只能附籍，造成同姓爲婚，異姓合戶之弊[28]。

---

24 謝肇淛：《五雜俎》，卷 14，頁 369。

25 嘉靖《商城縣志》，卷 6，頁 1017，天一閣續編。嘉靖《翼城縣志》亦載：「求婦聘女之徒，但問富家，其門第清白漸不論也。人情輕賢而重利。」卷 1，頁 7 下，天一閣續編。

26 陸容：《菽園雜記》，卷 7，頁 88—89，北京，中華書局，元明史料筆記。

27 王貴民：《中國禮俗史》，頁 276，台北，文津出版社，民國 82 年。

28 「無嗣者多招贅，力寡者多附籍，是以同姓爲婚，異姓合戶之弊，未

更大的悲劇，則是「溺女」之風，這種惡劣風俗在安徽、江西、江蘇、浙江地區普遍存在，如以下方志記載：

嘉靖《涇縣志》：「嫁娶奢靡，生女多有不育」。

嘉靖《豐乘》：「溺女，度其心不過慮婚費之難供也」。

萬曆《會稽縣志》：「婚論財，嫁率破家，乃至生女輒溺之」[29]。

至於為何會造成「溺女」的風氣？除了婚姻浩費之外，重男輕女仍是主要因素，因為男子是農村家庭重要的勞動力，又具有家庭財產的繼承權，而女子則如潑出門的水，甚至在江西地區佃戶嫁女不止要準備嫁妝，還要先向地主送銀子，名曰「河例」[30]，致有溺女之風。

在喪禮方面，受奢靡風氣的影響，表現在出殯前祭奠的儀式與出殯時的排場。出殯前的祭奠儀式，最為奢華的是「七七齋」，明代許多地方在喪禮中都有這一項風俗，如嘉靖《寧國縣志》載：

親喪請什道作齋轉七，合族皆素食。及至葬，鼓樂導其輀車，結綵亭扮故事，以為美觀。親戚來送葬者，

能盡革。」嘉靖《商城縣志》，卷 2，頁 10 上下，天一閣續編。

[29] 嘉靖《涇縣志》，卷 2，頁 16 下。嘉靖《豐乘》，卷 3，頁 8 上—11 下。萬曆《會稽縣志》，卷 3，頁 4 上下。另崇禎《吳縣志》，卷 46，頁 54 上，亦有類似記載。以上方志均出自「天一閣藏明代方志選刊續編」。

[30] 順治《吉安府志》，卷 36「義行」。

皆備紙旗以送。若貧者不能備物，則舉親柩付之烈
焰，謂之火葬[31]。

河南《太康縣志》亦載：

> 俗云一七見一閻王，作一齋，至五七見五閻王尤難，
> 作大齋，延僧施貲，釋親罪。男女至此云已見五閻王，
> 始飲酒食肉，鄉村酷信。……士夫間，狃於風化，供
> 佛雖知無益，猶懼鄉邦誚其鄙吝輕視，通作佛氏[32]。

「作齋轉七」的喪俗源於佛教的「六道輪迴」，認為人
死後四十九天之內是輪迴轉世的預備期，若在這一段時間
內，家屬每七天為亡者造福救拔，齋僧誦經，就可為死者消
災彌罪，投生往較好的處所。此一風俗，最早見於南北朝時
期，北朝宮廷內的七七齋動員千萬僧徒，但也由於規模盛
大，所以未在民間普及。唐代時佛教僧徒為爭取信眾，強調
「七七齋」可繁可簡，量力而行，但不可不辦，否則親人會
墮入餓鬼道，遭逢饑餓倒懸之苦，這一簡化加上威脅的做
法，使「七七齋」的風俗在民間廣泛流傳[33]。

---

[31] 嘉靖《寧國縣志》，卷2，頁34上下，天一閣續編。

[32] 嘉靖《太康縣志》，卷4，頁9下—10上，天一閣續編。嘉靖《永城縣志》亦載：「每逢七日，雖好禮者亦設齋而作佛事。」卷4，頁37上下，天一閣續編。

[33] 張捷夫：《中國喪葬史》，頁181—83，台北，文津出版社，民國84年。

　　至於死後見閻王的說法，起於唐代出現的《佛說十王經》，把六朝以來紛歧的地獄觀加以系統化，地獄十王的說法也由此確立。到了宋代，道士淡痴比擬《佛說十王經》為道教建立地獄的架構，由此酆都大帝、十殿閻君、望鄉台、枉死城就出現了，後來由善書《玉歷寶鈔》略加修定而廣為流傳[34]。死後見閻王的觀念，其實是揉合了古老的靈魂不死、儒家的慎終追遠、佛教的輪迴果報，再加上民間的鬼神信仰，從宋代以後成為主宰中國人的死亡觀念與死後世界，也成為喪葬禮俗中最普遍流行的一環。

　　除了佛道儀式外，被學者大加抨擊的，還有喪禮進行中的宴飲之風。例如河南地區素有鄉人結會互助喪葬的風俗，一會的成員約五十人，擇一人為會計，收掌會員交費，會員有喪事，就以會費相助，名曰「提賻」。但正德之後風氣趨向奢靡，互助的性質為之改變，會費全花用在「命伎樂柩前搬演，喪家張筵飲徹夜，名曰鬧棚」。如此熱鬧花費必多，而貧苦者迫於人情風俗，又不好退會，只好舉債追陪，完全失去原來結會的本意[35]。

　　長江中下游地區宴飲風氣更盛，如江西南康縣「喪家開

---

[34]　蕭福登：《敦煌俗文學論叢》，頁 230，台北，商務印書館，民國 77 年。

[35]　嘉靖《通許縣志》，卷上，頁 21 上，天一閣續編。另嘉靖《羅田縣志》也記載：「喪禮，出喪日前二三夜鄉友各攜殽饌，坐夜或高歌吹唱，或搬雜劇，大於禮有妨。」卷 1，頁 20 上下，天一閣續編。

宴酒筵待客，奢靡相尚」，江西上猶、崇義縣「加以椎牛饗
賓，侈費無節」。又為使喪禮盛大壯觀，以炫耀鄉人，南康
縣風俗於發引出殯時，「富家裂帛張樂，男弔玄冠素衣，女
弔盛飾，送殯親戚沿街祭奠，觀者塞途」[36]。再如浙江會稽
縣「父母死不以戚，乃反高會召客如慶其所歡」[37]。江蘇吳
縣風氣更趨惡化：

> 吳間薄俗，凡送葬必置酒畫船為孝子節哀，飛觴痛
> 飲，狎妓狂謔，喪家婦女亦素妝妍飾，纏綿遊冶，連
> 霄徹曙[38]。

袁袠 也記載：

> 今士大夫之家鮮克由禮，而況於齊民乎，其大者，
> 則喪葬婚娶有同夷狄，古者哭則不歌，今乃雜以優
> 伶，導以髡緇，笙管鐃鼓，當哀反樂。會葬者，攜妓
> 以相娛，主葬者，沉湎以忘返[39]。

　　小說《金瓶梅》中敘述李瓶兒的喪禮，更是熱鬧輝煌，
極盡奢華之能事：

> 首七，正是報恩寺十六眾上僧，黃僧官為首座，引

---

[36] 嘉靖《南安府志》，卷 10，頁 13 上下，天一閣續編。

[37] 萬曆《會稽縣志》，卷 3，頁 4 上下，天一閣續編。

[38] 天啟《平湖縣志》，卷 7，頁 24 下—25 上，天一閣續編。

[39] 袁袠：《世緯》，卷下，頁 13—14，台北，新興書局，筆記小說大觀。

領做水陸道場。(63回)

二七，玉皇廟吳道官受齋，請了十六個道眾，在家
中揚旛修建請去苦二七齋壇。(65回)

三七，有門外永福寺道堅長老，領十六眾上堂僧來
念經。(65回)

四七，請西門外寶慶寺趙喇嘛，亦十六眾，來念番
經，結壇跳沙，灑花米行香，口誦真言，齋供都用牛
乳茶酪之類。(65回)

李瓶兒未作滿七七，但僅四七即遍召僧、道、喇嘛，已令人
嘆爲觀止。不只如此，出殯前後更是熱鬧風光，把方志裡的
種種怪象都包含進來：

(發引前二日)推運山頭米卓面肴品，一應所用之
物，……先請附近地鄰來坐席面，大酒大肉管待。臨
散皆肩背項負而歸。

(發引前一日)先是歌郎並鑼鼓地弔，來靈前參靈，
弔五鬼鬧判、張天師著鬼迷、鍾馗戲小鬼、老子過函
關、六賊鬧彌勒、雪裡梅、莊周夢蝴蝶、天王降地水
火風、洞賓飛劍斬黃龍、趙太祖千里送荊娘，各樣百
戲。

發引，先絕早抬出銘旌，各項旛亭紙劄，僧道鼓手，
細樂人役，都來伺候。西門慶預先問帥府周守備討了
五十名巡捕軍士，都帶弓馬，全裝結束，留十名在家

看守，四十名跟殯，在材前擺馬道，分兩翼而行，衙門裡又是二十名排軍打路，照管冥器，墳頭又是二十名把門，管收祭祀。那日官員士夫，親鄰朋友，來送殯者，車馬喧呼，填街塞巷。本家並親眷堂客，轎子也有百十餘頂，三院鴇子粉頭，小轎也有數十。

徐陰陽擇定辰時起棺，……六十四人上扛，有仵作一員官，立於增架上，敲響板，指撥抬材人上肩。先是請了報恩寺朗僧官來起棺，剛轉過大街口望南走，那兩邊觀看的，人山人海。

到于山頭五里原，原來坐營張團練帶領二百名軍，同劉薛二內相，又早在墳前高阜處，搭帳房，吹響器，打銅鑼銅鼓，迎接殯到，看到裝燒冥器紙劄，煙焰漲天。(65回)

另一項低劣的喪葬風俗，是喪家受風水說的影響，為尋求吉山福地，而停屍暴棺，甚者數十年不葬。又有既葬之後，懷疑後人不利由其造成，乃至棄屍荒蕪者。更有兄弟因爭風水地，而破家成訟者。據方志記載，江西、廣東、安徽、河南、浙江、福建等地，皆有這類情況[40]。謝肇淛就曾記載福

---

[40] 江西豐縣：「暴喪。今數十年不葬者有之，終身不葬者有之。」嘉靖《豐乘》，卷3，頁8上—11下，天一閣續編。

建地區的狀況：

> 惑於地理者，惟吾閩中為甚，有百計尋求，終身無
> 成者，有為時師所誤，終葬敗絕者。又有富貴之家，
> 得地本善，而恐有缺陷，不為觀美，築土為山，開田
> 為陂，圍垣引水，造橋築臺，費逾萬緡，工動十載。
> 譬人耳鼻有缺，而雕堊為之，縱使亂真，亦復何益！
> 況於勞人工，絕地脈，未能求福，反以速禍，悲夫[41]！

廣東增城縣：「葬地深信風水之說，至或不得吉山，則停暴屍棺，累十年不舉者，又有既葬疑其不利，棄失荒蕪者，其為忍心害理莫大焉。」嘉靖《增城縣志》，卷2，頁14下。

安徽涇縣：「惑於風水，暴露經年。」嘉靖《涇縣志》，卷2，頁16下—17上，天一閣續編。

安徽寧國縣：「多卜葬地，或年月不利，山向不通，至十餘年而不葬其親者，或因爭風水地，至兄弟不睦，破家成訟者，此皆習俗之弊。」嘉靖《寧國縣志》，卷2，頁34上下。

河南永城縣：「喪禮，信風水。」嘉靖《永城縣志》，卷4，頁37上。

河南商城縣：「泥風水、信陰陽，習俗之移，雖士夫不免也。」嘉靖《商城縣志》，卷6，頁1017。

浙江會稽縣：「惑於堪輿家，則有數十年暴露其父母而不顧者。」萬曆《會稽縣志》，卷3，頁4上下。

福建建寧縣：「葬泥風水，至有停柩至十餘年不葬者。」嘉靖《建寧縣志》，卷1，頁24下—25上。以上地方志，皆錄自「天一閣藏明代方志選輯續編」。

[41] 謝肇淛：《五雜俎》，卷6，頁149。

　　其實，喪葬禮俗中宴飲、演戲與樗枢等風氣，由來已久，
至少從宋代起就不斷地有學者批評與改良，即使在明初風氣
較純樸之時，也同樣是「設宴會親友，作樂娛尸，無哀戚之
情」，朱元璋出自民間，深知這種情況，所以在洪武三年(1370)
就禁止浙江等處水葬、火葬。洪武五年更明令禁止奢僭與停
枢，並集議定制，頒行遵守，違者論罪[42]。在他的嚴格施政
下，風氣有所改善，但隨著經濟發展與社會控制系統的瓦
解，至少從正德、嘉靖時期開始，各地奢靡風氣又起而復燃，
愈演愈烈，朝廷雖三番四次重申舊制，但皆無效。

　　荀子說:「儒者在本朝則美政，在下位則美俗」(〈儒效〉)，
面對家族中最重要的婚禮和喪禮等種種奇特現象，儒學家的
感受尤深。筆者曾整理《明儒學案》中羅列的儒學家之主要
社會教化活動，其中有 78 人比較有確定和清楚的資料可查，
其中以身體力行、或是倡導遵行古禮與朱子《家禮》的人數
是最多的，計有 30 人，比例爲 38.5%，著名者如早期的薛
瑄(1389—1464)、吳與弼(1391—1469)，中期以後有呂枬(1479
—1542)、王廷相(1474—1544)、張元汴(1538—1588)等人皆
是，可見端正婚、喪禮俗，爲明儒社會教化活動的重要項目。
茲綜合整理爲表 1 :

---

[42] 龍文彬:《明會要》，卷 18，頁 289，台北，世界書局。

表 1：明儒社會教化活動表

項目	人數	百分比
遵行與倡導婚喪古禮者	30 人	38.5
興建書院、精舍者	23 人	29.5
舉行鄉約者	15 人	19.2
記錄總人數	78 人	

資料來源：參閱附錄一

三、價值系統與人倫關係的改變

在奢侈風氣盛行下，人們一切皆向「錢」看，萬曆時明宗室朱載堉說得妙：

世間人睜眼觀見，論英雄錢是好漢。有了他諸般趁意，沒了他寸步也難。拐子有錢，走歪步合款。啞巴有錢，打手勢好看。如今人敬的是有錢，蒯文通無錢也說不過潼關。實言，人為銅錢，遊遍世間。實言，

求人一文，跟後擦前[43]。

謝肇淛也說：

> 人能捐百萬錢嫁女，而不肯捐十萬錢教子。寧盡一
> 生之力求利，不肯輟半生之功讀書；寧竭貨財以媚權
> 貴，不肯捨些微以濟貧乏。此天下之通惑也。

> 好利之人，多於好色；好色之人，多於好酒；好酒之
> 人，多於好奕；好奕之人，多於好書[44]。

　　錢既是好漢，寧盡一生之力求利，則爲求利益自然無所
不至，欺詐拐騙隨處可見，有用假銀子的、有僞造古董家譜
的、有賣假酒的，甚至妄稱賣的是陶淵明埋下的千年古酒。
也有賣假藥的，不僅無效，並還有害，有人作打油詩諷刺市
售膏藥：「還有一等好膏藥，名喚金絲萬應膏，其實有功勞。
好處貼腫了，腫處貼不消，三日不揭起，爛做一團糟」[45]。
　　市場中則作僞射利者眾多，如「灌魚肉者以水，實雞鴨
者以沙」[46]，有學者曾描述市集中 140 種行業，其中不少都

---

[43] 轉引自陳支平：《明史新編》，頁 403—404。

[44] 謝肇淛：《五雜俎》，卷 13，頁 331、卷 13，頁 334。

[45] 轉引自王春瑜：〈明代流氓及流氓意識〉，收氏著《明清史散論》，頁
74，上海，東方出版中心，1996 年。

[46] 萬曆《長洲縣志》，卷 1，頁 56，台北，學生書局，中國史學叢書。

是賣偽劣商品[47]。明末有則笑話,記一位賣驅蚊符者在市集叫賣,有某人買回家貼,但蚊蟲卻絲毫不減,前往找賣者理論,賣者說:「一定是貼的不得法」。買者問:「應貼於何處?」賣者曰:「須貼在帳子裡。」又,江蘇方志也記載市場中多見贗品,顧客購買時賣方一定先出示最下者,待確認是識貨者後才會出示上品,上下品之間「價相什百,而外飾殊不可辨」,使不明內情者每多受騙[48]。

葉權(1522—1578)曾記載蘇州商人的詐偽情況,令人驚嘆:

> 今時市中貨物奸偽,兩京為甚,此外無過蘇州。賣花人桃花一擔,燦然可愛,無一枝真者。楊梅用大棕刷彈墨染紫黑色。老母雞摀老插長尾,假敦雞賣之。滸墅貨蓆者,術尤巧[49]。

明末,江南還出現了招搖撞騙的神童,有人專教兒童寫幾個大字,背幾首詩,其他都茫然不知,然後就打著神童的旗號,出入官府,若能讓官員們誇上幾句,身價就高了,以

---

[47] 王曾瑜:〈明代商業文化初探〉,收氏著《明清史散論》,頁149,上海,東方出版中心,1996年。

[48] 正德《姑蘇志》,卷13,頁9上,天一閣續編。

[49] 葉權:《賢博編》,頁6—7,北京,中華書局,元明史料筆記。

至累月而至千金，黃宗羲即斥為晚明社會病態之一[50]。

　　錢財優先，也影響人們的處世態度，人們只顧眼近利，或是倚仗財勢而肆無忌憚。南直人陳良謨(1482—1572)曾記載正德時發生大旱，但他家所在的村莊因有堰儲水而得免，次年，該縣又發大水，而該村因地勢高未受波及，且又因地方官申報災情，使該村同享蠲租，又以連年災情，使當地居民趁機先以低價購買鄰近災區的物品，等到災情解除後出售，獲利竟可達三倍之多。陳良謨記載發災荒財的村民：「大家小戶狼戾屑越，戲劇宴飲，無日不爾，意揚揚自以為樂也」[51]。葉權(1522—1578)也記載嘉靖四十年(1561)江南大水，村墟皆沒：

> 有官家少年駕樓船，攜妓載鼓吹，周遊玩賞，撐入阡陌中，停深闊處，歌舞歡笑，以為奇觀。俄有小舟十餘，舟五六人，悉裸體持長柄杓，圍繞以水澆之。諸少年倉卒遮蔽不及，各污穢如墮溺，酒筵翻倒，驚駭號叫，莫之所以。小舟中且潑且罵，再三乞饒，至拜伏謝罪，始散去。彼膏粱不識世務，幸災樂禍，自取戮辱，聞者莫不痛快[52]。

---

[50] 王春瑜：〈明代流氓及流氓意識〉，頁 73—75

[51] 陳良謨：《見聞記訓》，頁 4 下，台北，新興書局，筆記小說大觀。

[52] 葉權：《賢博編》，頁 13，北京，中華書局，元明史料筆記。

利用災難發財，或是對災民絲毫沒有體恤之心，如此行徑，令人不取。

社會風氣的改變，更衝擊著人倫關係，如王丹丘在《建業風俗記》中就記載，南京地區在嘉靖中期以前，人民猶遵循禮法，見尊長多執年幼禮，到了萬曆初年，則「或與先輩抗衡，甚至有遇尊長乘騎不下者」[53]。萬曆《嘉定縣志》更詳細記載：

> 數十年前，後輩見前輩，必嚴重之，有行義者，奉以為楷模，邇者，漸成侮老之習，即不得不貌敬者，背復姍笑之，浮薄群處，議論風生，多不依於名教，而意未必然，或假非義之義，陽相標榜。[54]

無怪乎管志道(1536—1608)要感嘆說：

> 開國以來之紀綱，唯有日搖一日而已，紀綱搖於上，風俗安得不搖於下，於是民間之卑脅尊，少凌長，後生侮前輩，奴婢叛家長之變態百出，蓋其所由來漸矣[55]。

---

[53] 顧起元：《客座贅語》，卷 5，頁 169—70。

[54] 萬曆《嘉定縣志》，卷 2，頁 150—55，台北，學生書局，中國史學叢書。

[55] 管志道：《從先維俗議》，卷 2，台北，新文豐出版公司，叢書集成。

　　不只是人與人之間態度轉變，連家族親屬關係也發生變化。早在明代中葉，王士性(1546—1598)論及河南地區的情況：

> 庶民服制外，同宗不相敦睦，惟以同戶當差者為親。
> 同姓為婚，多不避忌，同宗子姓，有力者蓄之為奴[56]。

　　嘉靖年間，浙江地區除了有「男壯出分，競爭家產」的現象，更有兄弟叔侄相爭互毆，還將對方祖遺田產投獻豪勢之家[57]。在社會風氣愈趨惡劣下，家庭倫理亦為之動搖，如嘉靖時歸有光(1506—1571)記述當地家族族風，不卹貧窮、不知教養，死不相弔、喜不相慶[58]。黃省曾(1490—1540)也說江蘇吳縣「九族昆弟互謀交爭，鮮有親睦者」[59]。

　　到了嘉靖晚期以後，則不僅是「不卹貧窮」、「互謀交爭」，甚至還出現駭人聽聞的親子之間的刑事案件，如劉逢愷(嘉靖38 年進士)，在任慈谿縣令時，有婦人與人私通，被婦人的兒子發現，婦人竟與私通者謀殺其子，然後還向官府詭訴，劉逢愷懷疑其中必有伏姦，果然在夜裡夢見童子訴冤後得以

---

[56] 王士性：《廣志繹》，卷 3，頁 43，北京，中華書局，元明史料筆記。
[57] 李文治：《明清時代封建土地關係的鬆解》，頁 31，北京，中國社會科學出版社，1993 年。
[58] 歸有光：《歸震川集》，卷 17，台北，世界書局，民國 49 年。
[59] 黃省曾：《吳風錄》，頁 1，台北，新興書局，筆記小說大觀。

破案[60]。

再如朱國禎(1557—1632?)曾記載福建人薛如岡有三子,長子善於經商,獲利頗多,其妻不悅二位小叔不勞而坐享,常在丈夫面前搬弄,致使三兄弟常常爭吵,其母從旁勸解,長子竟以母親偏心二弟,忿而以鐵器擊母,使母親重傷,父親屢加責備,仍不悛改,父親威嚇將訟官府,長子又取利劍恐嚇,父無如何[61]。

李詡(1505—1593)還曾記載有一唐姓寡婦,與其婆婆相依為命,但寡婦的婆婆後來與一徽州富商私通,富商見唐婦年輕貌美,欲圖染指,以金帛賄賂婆婆與當地通判,婆婆竟強迫唐婦與富商交合,唐婦抵死不從,婆婆更以不孝罪向受賂的通判投訴,唐婦無奈,最後自經於後園的古梅樹下[62]。

師友關係也同樣發生變化,傳統所謂「憂道不憂貧」、「以道義相尚」的關係蕩然無存。父母教子讀書,只求科第,「其於立身行己,不問也。故子弟往往有登膴仕,而貪虐恣睢者」

---

[60] 焦竑:《國朝獻徵錄》,卷 72,頁 3133,台北,學生書局,中國史學叢書。

[61] 朱國禎:《湧幢小品》,卷 24,頁 4,台北,新興書局,筆記小說大觀。

[62] 李詡:《戒庵老人漫筆》,卷 4,頁 147,北京,中華書局,元明史料筆記。

[63]。使師生雙方都以利益爲依歸,每當有富貴之家延師,求託者已麋集其門,不僅不嚴於課業,還「一意阿主人之意,甘處褻瀆而不辭」,以免利祿無著。而更卑下者,則「誘其弟子,結納顯貴,買鬻聲名,夤緣考試,以蠱其主人」[64]。朋友之間也是如此,處貧賤時,「一切佻闥駔儈皆與遊處,及高貴之日,則疾之如仇,逐之如虎」[65]。所以謝肇淛要感慨說:

> 今之人所最急者舉主,次殷勤者主司,而少時受業之師,富貴之日,非但忘其恩,併且忘其人矣。夫所貴師弟者,心相信也,行相倣也。勢可灼手,則竿牘恐後;門可羅雀,則蹤跡枉絕。甚至利害切身之日,戈可操也,石可下也,何門生之有哉[66]!

在一切都以利勢考量下,只要有利於己,皆趨之若鶩。如王守仁弟子們常舉行講會,嘉靖晚期歐陽德(1496—1554)任禮部尚書、聶豹(1487—1563)任兵部尚書,二人一齊在京師靈濟宮舉行講會,規模盛大,參加者近千人,其中當然也有侍機攀附者,張萱(1582年舉人)就記載一件趣聞:

---

[63] 謝肇淛:《五雜組》,卷13,頁330。
[64] 顧起元:《客座贅語》,卷9,頁286。
[65] 謝肇淛:《五雜組》,卷14,頁367。
[66] 謝肇淛:《五雜組》,卷14,頁366。

　　偶有貴介子某，欲籍講學為名高，一日當赴會，適
與大閹飲至醉，忘之矣。吏從旁慫曰：盍往靈濟宮乎？
時某雖醉，心猶了了，遽曰：亟牽馬來。比上馬，目
惛惛不開明矣，更掖而馳，至講所，則徒學咸拱而候
之，既下馬，不能成揖，第擁而即席，坐定，鼻息如
雷，眾不敢言，亦不敢睨。比晚講輟，吏仍掖之上馬
去，竟不知往來何所事也[67]。

　　前述明人迷信風水，以下引述一段明代某位風水家論陽
宅：

　　空青先生風水論云：「陽宅有三十六相：居家尚理
義、子孫耕讀、勤儉、無峻宇雕牆、六婆不入門、無
俊僕、每聞紡織、能睦鄰族、早完官稅、庭除灑掃、
門外多士君子、閨門嚴肅、尊師重醫、宴客有節無長
夜飲、不延妓女至家、不敢暴殄天物、居喪循禮、交
易分明、女人不登山人廟、祭祀必恭必敬、幼者舉動
必稟命家長、故舊窮親在坐、閽人謙婉、家童無鮮衣
惡習、不喜爭訟、不信禱賽、不聽婦人言、寢興以時、
不聞嬉笑罵詈、婚娶不慕勢利、田宅不求方圓、主人

---

67 張萱：《西園聞見錄》，卷7，頁52上。周駿富編：《明代傳記叢刊》，
　台北，明文書局。

> 有先幾遠慮、務養元氣、座右多格言莊語、能忍、常
> 畏清議畏法度畏陰騭。三十六相全者，鬼神福之，子
> 孫保之，不然下手速修，所謂移門換向趨吉避凶之真
> 訣也」[68]。

此論不僅生動有趣，更發人深省，從相反的方面看，尤其反
映了明代晚期的社會狀況。

　　我們必須注意，雖然奢侈成風是明代許多人共同的感慨
與批判，但就整個社會階層言，廣大農民的生活仍然是艱苦
的。按一般標準來說，明代一位農民能夠耕作土地的數量，
大約是 10 畝，如顧炎武說：「夫數口之家，一人躡耒而耕，
不過十畝」，以一個五口之家來說，能夠耕作的土地當在 10
～20 畝左右，能擁有 30 畝以上田地的人戶，除非是口數眾
多，否則就應有多餘的土地出租，事實上，明清時代江南地
區的小地主多數只擁有幾十畝田土，擁有百畝以上田地的人
戶絕對是少數。

　　依據欒成顯研究萬曆時安徽休寧縣二十七都五圖的黃冊
資料發現，社會上各階層佔有土地的狀況有巨大的差別。若
以擁有 0～10 畝田地為當時的貧農和佃農，當地共計有 88
戶，佔全圖的 61%，平均每戶占有田地 2.059 畝，而 88 戶所

---

[68] 張萱：《西園聞見錄》，卷 104，頁 7 上下。

佔有土地為全部的 6%。

　　其次，以擁有 10～50 畝田地作為當時的自耕農與小土地出租者，計有 43 戶，佔全圖的 30%，平均每戶占有田地 24.314 畝，這類人戶可算是當地的中等階級。

　　以擁有 50 畝田地以上者為地主或富農，共有 12 戶，佔全圖的 9%，平均每戶占有土地 163.398 畝，而這類人戶所擁有土地為全部的 61%[69]。

　　此可見當地貧富差距之大，與貧農和佃農佔人口比例之高，為維持生計，他們終年辛苦，是不可能過著奢侈的生活。

　　弘治《吳江志》敘述當地貧農有三類：一是佃農。二是無產人戶受雇於富家，稱為長工。三是先向富家借糧，到農忙時為其工作一、二月者，謂之短工。方志清楚地記述他們的工作與生活，讀之令人不忍：

> 此三農者，所謂勞中之勞也。曉霜未釋，忍饑扶犁，凍皴不可忍，則燎草火以自溫，此始耕之苦也。燠氣將炎，晨興以出，傴僂如啄，至夕乃休。……迨垂穎而堅粟，懼人畜之傷，殘縛草田中以為守舍，數尺容膝僅足蔽雨，寒夜無眠，風霜砭骨，此守禾之苦也。刈穫而歸，

69　欒成顯：《明代黃冊研究》，頁 194—195。作者還指出，徽州地區一直是佃僕制盛行的地區，而佃僕一般只是以「小戶」身分附屬於大戶的，不入「公籍」，即是沒有記載於黃冊的，所以若加上佃僕這一貧苦農民的最底層，則農村中貧雇農階級所佔的比例要更大。

婦子咸喜，舂揄蹂踐，競敏其事，若可樂矣，而一飽之歡，曾無旬日，穀入主家之廩，利歸質貸之人，則室又垂罄矣，自此，惟采茆為薪，捕魚易米，而敝衣故絮藜羹糲飯，曾不得以卒歲，豈不可憐也哉[70]。

---

[70] 弘治《吳江志》，卷 6，頁 227—29，台北，學生書局，中國史學叢書。

第四章　社會變遷與控制系統的重建

　　明太祖以里甲制為核心所制定的社會控制系統，最大的缺陷有二方面：首先是里甲承擔的賦役工作，正所謂「催征錢糧，勾攝公事」，是政府統治的必要條件，當統治者集中注意於比較具有急迫性的徵稅工作上，則需要長時間累積的教化工作，自然容易被忽略，所以從宣德時開始，里甲制的社會控制功能就出現停頓的狀況[1]。其次是朱元璋認為社會上四民應各守其業，各盡其力，不允許任何怠惰遊逸，他並以「禁末作」、「禁華靡」的強制方式，來維持社會階層的穩定，里甲制正是在這種把社會視為靜態的、低水平的觀點下而建立的，當制度不公使民眾負擔不均而逃避賦役，或是社會結構發生變化與經濟成長，使民眾可以在農業以外的行業維持生計，就會產生人口流動的現象，而里甲制也就難以維持原

---

[1] 例如宣德七年正月，陝西僉事林時言：「洪武中，天下邑里皆置申明、旌善二亭。民有善惡，則書之，以示勸懲。凡戶、婚、田、土、鬥毆常事，里老於此剖決。今亭宇多廢，善惡不書。小事不由里老，輒赴上司。獄訟之繁，皆由於此。」《明宣宗實錄》，卷 51，頁 952。

來的設計。

一、里甲制度的名存實亡

　　從十五世紀中葉以來，社會風氣逐漸變化，好利與奢侈風氣瀰漫，衝擊著人們的價值與態度，更衝擊著里甲制度，以下分三點敘述里甲制度的瓦解：

　　1.土地資源的重新分配

　　明初以強迫富民遷移，鼓勵貧民墾荒，又以丈量田地，編造黃冊和魚鱗圖冊，確立了小自耕農為主體的社會狀況。從十五世紀中葉開始，土地分配逐漸產生變化，首先是貴族勛戚透過向皇帝請求賜田的方式強佔土地，例如正統五年(1440)，戶部曾統計各地藩王的牧場，發現霸佔農民的莊宅田地達三千餘頃[2]，成化時林聰(1417—82)說勢要強佔人民土地，「奏討五十頃，而侵佔一百頃者有之；奏討一百頃，而侵佔二百頃者有之」[3]。而據明人的估計，從景泰到成化時期，王府莊田比宣德時增加五點七倍，貴族勛戚莊田則增加四點

---

[2]　《明英宗實錄》，正統五年十月甲午條。

[3]　林聰：〈修德弭災二十事疏〉，文收許孚遠編：《皇明經世文編》，卷45，頁19下。

七倍[4]。從弘治時期起，一般官紳地主也開始效法貴族兼并土地，例如在南直隸江陰縣，就有官紳強買民田兩萬多畝的記載。吳縣豪右則強買寺院田地，逼寫文契，住持不從，就令家僮毆打，甚至有毆打致死的情況。嘉靖年間，華亭縣大學士徐階(1503—1583)，天啓年間的大學士董其昌(1556—1637)，他們的廣大田產也多數是依勢強買[5]。

　　除了強佔之外，貴族、地主擴充田產的方式還有「投獻」與「投靠」。投獻主要與流氓光棍的胡作非為有關，萬曆時曾任御史的陸師贊有生動的敘述，他說：

　　今世最害人之事，無如投獻田地人口者。有田於此，與彼何干；有人於此，與我何與，一般棍徒欲行害人者，將此人田投獻於勢豪，藉作難端。打聽誰家興旺，官居顯要，道府相善，朝夕游於其門，或相交公子，或相交管家，交相熟識，將田或人寫一手本，託人遞進，主者不查，即行收受[6]。

所謂投靠則有兩種不同情形：一種是流氓無賴投靠新貴，從中謀利，這類投靠和投獻常結合在一起。另一種是農民自己

[4] 李洵：〈明代流民運動〉，文收氏著《下學集》，頁 87，北京，中國社會科學出版社，1995 年。

[5] 李文治：《明清時代封建土地關係的鬆解》，頁 60—61，北京，中國社會科學出版社，1993 年。

[6] 轉引自李文治：《明清時代封建土地關係的鬆解》，頁 61。

為逃避賦役，投靠官紳地主作為靠山，這類投靠戶多數自己擁有土地，只與地主發生主僕關係，向地主提供部分勞役，如嘉靖時聶豹(1487—1563)說得明白：

> 臣切見今日士夫一登進士，或以舉人選授一官，便以官戶自鳴，原無產米在戶者，則以無可優免為恨，乃聽所親厚推收詭寄，少者不下十石，多者三四十石，或至於百石。原有產米在戶者，後且收添，又於同姓兄弟先已別籍異居者，亦各併收入戶以圖全戶優免。或受其請託以市恩，或取其津貼以罔利。又有苞苴富厚囊橐充盈，多置田產寄莊別縣，仍以官名立戶，中亦多受詭寄[7]。

投靠戶的眾多，據顧炎武(1613—1682)論述，一個縉紳接受的投靠農戶有的多至千餘人[8]。

土地兼并，不僅使小民失去賴以維生的資源，更得忍受豪勢的欺凌，如正德時何孟春(1474—1536)曾述皇莊民眾被強佔土地，甚至「塚墓被其發掘，屋廬被其拆毀者」，若有敢不退讓者，「輒罹鞭箠，嚌酸忍痛，敢怒而不敢言。按巡之使，過之而不敢問；守牧之官，即之而不敢直」[9]。於是乎，

---

[7] 聶豹：《雙江聶先生文集》，卷 1，頁 19 上—20 上。
[8] 顧炎武：《日知錄》，卷 13，「奴僕」。
[9] 何孟春：<陳萬言以俾修省疏>，文收許孚遠編：《皇明經世文編》，卷 127，頁 25 上—25 下。

至少從正統時期開始，明代就發生大規模的流民現象。成化時徐恪(1431—1503)，就曾上疏奏明河南的狀況：

> 照得河南地方，雖係平原沃野，亦多岡阜沙瘠，不堪耕種，所以民多告瘁，業無常主。或因水旱飢荒，及糧差繁併，或被勢要相侵，及錢債驅迫，不得已將起科腴田減其價直，典賣與王府人員，併所在有力之家。又被機心巧計，指立契書，不曰退灘開地，即曰水坡荒地，否則不肯承買，間有過割，亦不依數推收，遺下稅糧，仍存本戶，雖苟目前一時之安，實貽子孫無窮之害，因循積習，其來久矣。故富者田連阡陌，坐享兼并之利，無公家絲粒之需，貧者雖無立錐之地，而稅額如故，未免縲紲追併之苦，尚冀買主悔念，行傭乞憐，直至盡力計窮，迫無所聊，方始挈家逃避，負累里甲，年年包賠。每遇催徵，控訴不已。地方民情，莫此為急[10]。

豪強倚勢強買土地，人民失去生計迫而流亡，使里甲制度因而瓦解，嘉靖《增城縣志》概括了這一過程：

> 民貧而以其產鬻於富豪，富豪得其產而遺其稅於貧民之戶，貧民懼逋而逃，官按戶籍以取稅，則責及里

---

[10] 徐恪：<修政弭災疏>，文收許孚遠編：《皇明經世文編》，卷81，頁5上—5下。

長，里長無所償，則以逃民之稅攤之於存戶，存戶不
能堪，又並以其產鬻而逃矣。前逃之稅未了，而後逃
之稅又攤，其勢必至於相驅而盡逃，不逃則亦相驅而
盡盜也[11]。

2.賦稅制度的問題

賦稅既爲里甲制的主要目的，則制度是否健全與地方官
吏的良窳，密切地影響里甲組織的完整性。從發展過程看，
明代的賦稅制度到了嘉靖時期已問題重重，其重要者如太祖
規定黃冊十年重修，但十年時間實屬過長，無法適應變動比
較快速的地區，而且，在不虧原額的消極態度下，十年重修
常只是重抄舊錄，各人戶在里甲中的職役和身分也很少更
動，里長永爲里長，甲首永爲甲首，造成人民的負擔不均。

再由於明代賦稅中「役」的這一項征收，強調的是民眾
對於官府的義務，而且在制度中並未明確規定徭役征調的內
容，使得官府可以無限制地役使小民，從服務性的皁隷、馬
夫，到祭祀、科舉等公務費用，乃至於筆墨紙張、油燭薪炭、
桃符門神和官員的迎送饋贈等私人開銷，都要由里甲供應，
使里甲在其輪值之年，役使無度，不至家破人亡不已。從實
際面看，太祖雖規定十甲輪差，十年一週，但事實上因差役

---

[11] 嘉靖《增城縣志》，卷9，頁9下—10上，天一閣續編。

繁重，即使是里甲正役，在明代中葉以後，十年之中已需多次充役，至於雜泛差役，更是「臨時取於里甲，而無經制」，成爲民衆更沉重的負擔，例如嘉靖時霍韜(1487—1540)曾上奏說農民之病，在南方是稅糧過重，在北方則是雜役過重，尤其是雜役，完全因「州縣有司，人自爲政，高下任情，輕重在手」，他曾敘述他的親身見聞：

> 臣謹按，徐州只有四縣，地遭水災，極爲貧瘠。臣訪查徐州雜役，歲出班夫三萬八千有奇，歲出洪夫一千五百有奇，復有淺夫、閘夫、泉夫、馬夫等役。洪夫一役銀十二兩，統而計之，洪夫之役，歲銀一萬八千有奇，其餘各役，不可究言也。臣過徐州語主事陳明曰：「徐州之民，僅二萬戶，雜役如此，民何以堪？」應曰：「徐民年年拘役，無一丁免者，雖窮切骨，僅育一犬自隨，亦歲辦役銀一兩」[12]。

此外，里書胥吏上下作弊，也是一大問題。如嘉靖時廣東《增城縣志》載：

> 國朝之制，黃冊每十年一造。……其間田土丁口登耗之數，積十年而一書於版，縣官照檢不及，則里書任意那移，奸弊滋多，政之所不平，民之所蒙害，莫

---

12 霍韜：＜自陳不職疏＞，文收許孚遠編：《皇明經世文編》，卷 187，頁 20 下—21 上。

此為甚[13]。

河北《清苑縣志》亦載：

> 豪強兼并，奸巧規避，里書飛詭，在甘壤則輕，在
> 瀉鹵則重，甚至有田無稅，有稅無田；田少稅多，田
> 多稅少者，往往有之[14]。

　　另一項賦稅制度上重要的缺陷，是太祖建立黃冊制度
時，對於土地買賣有所謂「糧不過都里」，或稱「田不過都」
的規定。這是爲了防止因土地買賣而打亂黃冊制度的里甲區
劃，保持「都有額里，里有額田」，以維持里甲間的平衡與
穩定，而這樣的設計也反映了朱元璋把社會視爲靜態的、低
水平的觀點。然而，這樣的制度在土地買賣已十分頻繁的時
代是根本行不通的。因爲黃冊規定田不過都，所以有移坵換
段的作法，也成爲詭寄、飛射、分洒等弊端的部分原因，如
《松江府志》記載：

> 蓋緣吳下田畝，買賣無常，故有田千年，主八百之
> 謠。若候十年推收，則錢糧必責原戶包納，強梁者得
> 利拖延，貧弱者笞箠賠貤，其弊必多[15]。

所謂「田千年，主八百」的俗諺，正顯示土地買賣之頻繁，

---

[13] 嘉靖《增城縣志》，卷9，頁7下—8上，天一閣續編。

[14] 嘉靖《清苑縣志》，卷3，頁35上—35下，天一閣續編。

[15] 崇禎《松江府志》，卷12，「役議」，天一閣續編。

再加上土地兼并與逃稅，則所謂「都有額里，里有額田」不過是紙上空談。事實上有些地方里甲狀況已極不平均，土地多者逾千頃，而少者只數十頃，但賦稅負擔卻仍依照記載失實的黃冊，人民賦役不均，更加速里甲制的瓦解[16]。

3.商品經濟的發展

明代在正德以後，商品經濟的迅速發展，對於以農為本的社會狀況亦產生衝擊，何良俊(1506—1573)的記述可充分說明：

> 余謂正德以前，百姓十一在官，十九在田，蓋因四民各有定業，百姓安於農畝，無有他志。……昔日鄉官家人亦不甚多，今去農而為鄉官家人者，已十倍於前矣。昔日官府之人有限，今去農而蠶食於官府者，五倍於前矣。昔日逐末之人尚少，今去農而改業為工商者，三倍於前矣。昔日原無遊手之人，今去農而遊手趨食者，又十之二三矣。大抵以十分百姓言之，已六七分去農。

何良俊單純地認為，造成這樣狀況的因素是里甲制的瓦解，使民眾差役過重，「空一里之人，奔走絡繹於道路，誰

---

[16] 參見欒成顯：《明代黃冊研究》，頁 374—76，北京，中國社會科學出版社，1998 年。

復有種田之人哉」[17]。然而，實際的情況應該是，去農就工商者，就直接參與商品的生產和運銷，而「鄉官家人」或「官府之人」大多數都是定居於城鎮，依靠服務性的工作來維持生計，而「遊手之人」也大多是以勞動換取工資。這樣的情況，顯示農民已經可以離開自給自足性的農業生活，投入農業以外的其他行業中獲取生計，也代表明初的小農經濟與社會已完全改變。

以上三點主要因素，使得朱元璋設計的里甲制，到正德以後漸不能維持，例如湖廣岳州臨湘縣，在洪武初年編爲 36 里，後因差役繁重，人民逃亡，戶口漸消，從洪武末期編里數就開始減少，永樂十年(1412)剩下 20 里，宣德七年(1432)又減爲 9 里，景泰三年(1452)又減爲 8 里，其後戶口稍有增加，到弘治時仍只有 10 里[18]。

對此問題，明政府在正德十五年(1520)下令，如本里人戶不足十甲之數，應取附近里內人戶撥補。嘉靖九年(1530)又命令，不足的里分，可從不成甲者歸併，務使每甲有十一戶[19]。但這些命令的目的，只是要湊足里甲一百一十戶，以符合舊規定，並無法改變戶口消失的狀況，甚至連湊足戶數

---

[17] 何良俊：《四友齋叢說》，卷 13，頁 112，北京，中華書局，元明史料筆記。

[18] 弘治《岳州府志》，卷 4，頁 1 上—1 下，天一閣續編。

[19] 紀昀：《續文獻通考》，卷 13，頁 2895。

的目的也談不上，例如江西臨江府所屬四縣原額坊廂里共
1124 里，後因流移歸併，到嘉靖時實里共 927 里[20]。再如廣
東雷州府三縣明初有 297 里，到萬曆年間只存 90 里[21]。

　　而在現存的里甲方面，如河北蠡縣是：

　　　逃亡遷移，民無常態，或甲在而家不滿十，里在而
　　　戶不滿百，往往有之[22]。

廣東南雄府則是：

　　　邑無全里，里無全甲，甲無全戶[23]。

嘉靖《通許縣志》(河南)，比較清楚地敘述了當地里甲增消
的過程：

　　　原額四鄉一十二里。天順成化間生齒日繁，閭閻富
　　　庶，他處流來人戶置有田產者，招撫入籍者多，增添
　　　三里。蓋通許之為邑，民寡路衝，差繁賦重，正德以
　　　來，民戶日漸逃亡，嘉靖初年，仍革前增三里。今雖
　　　有一十二里之名，其實每甲皆不足十戶之數[24]。

　　更糟糕的是逃移離去人戶所遺留的賦役，因為十年才能

---

[20] 嘉靖《臨江府志》，卷 4，頁 63 下，天一閣續編。

[21] 劉志偉：《在國家與社會之間》，頁 113，廣州，中山大學出版社，1997
年。

[22] 嘉靖《蠡縣志》，封域，頁 14 下，天一閣續編。

[23] 嘉靖《南雄府志》，食貨，頁 22 上，天一閣續編。

[24] 嘉靖《通許縣志》，卷上，頁 13 上，天一閣續編。

重編里甲，所以不能開除，必需由現存人戶包賠，如山西翼城縣原有 9200 餘戶，編成 84 里，到嘉靖時僅存 5000 餘戶，《縣志》記述：

> 本縣自嘉靖七年以來，每里逃二三十戶者有之，逃五六十戶者有之，甚至一里全逃如中南王里者有之，遺下糧差，負累見在人戶，有一人而包陪三四丁者，有一甲而包陪三四戶者，有概縣均包一里如中南王里者。是雖變賣田產，貧者多而富者少，亦無可買之家；典顧子女，衣食貴而人類賤，僅得朝夕之需，逃亡之狀所不忍觀[25]。

總之，明中葉以後，無論土地，還是人口，國家都難以通過黃冊里甲制度加以控制。正是在黃冊里甲組織衰亡這一歷史背景下，保甲制度再度興起，關於此，下節將繼續論述。

二、社會失序與保甲制的興起

里甲制的瓦解，一方面代表人們能夠從土地和基層組織的束縛中解放，如前節何良俊的記述正反映這一事實；另一方面則代表明初相對穩定的社會狀況不再繼續，社會控制系統的失效，更造成社會的動盪，大者如武裝暴動叛亂，小者

---

[25] 嘉靖《翼城縣志》，卷 2，頁 13 上，天一閣續編。

如盜匪流氓犯罪，在在都顯示社會秩序已完全動搖。

1.流民與武裝暴亂

明代的流民問題，從永樂就開始出現[26]，但是大體而言，在正統以前流民多因災荒造成，且政府的賑災措施也比較有效，所以流民問題還不太嚴重。從正統時期開始，除了天災以外，土地兼并出現，流民問題乃趨於複雜，其規模也愈大，並且蔓延到全國各地。明政府雖於正統二年(1437)下令地方官清查，還若有霸佔山林湖泊，或藏躲於官豪勢要之家，抗拒官司，不服招撫者，「正犯處死，戶下編發邊衛充軍」[27]。

雖然處罰嚴厲，但仍無法阻止這一發展，據《實錄》記載：景泰時，南直隸六府流民達 326 萬餘口[28]。成化時，北直隸八府有流民 72 萬多口。而據李洵的估計，到了十五世紀末的弘治時期，流民的人數高達931.5～1207.5萬口之間[29]。

所謂饑寒起盜心，民眾失去生計而流亡，不肖者自然無所不至，而破壞社會秩序最嚴重的是武裝暴亂，在嘉靖時期

[26] 《明史》載：永樂四年「振蘇、松、常、杭、嘉、湖流民復業者十二萬餘戶」。卷 6，頁 83。
[27] 萬曆重修《大明會典》，卷 19，頁 25。
[28] 《明英宗實錄》，景泰 5 年 6 月丁未條。
[29] 李洵：〈明代流民運動〉，文收氏著《下學集》，頁 89，北京，中國社會科學出版社，1995 年。

以前，以正統、成化和正德年間的武裝暴亂最為激烈，也與
流民有直接的關係，以下分述之。

　　正統年間的武裝暴亂，首先爆發於浙閩地區。正統十二
年(1447)，浙江處州慶元人葉宗留因盜礦而逃入浙閩山區，
繼而武裝叛亂。葉宗留本是在閩浙邊境山區礦賊的首領，手
下有二百餘人，因四處流竄，而官不能禁。後因所盜不敷食
用，遂攻掠福建政和縣的鄉村，小民從之者益眾。其部轉戰
於閩、浙、贛三省交界地區，勢力發展到數萬人，並派重兵
佔領交通要道，一度使官府一籌莫展。

　　受到葉宗留的影響，正統十三年(1448)二月，福建佃農
鄧茂七率眾在沙縣起事[30]，明廷命都督劉聚(?—1474)等率兵
討伐，葉宗留死，部眾繼續由葉希八率領。十四年，明廷派
大軍進攻福建，鄧茂七死，餘部在鄧的侄兒帶領下，潛入山
區對抗，後因中了明軍的離間計而漸散，明軍由閩入浙，相
機撫剿，至景泰元年(1450)才完全平定。

---

[30]《明史》記載鄧茂七之起事：「沙縣佃人鄧茂七素無賴，既為甲長，益
以氣役屬鄉民。其俗佃人輸租外，例餽田主。茂七倡其黨令毋餽，而
田主自往受粟。田主訴於縣，縣逮茂七，不赴。下巡檢追攝，茂七殺
弓兵數人。上官聞，遣軍三百捕之。被殺傷幾盡，巡檢及知縣並遇害。
茂七遂大剽略，偽稱剷平王，設官屬。黨數萬人，陷二十餘縣。……
時福建參政交阯人宋新賄王振得遷左布政使，侵漁貪惡，民不能堪，
益相率從亂，東南騷動。」卷165，頁4467。

　　成化年間的武裝暴亂，以荊襄地區的流民為主體。荊襄地區是湖廣、河南、陝西、四川等地區的交界，其中的鄖陽山區地理條件極佳，「山谷阨塞，林箐蒙密，既多曠土，又有草木可採掘而食」[31]，是流民最集中的地區，數量達百餘萬人。成化元年(1465)，在河南人劉通(又名劉千斤)、石龍(又名石和尚)的領導下暴亂，劉通自稱漢王，聚眾有四萬餘人。明政府即派尚書白圭(1419—1474)進剿，劉通軍誘敵深入山區，使明軍大敗，白圭急調京營及江西、四川兵馬攻擊，劉通等不支，終被殺。官軍由是深入山區，濫肆屠殺。但並沒能阻止流民進入山區。

　　成化六年(1470)，劉通部下李胡子、小王洪等人再起，李自稱太平王，饑民數萬人投入。明政府令御史項忠(1421—1502)總督軍務，除了大軍壓境外，還遣人入山招民出山復業，這使李胡子軍遭分化而大減，李胡子等人先後失敗。項忠入山驅逐流民，復業者達一百四十餘萬人。

　　成化十二年(1476)，荊襄地區流民又聚集到數十萬，明政府這次改變策略，派御史原傑(1417—1477)招撫經略，開設了鄖陽府，屬領七縣，置吏編甲，當差納糧，使流民問題暫時得到解決。

　　正德年間，由於土地兼并更趨嚴重，社會矛盾更加深化，

---

[31] 王士性：《廣志繹》，卷 4，頁 94，北京，中華書局，元明史料筆記。

使得很多地區都發生暴亂，規模較大者爲四川、河北、江西等地區。

　　四川的暴亂發生在正德四年(1509)，由保安人藍廷瑞、鄢本恕等人爲首，藍自稱順天王，部衆至十萬餘，擴展到陝西、湖廣等地，明廷派洪鍾(1443─1523)總督，至正德六年(1511)藍、鄢被俘，餘衆又在廖麻子率領下轉戰陝西、貴州等地，直到正德九年(1514)才完全平定。

　　河北的暴亂發生在正德五年(1510)，主要是以霸州人劉六、劉七爲首。

　　據史料記載，劉氏二人驍悍有勇，當地有盜，地方官召二人與其黨協助，捕盜有功，而劉瑾家人卻向二人索賄，不得，遂誣爲盜，劉氏兄弟等乃投向大盜張茂，張茂與宦官張忠爲鄰，二人結爲兄弟，張茂因得賂賄武宗豹房近侍馬永成、谷大用等人，並得出入禁中，也曾侍武宗蹴鞠，因此當地駐軍遂不敢逮捕張茂，後由御史寧杲乘張茂不備而擒之，張忠又請馬永成通於武宗，馬要求獻銀一萬兩，劉六等人計無所出，命其黨楊虎掠劫近境，希籌足獻金，而楊虎卻掠焚官署，致使劉六等人只得反叛[32]。此事也充分顯現當時宦官的弄權與政風之低劣。

---

[32] 朱國禎：《湧幢小品》，卷 32，頁 2 上─2 下，台北，新興書局，筆記小說大觀。

　　為反對壓迫起而響應劉六者甚多，甚至還由民眾供給糧草器械。其後劉部又與趙燧會合。趙燧是文安縣生員，本欲攜家避亂，卻被賊擄獲，欲淫其妻女，燧怒，**擊殺數人**，賊以其勇而奉之，燧約束黨徒毋淫掠、毋妄殺，並移書府縣官員，迎者安堵，由是出入河南地區，其聲勢猶大於劉六等人。二股勢力會合後，發展到數十萬人，轉戰於二直隸、山東、河南、湖廣、江西等地，朝廷大驚，調派大軍，持續三年才平定。

　　江西地區從正德六年(1511)以來，就此起彼落發生暴亂，幾乎遍及全省，如瑞州有羅光權等人暴亂、饒州有王浩八暴亂、撫州有樂庚二等人暴亂，靖安有胡雷二暴亂，贛州有何和欽暴亂，明廷派御史陳金(1446—1528)督軍務，次第平定。但正德十二年(1517)，南贛地區暴亂又起，並轉戰江西、福建、廣東三省的交界地區，聲勢頗壯，直到正德十三年底，才由王守仁(1472—1529)大致平定。但在次年又發生了震驚朝野的寧王朱宸濠叛亂，《明史》記載：

> 以李正實、劉養正為左、右丞相，王綸為兵部尚書，集兵號十萬。命其承奉涂欽與素所蓄群盜閔念四等，略九江、南康，破之[33]。

　　宸濠聲勢雖大，但王守仁用兵如神，使亂事歷四十三日

33 《明史》，卷 117，頁 3595。

而平定。時間雖短，卻使社會動盪更加劇烈，羅洪先(1504—1564)就曾概括道：「自明興百六十年，江西盜起數四，莫燬於桃源，莫固於桶崗，莫大於宸濠」[34]。

2.一般刑事犯罪

從史料上看，明代社會影響社會秩序的刑事犯罪，主要有以下三類：

(1)災荒影響社會治安

中國本就處於季風氣候區，水旱災頻仍本是常態，若救荒制度健全並有效率，則災荒的損害程度自可降低。明代至少從正統以後，預備倉制度已出現許多缺失，正德以後問題更多，地方官於發生災荒時，不但不能賑恤，「又稱科斂而侵剋之」[35]，使人民的生命財產每遇災荒，就遭逢莫大的威脅，所謂「饑寒起盜心」，政府無力救濟，盜賊自然　起，如謝遷(1449—1531)說：

> 小民迫於饑寒，豈肯甘就死地，其勢必至棄擾鋤而

---

[34] 羅洪先：《念菴文集》，卷 16，頁 18 下，文淵閣四庫全書。

[35] 「正德六年三月，太監張永傳旨，近來各處盜賊縱橫，多因水旱，衣食艱難，各有司不能賑恤，或又稱科斂而侵剋之，及朝廷下詔蠲免錢糧，乃將虛文起解之數捏作已徵，或將已徵捏作未徵，重復徵解，以致小民冤苦無伸，流離失業，相誘為非。」徐學聚：《國朝典彙》，卷 100，頁 1294，台北，學生書局，中國史學叢書。

挺刃，賣牛犢而買刀劍，攘奪穀粟流劫鄉村，雖冒刑
憲，有所不恤[36]。

地方因災荒而影響治安的資料，所在多有，如李東陽(1447
—1516)於弘治十七年(1504)奉命往山東視察，時正亢旱，李
東陽說：

> 天津一路，夏麥已枯，秋禾未種，輓舟者無完衣，
> 荷鋤者有菜色。盜賊縱橫，青州尤甚[37]。

再如秦鉞(1482—1540)於正德時任湖廣攸縣知縣，時值歲
凶，「民力且竭，寇盜出沒」[38]。以下再引述兩段令人不忍卒
讀的資料：

曾任給事中的馮汝弼(1499—1577)記載嘉靖十七年(1538)
起嘉興府各縣大荒，而平湖、海鹽兩縣尤甚，民眾同時面對
天災人禍的雙重壓力：

> 民皆束手待斃，水上浮屍，及途中饑殍，為鳶狗所
> 食者，不可勝數。又官糧逋負，苦於催科，田無所售，
> 則拆屋貨之蘇湖各邑，不足，即鬻妻女子於寧紹，寧
> 紹人每以此為業，官府知而不禁也。……有就食於野
> 者，草根芝蔓，採擷無遺；或行乞於市，遇貨食者，

36　謝遷：〈兩淮水災乞賑濟疏〉，文收許孚遠編：《皇明經世文編》，卷 97，
　　頁 9 上—9 下。

37　《明史》，卷 181，頁 4821。

38　焦竑：《國朝獻徵錄》，卷 55，頁 2345。

輒搶而奔，比追及，已入口矣。又有數十為群，至人家求食者，或不與，即相凌奪。其無賴者，伏草野中，遇人持布入市，即掩擊奪之，謂之打市賊。數人為夥，即行劫於路及村落間，日未沒，即不敢出，相結防禦，通宵不得就寢[39]。

李詡(1505—1593)記述嘉靖三十八年(1559)江陰縣旱荒異常，當地士紳呈狀於知縣，其模寫民艱，可謂曲盡：

> 某切念民遭倭亂之餘，室如懸磬，今若遇饑荒之變，命為倒懸。壯者則趁工於水鄉，圖升合之粟而積勞以死，老弱則枵腹於戶內，無瓶罍之積而待哺以亡。……水路絕而客商不至，生路難尋，人心變而移兌不通，盜心頓起。或十日方成一布，晨出而見奪於強暴之徒；或廿錢糴得一升，夜歸而不到於妻孥之口。黑夜則穿窬接跡，白晝而搶奪成群。大兵之後而遇凶年，民有七亡而無一得，饑饉之餘而遭盜賊，民有三死而無一生。況二麥罄於車斧之餘，種子誰能復辦；衣服盡於典賣之後，祈寒何以克當。明年之荒歉可知[40]。

---

[39]　馮汝弼：《祐山雜說》，頁 5 上—5 下，台北，新興書局，筆記小說大觀。

[40]　李詡：《戒庵老人漫筆》，卷 4，頁 136，北京，中華書局，元明史料筆記。

(2)王侯權貴、富室土豪爲禍鄉里

自朱元璋大封諸王以藩屏帝室之後，朱家宗室成員日趨龐大，據估計，到明亡前夕，宗藩人口當有十多萬人。他們不事生產，坐享奉祿，成爲財政上一大負擔。

他們養尊處優，游手好閒，甚至憑其優越地位無法無天，作惡多端，成爲社會一大問題。早在洪武時的晉王朱棡就強迫民間女子入宮，不中意者打死，燒成灰後送出宮，又閹割七至十歲男童一百五十多人，傷痕未愈即入宮，使多名幼童死亡。再如嘉靖年間的魯王淫戲無度，「男女裸體群浴於池，無復人禮。左右有陰議及色忤者，必立斃之，或加以炮烙」[41]。更甚者如正德時叛變的寧王朱宸濠，強奪人民田產不可勝數，又爲壯大實力，還與大盜吳十三、凌十一等勾結，搶劫於江湖間，地方官根本不敢過問。無怪乎顧炎武(1613－1682)在明亡之餘憤慨地說：

> 爲宗藩者大抵皆溺於富貴，妄自驕矜，不知禮義。至其貧者則游手逐食，靡事不爲。名曰天枝，實爲棄物[42]。

---

[41] 徐學聚：《國朝典彙》，卷13，宗藩下。並參考王春瑜：〈「棄物」論——談明代宗藩〉，收氏著《明清史散論》。

[42] 顧炎武：《日知錄》，卷9，「宗室」。

在權貴方面，因爲明太祖出身民間，極厭惡守令貪酷，
違命被執者以殛刑處之，沿及仁、宣諸帝，也都注意吏治。
英宗以後，內外多故，吏治愈劣，屢見貪殘的官吏。例如朱
國禎(1557—1632?)曾記載正德時吏部主事梁穀(1483—1533)
的事跡。梁代家族是山東東平大姓，梁穀還曾師事王守仁
(1472—1529)，但卻行爲不檢，平居倚惡少爲助，而居鄉凶
戾。又曾與當地千戶高乾等人有怨。取進士後，惡少之輩仍
常往來其門，梁頗感厭苦。某日鄉人西鳳竹造訪，言鄉人袁
質等人糾衆數千，欲爲叛逆，梁聞言而意動，立即遣人與亡
賴屈昂謀議，昂自然促成，於是梁穀向尚書楊一清(1454—
1530)密告，還把高乾和諸惡少的姓名附上，稱爲從逆者，尚
書陸完(1458—1526)立請山東鎮巡官密捕窮治。此事後來牽
連甚廣，誅連逮瘐死者甚衆，而梁穀卻因得楊一清庇護，獨
得免[43]。又如張瀚(1511—1593)曾記載督學御史胡明善，居鄉
豪橫，強奪鄉人妻女，役鄉人爲工。又誣平民爲盜，家中自
制刑具，極其慘酷，刑畢還又令僕人毆打致死[44]。

　　不只如此，正德以後多位首輔、大學士者，其家人或奴
僕皆倚勢作惡，如正德時大學士、吏部尚書梁儲(成化 14 年
進士)，其子梁次攄爲錦衣百戶，居家與富人楊端爭民田，楊

[43] 朱國禎：《湧幢小品》，卷 5，頁 5。
[44] 張瀚：《松窗夢語》，卷 1，頁 8，北京，中華書局，元明史料筆記。

端殺田主，次擄惱怒，遂滅楊端一家二百餘人，如此重大刑案，卻能倚靠他父親的庇蔭，獲得發配邊疆待罪立功的處罰。又有傳聞，梁次擄最好把人手臂束縛，待緊迫時以針刺之，見血噴數尺而大叫稱快[45]。乃至如理學名臣徐階(1503—1583)、治事賢相張居正(1525—1582)，都在鄉里聚斂專橫，招致鄉人怨恨頗多[46]。

至於富室土豪為惡鄉里方面，耳孰能詳的小說《金瓶梅》中之西門慶是為典型。此外，再舉二件真實的例子：

翟鵬(1481—1545)，嘉靖六年(1527)任陝西按察使，郃陽縣有一村豪名為崔文，素以恃財暴橫，淫毒於鄉，曾欲得鄉人樊玉的牛隻，不獲，遂誣告樊玉竊盜官木，玉妻到崔府哭訴，卻當場被毆死，又反誣是樊玉所殺。時正值同村人李剛，夜被強盜劫財，崔文又誣樊玉同盜，並買通縣官酷刑偵訊，樊玉遭囚禁竟長達十餘年，每遇會審時，崔文即借故避去，鄉人畏崔文，不敢作證吐實，直到翟鵬到任會審，才明其冤，崔文知不可逃，乃自縊[47]。

再如顧起元(1565—1628)記載，南京有土豪王冠，家財巨萬，僮奴數千，南京權貴多與他往還，以是恣橫鄉里，人

---

[45] 趙翼：《廿二史劄記》，卷34，頁784，台北，華世出版社，民國66年。

[46] 于慎行：《穀山筆麈》，卷4，頁39，北京，中華書局，元明史料筆記。

[47] 焦竑：《國朝獻徵錄》，卷57，頁2372。

皆不敢言怒。有方士教王冠取初生嬰兒烹噉，或剉其骨爲粉，食之可以爲延年益壽之劑，王冠除烹食家中婢妾子外，更陰購鄉人嬰兒爲餌。後事發處死，民衆大快[48]。

附帶一提，明代大戶家中奴僕衆多，常常倚勢作惡，也是破壞社會秩序的因素，如王冠家中有「僮奴數千」，又，萬曆《嘉定縣志》也說：

> 大家僮僕多至萬指，平居乘氣，為橫鄉閭。及主家衰落，則掉臂不顧。至於中人之家，撫養有恩，或至長子育孫，而一旦叛去，恣意毆詈，甚且操戈入室焉[49]。

(3)流氓、光棍爲惡鄉里

權貴富室，倚仗權勢爲惡鄉里，雖然令人反感，但仍不是普遍性的，對廣大鄉間一般平民而言，惡少太保、地痞流氓，才是最直接威脅生命財產的。由於社會風氣的改變，正德以後，許多地方都有流氓猖獗的情況，如方志記載南直隸吳縣，嘉靖三十八年(1559)發生乾旱，但卻有惡少作亂，他們恃勇鬥狠：

> 擊傷人、折肢體，無敢喘焉，未暮即剽掠無忌，飲

---

[48] 顧起元：《客座贅語》，卷8，頁255。北京，中華書局，元明史料筆記。
[49] 萬曆《嘉定縣志》，卷2，頁151。

坊市，稍忤則碎其器，陵暴其婦女，或一人攘臂於前，群不逞遙隨之，衢巷遇人則擊，觀其奔逸恐懼以為笑[50]。

萬曆《通州志》也記載：

今則里中子弟以任俠為豪，其尤桀者日與賓客姦人博塞酣歌，崇飲無忌，醉則入市攫人之金，有司者捕治之，則持刀而格鬥也，又探丸胠篋時時竊發，於是生業蕩廢，廉恥滅亡[51]。

至於地痞流氓，明人常稱之為「光棍」，他們遊手好閒，恐嚇取財，誣告入罪，無所不做，甚至惟恐天下不亂，例如嘉靖時在江西平民亂的胡世寧(1469—1530)就曾說：

有一種豪強光棍，始以助官殺賊為名，以通賊寄贓得利，暨後以誣執平民，嚇詐財物為業。惟恐事定還鄉，則新民告取財物，良民告償人命，鄉黨雖安，彼獨受罪，於是外則骨動浮言，挾制官府，內則讎殺復業良民。……今民間所苦，第一光棍，第二賊盜，而兵擾次之[52]。

---

[50] 崇禎《吳縣志》，卷 11，頁 35 上，天一閣續編。
[51] 萬曆《通州志》，卷 2，頁 53，天一閣初編。
[52] 胡世寧：<地方利害疏>，文收許孚遠編：《皇明經世文編》，卷 136，頁 22 上—22 下。又，嘉靖《威縣志》載：「各府州縣及鎮店鄉村，有等光棍，不務本等生理，專一沿街遊蕩」。，卷 2，頁 4 下，天一

更糟糕的是，這些人往往成群結黨，組成犯罪集團，如顧起元(1565—1628)曾記載，萬曆時南京地區的犯罪集團有稱為「十三太保」、「三十六天罡」、「七十二地煞」者，也有團體全使用同一種武器，然後以之為幫號，如「棒椎」、「劈柴」、「橋子」者，這些團體平日「賭博酗酒，告訐打搶，閭左言之，六月寒心」[53]。

不只南京，北京也有個流氓團伙，「結義十弟兄，號稱十虎」，橫行各處，其首領叫做韓朝臣，是錦衣衛的成員。蘇州也有專門打人的流氓組織，他們聲氣相通，一有同伙之人不逞，則一呼百諾共為抨擊，不殘傷人不止。而他們打人也有特殊技倆，或擊胸肋，或擊腰背、下腹，中傷者或三月死，或五月、十月死。其頭目，有綽號「一條龍」或「地扁蛇」之類的稱呼[54]。

概括言之，流氓光棍的犯罪活動真是無奇不有，除了擄人勒贖、燒殺搶奪等一般熟知的暴力犯罪之外，比較特別的犯罪行為，如在山東有人託名是皇親僕從，每每於關津都會大張市肆，網羅商稅[55]。也有與地方官吏勾結，當地方官要

閣續編。

[53] 顧起元：《客座贅語》，卷4，頁106，北京，中華書局，元明史料筆記。

[54] 王春瑜：〈明代流氓及流氓意識〉，收氏著《明清史散論》，上海，東方出版中心，1996年。頁71—72

[55] 《明史》，卷181，頁4821。

察查豪強時，正是他們搬弄之機，對其仇家羅織罪狀，暗投陷井，即使是地方官心知冤曲，也無可如何。這些人還得意揚揚，謂執一縣生死之柄，因爲「上至長吏，猶或陰持短長，伺間肆螫」，這樣的行爲在江蘇稱之爲「訪行」。另還有稱爲「打行」的，指流氓先派黨徒到富家尋釁，然後呼群滋擾侵暴，或是由某人捏詞誣賴，同黨共爲佐證，非要對方出金帛厚謝才得解[56]。

還有是各處包攬，伺機而動，「遇婚葬，則工爲營辦以釣奇；有詞訟，則代爲打點以罔利」，還可代客報仇，替人設局騙財等等，「有求必遂，無事不干」[57]。又有專門與牙行勾結者，每在破曉互市時，攔截鄉民，搶奪貨物，然後買給牙行以圖利[58]。更有惡劣者自稱爲牙行主人，其實就是白晝強盜，當鄉民持雞鵝鴨入市，立刻強迫鄉民交由變賣，鄉民屈從，就任意給些小錢，若鄉民不肯，就把雞鴨縱放於曠野，若與爭論，這些人立即呼群而毆之，使鄉民控訴無門。

江南地區的流氓，一遇到人命案件，就視爲奇貨，或冒

---

[56] 萬曆《嘉定縣志》，卷 2，頁 152—53，台北，學生書局，中國史學叢書。

[57] 顧起元：《客座贅語》，卷 4，頁 106，北京，中華書局，元明史料筆記叢刊。

[58] 萬曆《嘉定縣志》，卷 2，頁 152—53，台北，學生書局，中國史學叢書。

充死者的親屬,或強作偽證,向事主強索酒食財物,稍不厭足,就公然毆辱。更有「假人命,眞搶擄」的情況,一些流氓平日見有老病之人,就綁架藏於密室致死,然後尋找豪門富室,故意挑起爭端,誣告富家,打著「索人命,討血債」的幌子,糾集其黨徒數十百人,先到富家打搶一空,然後又鳴於官署。

著名的丐幫,常於果餅內置藥,騙幼女食之,使啞不能言,然後就抱入舟中遠去,幼女家人遍尋不得。幼女長大後,貌美者淫虐後以高價賣棄。貌醜者或瞎其目、或斷其手腳,然後強迫行乞,所得不如數,就會遭到痛責毆打[59]。

流民與武裝暴亂,加速了里甲制的瓦解,也使得社會控制無法有效進行,盜賊頻仍,豪強光棍爲惡鄉里,社會秩序極待重整,正在此背景下,保甲制度重新受到重視。

保甲制度雖然可從《周禮》和《管子》中尋其淵源,但二書在地方區劃的目的很廣,不僅只以報告犯罪和監督民眾爲主。「保甲」的名稱與明、清二代實行的內容,仍是直接承續王安石於 1070 年創立的[60]。

---

[59] 王春瑜:〈明代流氓及流氓意識〉,頁 72—74。

[60] Kung-Chuan Hsiao(蕭公權):*Rural China—Imperial Control in the Nineteenth Century*,pp.26—28。

　　明代實行保甲法的記錄，雖早在正統、成化時就有[61]，但大體上是從弘治時期開始，才漸漸受到朝野重視[62]。而起最大作用者，當是正德晚期王守仁(1472—1529)在江西的示範，引起王門諸子如程文德(1497—1559)、胡直(1517—1585)、耿定向(1524—1596)等人的效法。

　　然而，細查王守仁的十家牌法，與嘉靖以後實行的保甲法，內容並不相同。王守仁的十家牌法施行在平亂之後，是以重建社會秩序為主要目的，內容其實很簡單，主要就是每一家戶設一牌，記載戶口、職業、房舍等家庭狀況，然後每十家編為一組，設立「十家牌」，記載十戶戶長姓名與戶籍別，十人輪流每日酉時持牌到各家檢查，確定每一戶有無人員的增減？往返於何處？做些什麼事？[63]也就是以十戶共同

---

[61] 張萱記：「正統十二年監察御史柳華按閩，……檄各郡縣，凡城郭鄉村之中，大小巷通道首尾各刱立一隘門。門上為重屋，各置金鼓兵戈器械於其上，於鄉村各立望高樓。乃編各居民為什伍，設總小甲以統率之，夜則輪番直宿於隘門之上，鳴鼓擊柝以備不虞。」《西園聞見錄》，卷98，頁15上—16上。成化時則有韓鏞在浙江，「令鄉村嚴立保伍，以相救護糾察，由是數郡肅然，不復有警。」《國朝獻徵錄》，卷61，頁2573。

[62] 《明史》載：秦紘在弘治二年總督兩廣軍務時，上奏表示潮州、韶州和南雄地區多盜，「應編保甲，以絕盜源」。《明史》，卷178，頁4743。

[63] 王守仁：《王陽明全集——奏議》，卷8，頁3—5，台北，宏業書局，影印民國二四年刊本。

負責，防止窩藏匪徒和預防任何可疑的行動。而嘉靖以後施行的保甲法，內容就複雜得多，除了與王守仁一樣的置牌設籍、檢查罪犯和十家連坐以外，還有：1.十八到六十歲丁男皆有捕盜和救護的義務。2.每年十月到次年三月農閒期間要學習武藝。3.每甲置鑼一面，保正副置銃三杆，遇有盜賊，鳴鑼放銃。4.每村量行建立瞭望樓或台[64]。

明人常說實行保甲以弭盜，如萬曆時許國(1527—1596)說：

> 保甲者，弭盜之要策，其法襲用至今，而利猶可屈指數也。聯戶為甲，聯甲為保，一戶有警群起而相救援；或禦其衝，或邀其歸，盜將安逸，利一。遞掌名籍，互相覺察，出必稽其所往，即有探丸椎埋之徒，不得萌孽，利二。有寄宿於其家者，弁籍之其戶下，眾虞連坐，必共審詰，奸究無所藏匿，利三[65]。

然而，對於明代保甲制度的出現，並不能單純地認為僅只於「弭盜」一項目的，保甲的重建戶籍資料和基層組織工作，更需放在流民現象、里甲制的瓦解與社會變遷的背景

---

[64] 可參考黃佐：《泰泉鄉禮》，卷6「保甲」，文淵閣四庫全書。呂坤：《呂公實政錄》，卷5「鄉甲約」，台北，文史哲出版社，影印清嘉慶年間刊本。。

[65] 張萱：《西園聞見錄》，卷98，頁7下，台北，明文書局，明人傳記叢刊。

下，才能比較真確地認識，誠如嘉靖《南康縣志》的作者評論王守仁(1472—1529)的十家牌法謂：

> 國家稽古建制，天下郡邑每百有十戶為一里，里有長，凡追徵錢糧，勾攝公事，咸責於里之長，誠萬世不易之法。然是百有十戶，遷徙無常，故道路有遠近，緩急不能卒至，情偽不能備知，欲其相親相睦，旦夕若一家焉，其勢不能也。陽明先生深念民隱，酌古今之宜，即斯民鄰族閭里之切近者，每十家為一牌，鄉村則統之以保長，以默寓比閭族黨之意，信所謂其法甚約，其治甚廣，因是而修之，諸政可舉，蓋不惟息訟防盜而已也[66]。

三、救災失效與社倉制的興起

明代最主要的賑災機制是預備倉。此一制度早在洪武元年(1368)就詔示設立[67]。洪武二十一年(1388)又命令每縣於居民叢集處各設立四所預備倉，並由戶部運鈔二百萬貫到各地

---

[66] 嘉靖《南康縣志》，卷10，頁7下—8上，天一閣續編。又，《萬曆江浦縣志》謂：「保甲之法，必戶可編，人可隸，真如身之使臂，臂之使指，而後法可立。」也表達了類似的意思。卷10，頁1下—2上。
[67] 《明史》，卷138，頁3966。

備糧，同時命令各地耆老負責管理，遇荒年則開倉賑給[68]，若倉儲不足，則由政府撥款糴穀。此後，每當各地發生災荒，即由預備倉出穀貸民。洪武二十六(1393)年，針對各地發生災荒時地方官往往先上奏再發糧，造成因道途往返而延誤賑災時機，乃命令地方官應先發倉廩賑濟，然後報聞。從史料記載看，朱元璋是確實地執行這一命令，例如直隸淮安府監城縣發生旱災，知縣先發半數倉糧賑災，然後報聞，太祖得知後，立即命令全數發糧給民眾[69]，反映出洪武時期賑災工作的效率。

　　然而，從宣德時期開始，預備倉制度就逐漸出現問題。宣德三年與四年(1428、29)，陝西臨洮衛生員和戶科給事中分別奏言，預備倉管理不當，或由典守者侵盜爲己、或私借給人而不還官、或是倉廠毀壞，地方官未嚴加監督[70]。五年(1430)，御史李濬甚至表示直隸、河南、山西等處的預備倉「倉儲俱廢」[71]。雖然如此，但從《實錄》的記載中，我們仍可以看到許多地區的預備倉仍能有效的運作[72]。大體而

---

[68]　《明太祖實錄》，卷 191，頁 1881—82、卷 202、203、205。

[69]　《明太祖實錄》，卷 227，頁 3311、3315。

[70]　《明宣宗實錄》，卷 41，頁 1011、卷 57，頁 1367。

[71]　《明宣宗實錄》，卷 66，頁 1562。

[72]　「宣德六年六月，直隸徐州豐縣奏去秋水潦，…民八四二戶皆缺食，已發預備等倉米四三七石賑濟，又勸富民出粟給之」《明宣宗實錄》，

言，明初四朝在荒政上是比較有效率的，如《明史》記述：

> (太祖)設預備倉，令老人運鈔易米以儲粟。荊、蘄水災，命戶部主事趙乾往振，遷延半載，怒而誅之。……且諭戶部：「自今凡歲饑，先發倉庾以貸，然後聞，著為令。」在位三十餘年，賜予布鈔數百萬，米百餘萬，所蠲租稅無數。成祖聞河南饑，有司匿不以聞，逮治之。因命都御史陳瑛榜諭天下，有司水旱災傷不以聞者，罪不宥。……仁宗監國時，有以發振請者，遣人馳諭之，言：「軍民因乏，待哺嗷嗷，尚從容啟請待報，不能效漢汲黯耶？」宣宗時，戶部請覈饑民。帝曰：「民饑無食，濟之當如拯溺救焚，奚待勘。」蓋二祖、仁、宣時，仁政亟行[73]。

正統以後，預備倉問題愈多，如正統四年(1439)楊士奇(1365—1444)表示：

> 聞今南方官倉儲穀，十處九空，甚者，穀既全無，倉亦不存，皆鄉之土豪大戶，侵盜私用，卻妄捏作死絕，及逃亡人戶借用，虛立簿籍，欺謾官府[74]。

卷 80，頁 1855。「宣德六年九月，湖廣孝感縣奏：民饑，已借預備倉糧給濟，俟來年秋成還官」。卷 83，頁 1919。

[73] 《明史》，卷 78，頁 1908。

[74] 楊士奇：〈論荒政〉，文收許孚遠編：《皇明經世文編》，卷 15，頁 442—43。

因此，朝廷屢次命令加強管理和充實倉儲，主要的重點有：
1.要求地方官追查侵盜私用、冒借虧欠，若能賠償完足者，
可免治其罪，反之，則以土豪及盜用官糧論罪。2.鼓勵民眾
納穀，若納穀超過 1500 石者，敕獎為義民，並免本戶雜役。
3.規定預備倉糧借給饑民，每米一石，候有收之年，折納稻
穀二石五斗還官。4.准將罪犯贖罪米入倉[75]。景泰、成化時，
還因災荒頻仍，而准許生員往缺糧的地方納粟，並可獎送國
子監讀書，但這一作法使得監生學行和地位降低，連帶也影
響地方儒學教師的素質[76]。

這些措施顯然成效不彰，所以到了弘治時就強制命令各
州縣充實倉儲，規定編戶十里以下的州縣，應積穀 15000 石，
二十里積穀 20000 石，其他依此類推。這一強制措施歷嘉靖、
隆慶、萬曆三朝，都一直持續著，只是數量上稍有不同。然
而，這項規定的最大問題是，政府並沒有像太祖一樣由戶部
提供糴穀經費[77]，所以地方官即以此推托，甚至嘉靖時還規
定地方官以積穀數量作為考績項目，但地方官仍視為具文，
雖屢次下詔申飭，皆以虛數欺罔[78]，如余繼登(1544—1600)

[75] 萬曆《大明會典》，卷 22，頁 46—47，台北，新文豐出版公司。
[76] 參見林麗月：《明代的國子監生》，頁 19，中國學術著作獎助委員會，民國 67 年。
[77] 正德《新城縣志》，卷 6，頁 17 上—17 下，天一閣續編。
[78] 《明史》，卷 79，頁 1925—26。

說：「夫不問其所取之由，而但責其所積之數，豈能無弊哉」[79]。

　　具體的狀況如林俊(1452—1527)於弘治末年，上疏表示江西所屬各縣預備倉存糧的狀況。林俊以最低標準每里 1000石來計算，總共需要 1014 萬石，現存糧食尚不到十分之一，約短少 900 萬石，例如湖口縣存糧不到 1000 石，彭澤縣不足 600 石，石城縣僅有 2000 餘石，而泰和為大縣，也只有 8000 餘石[80]。

　　我們在地方志的記載中，也見到預備倉存廢不一的情況。例如《新城縣志》(江西)記載正德時：

　　　　國朝洪武定制，命天下郡縣各量道路遠近，設立四

　　　　倉，皆以老人掌之，歲久滋弊，名存實廢[81]。

再如廣東惠州府在正統五年(1440)時，大部分所屬縣分都有完整的預備倉，共計有二十所，其狀況是：

　　　　置於郭外近郊，取便民也。後漸廢徙不一，今惟歸

　　　　善(縣)之北倉、東倉及海豐(縣)之倉存，餘各併為一倉

---

[79] 余繼登：《國朝典彙》，卷 16，頁 289，北京，中華書局，元明史料筆記。

[80] 林俊：<請復常平疏>，文收許孚遠編：《皇明經世文編》，卷 87，頁 4上—4 下。

[81] 正德《新城縣志》，卷 6，頁 17 上—17 下，天一閣續編。

82。

竟然屬有七個縣分的惠州府，只剩下四所預備倉。又如南直
隸的六合縣和沛縣，舊皆有四所預備倉，到嘉靖二、三十年
代俱毀廢，後由知縣新建一所[83]。

除了存廢不一與管理問題外，使預備倉無法即時發揮功
效的因素還有以下四點：

1.地方官畏事的心態

所謂「救荒如救火」，賑災最重要的就是迅速。明太祖、
成祖時均多次申明，發生災荒時地方官應立即發倉賑災，不
用等待中央命令，但地方官因畏懼專擅之名而不敢決斷，待
公文往返常需時數月或半年，早已延誤賑災時機。又或是地
方官為求謹慎，不敢相信村里耆老報告，必委派官吏踏勘之
後，始行文上級，造成曠日廢時，如何孟春(1474—1536)清
楚地說明：

> 臣切見歲凶荒處，耆老告報府州縣，不敢謂實，委
> 官踏勘，踏勘者返曰實，始為申合於上司鎮巡等官，
> 鎮巡官不以為實，委官踏勘，踏勘者返曰實，始為請
> 命，命下該部查照當行，始為行文，轉而下府州縣，

---

[82] 嘉靖《惠大記》，卷2，頁13上—13下，天一閣續編。

[83] 嘉靖《六合縣志》，卷2，頁27下、嘉靖《沛縣志》，卷2，頁24下，
天一閣續編。

即其所傷分數以減征緩賦,民其有速獲賑貸者乎。……
彼文書往復,動經數月半年,豈其所堪哉。……府州
縣委官踏勘,不過騷擾一番,鎮巡官委官踏堪,又一
番騷擾。到頭貸賑之及,其濟幾何[84]。

2.胥吏、里書作弊

影響發倉賑災最巨者,是地方胥吏夥同作弊。他們巧立
「公費」、「幫貼」等名目,以從中取利。更惡劣的行爲是索
賄營私,災民申報一丁,索錢數十,無能圖利者,即使頻臨
枵腹困境,也不得毫米。有的胥吏上下其手,得民賄賂,可
以以熟作荒,不得,則以荒爲熟[85]。不止如此,楊士奇(1365—
1444)還曾記載江西泰和縣有一蕭姓耆老,願出穀納倉以備賑
饑,不料,縣吏卻要索重賂才可納倉,蕭老因不肯賂吏,而
終不行[86]。

明代中期的重要學者章懋(1437—1522)就曾敍述他巡視
福建蒲城時,正遇到當地發賑,居民紛紛來告不公,章懋親
到倉中看視,見簿冊所列之人,皆是地方里長或大戶所招集

[84] 何孟春:<陳萬言以俾修省疏>,文收許孚遠編:《皇明經世文編》,卷
127,頁 23 下—24 上。
[85] 張萱:《西園聞見錄》,卷 40,頁 25 上—28 上。
[86] 楊士奇:〈旌義堂記〉,文收許孚遠編:《皇明經世文編》,卷 16,頁 473
—74。

來的四方無賴之徒。嘉靖時林希元(正德 12 年進士)，曾記述他在南直隸泗州所見的情況，當時饑荒已屆二個月，倉庫錢糧都已賑竭，但仍有易子而食的慘狀，林希元也正遇見有民眾欲投淮河者，問他是否獲得賑濟？答曰：「無錢與里書，不得報名也」。林希元又於審訊賊犯時，問同樣的問題，回答仍是：「未也」，但林希元卻在賑災簿冊上發現早已支給兩個月糧，原來是里書以賊犯做人頭冒支[87]，可見胥吏作弊的手法，可謂無所不用其極。所以章懋才強調地方官絕不能把賑濟事宜全交付里書，應由地方官親自主持，「若非爲政者先之勞之，而付手下之人，則有無端賣弄作弊，不惟無益而反有害矣」[88]。萬曆時呂坤(1536—1618)於擔任地方巡撫時，則明令「放賑十禁」：

一、禁衙役請支。	二、禁通學借支。
三、禁里老總支。	四、禁不貧冒支。
五、禁久待遲支。	六、禁欠家奪支。
七、禁斗級弊之。	八、禁不明亂支。
九、禁收不查支。	十、禁不還又支[89]。

---

[87] 林希元：〈荒政叢言疏〉，文收許孚遠編：《皇明經世文編》，卷 162，頁 3 下，

[88] 章懋：〈與許知縣〉，文收許孚遠編：《皇明經世文編》，卷 95，頁 11 上—12 下。

[89] 呂坤：《呂公實政錄》，卷 2，頁 45 上。台北，文史哲出版社，影印清

3.不賑濟貧窮、廢疾者

成化時大學士商輅(1414—1486)曾上陳時政表示，有些地方遇有災荒時，地方官要里老建立名冊，但里老止把中等戶口開報，其他貧窮和鰥寡廢疾者一概不報，怕他們無力償還，使里甲負累賠納[90]。明人張陛也很傳神地說：

> 向來賑濟止博虛名，蜂喧蠅攘，團簇不開，強有力者奔走攫奪，去而復來，老弱婦女徒嗟饑涎，恐遭蹂躪，門外望洋赤手空去，極似觀風季。考膳夫供給所利，全在一亂，持數升酸餲之飯，誘秀才攘臂一搶，則其米散不可復稽矣[91]。

4.預備倉位置僻遠，且賑糧太少

一縣若只有一所預備倉，又再加上地處僻遠，則「諸山谷鄉遂之遠，安能扶攜及時以就給」[92]。而積糧不足，物資缺乏，當然也使賑災無效，如林希元就曾問泗州饑民：

> 問其賑濟？則曰：「無有」。「何以不濟？」曰：「戶有四口，一口支糧，月支三斗，道途逞復，已費其半；

嘉慶年間刊本。

[90] 余繼登：《國朝典彙》，卷14，頁257，北京中華，元明史料筆記。
[91] 張陛：《救荒事宜》，頁6，台北，新興書局，筆記小說大觀。
[92] 嘉靖《南康縣志》，卷4，頁14上，天一閣續編。

一口支糧，四口分之，每口只得六七升，是以不濟也」[93]。

　　預備倉的問題重重，實關係到明代在十五世紀中葉以後結構性的問題，短時間內無法解決。因此，從正統時就有官員建請實行社倉法，成化時這樣的主張更多，如明史記載商輅(1414—1486)於成化三年(1467)建議設社倉。邵寶(1460—1527)於成化二十年(1484)任許州知府時，倣朱子社倉，立積散法，以備凶荒。弘治中又有江西巡撫林俊(1452—1527)嘗請建常平及社倉[94]。

　　社倉雖起於隋代，但朱熹的影響更大。朱子於乾道七年(1171)，家居福建崇安縣時創立社倉，倉儲來源是鄉民所獻與政府所給，由鄉民自行經理。遇凶年賑濟，小饑收半息，大饑則全數免除[95]。

　　明代的社倉也是承襲朱子的定制，嘉靖八年(1529)，兵部侍郎王廷相(1474—1544)上奏表示：預備倉積糧不足，且多設於州縣的城鎮，偏遠鄉村百姓拔涉百里就糧，旬日待斃，並非善政。他主張應在各里建社倉，推有德者為社長，賑給或借貸全由民眾自主，但要建立登記冊籍，以備有司稽

---

[93] 林希元：〈荒政叢言疏〉，文收許孚遠編：《皇明經世文編》，卷 162，頁 3 下。

[94] 《明史》，卷 176，頁 4688、卷 282，頁 7244、卷 79，頁 1925。

[95] 陳榮捷：《朱熹》，頁 3，台北，東大圖書公司，民國 79 年。

考，如此，既無官府編審之繁，也無民眾奔走道路之苦[96]。
世宗表示此論為備荒要務，命下戶部施行。《明史》記載：

　　嘉靖八年乃令各撫、按設社倉。令民二三十家為一
　　社，擇家殷實而有行義者一人為社首，處事公平者一
　　人為社正，能書算者一人為社副，每朔望會集，別戶
　　上中下，出米四斗至一斗有差，斗加耗五合，上戶主
　　其事。年饑，上戶不足者量貸，稔歲還倉。中下戶酌
　　量振給，不還倉。有司造冊送撫、按，歲一察覈。倉
　　虛，罰社首出一歲之米[97]。

但這項制度在當時落實的狀況似乎並不理想，如《江浦縣志》
就記載：「社倉之制，僅一舉而旋廢矣」[98]。《明史》也評論：
「其法頗善，然其後無力行者」[99]。

　　雖然如此，從史料的記載中，仍見到許多人對這項制度
是給予肯定和讚揚的，如嘉靖湖廣《茶陵州志》記述：預備
倉雖有積穀，但因管理不當而遭蟲鼠風雨，三歲則腐，認為
行社倉法每歲放斂，就無上述缺失[100]。萬曆南直隸《江浦縣

[96] 《明世宗實錄》，卷 99，頁 2336—37。
[97] 《明史》，卷 79，頁 1926。
[98] 萬曆《江浦縣志》，卷 5，頁 13 下—14 上，天一閣續編。
[99] 《明史》，卷 79，頁 1926。
[100] 嘉靖《茶陵州志》，卷上，頁 35 上，天一閣續編。又隆慶《長州縣志》
　　載當地社倉「每歲五六月間散之農人，至冬復斂入本倉，取息二分，

志》也肯定表示「社倉之法，救荒良法也。浦多荒歲，是法尤不可一日不行者」[101]。再如嘉靖《南康縣志》說：

> 有司能以民事為念，莫若及時閑暇倣隋制，俾民於各社之倉，每歲收穫之時，上戶一石，中戶七斗，下戶四斗，大熟稍倍之。歲久而積多，掌之以社長，正之以各社之有行誼者，或遇凶饑，即發此穀賑濟，縣官歲稽其出入之數。……如此，則不必文參往覆之煩，而各鄉皆可以自給矣[102]。

該志的作者並說：「縣倉在官，義倉在民，二者兼而行之，亦救民於未荒者也」。即認為預備倉與社倉是互補相濟的，這樣的觀點也呈現出民間社會的功能與自主性應加以確認，例如在隆慶時山西巡撫靳學顏((1514—1571)表達得更清楚，他說：

> 在官倉者，時其豐歉而斂散之，利歸於官，若民有大饑，則以賑之。在民倉者，時其豐歉而斂散之，利歸於民。雖官有大役，亦不許借，此藏富於民，即藏富於官也[103]。

十年後漸減其息。」卷 11，頁 3 下，天一閣續編。
[101] 萬曆《江浦縣志》，卷 5，頁 13 下—14 上，天一閣續編。
[102] 嘉靖《南康縣志》，卷 4，頁 14 上—15 下，天一閣續編。
[103] 余繼登：《國朝典彙》，卷 18，頁 336，北京，中華書局，元明史料筆記。

四、社學的興廢不一

明代社學始於洪武八年(1375),朱元璋以很通俗的語言命令:

> 恁台省大官人用心提調,教各府州縣在城並鄉村,
> 但有二五十家,使請箇秀才開學,教軍民之家子弟入
> 學讀書,不坊他本業,務要成效[104]。

但因開創之初百廢待舉,一般民眾與地方官尚無餘力兼顧,所以沒有多久即下令革去,改以較彈性的做法:

> 止令有德之人各隨所在,以十月初開學,臘月終止。
> 丁多有暇,常教常學者聽[105]。

一直到洪武十六年(1383),才再度詔立社學,並命令「有司不得干預,其經斷有過之人,不許為師」。洪武二十年(1387),再令民間子弟讀御製大誥[106]。社學的制度乃正式確立。

社學雖為兒童啟蒙教育單位,但其實是具有社會控制的內涵,如太祖在命令設立社學時,同時規定學生兼讀御製大

---

[104] 弘治《撫州府志》,卷 14,頁 23 上—23 下,天一閣續編。

[105] 正德《松江府志》,卷 13,頁 22 上—22 下,天一閣續編

[106] 萬曆《兗州府志》,卷 29,頁 7 下,天一閣續編。

誥及本朝律令[107]。再從地方官的觀點看,如成化時洪鍾(1443
—1523)奉命到江西、福建去安輯流民,還朝後即建議當地流
移錯雜,易生動亂,應令地方官立「鄉社學,教之詩書禮讓」
[108]。秦紘(1426—1505)在弘治二年(1489)總督兩廣軍務時,也
上奏表示潮州、韶州和南雄地區多盜,「當設社學,編保甲,
以絕盜源」[109]。

　　英宗時對社學相當重視,正統元年(1436)命令提學官及
府州縣官嚴督勤課,不許廢弛。並令注意有俊秀向學者,許
補為儒學生員。天順時又專設憲臣一員,提調學校,亦兼領
社學[110]。從方志的記載也可以發現,英宗統治時期地方上社
學的數量有所增加,如正德《松江府志》載:

　　　正統、天順間申明興舉,即城隍廟東願勻亭為在城
　　　社學,延儒士錢潤為之師。各鄉區設一所,凡六十所。

---

[107]　《明史》,卷 69,頁 1690。
[108]　《明史》,卷 187,頁 4957。
[109]　《明史》,卷 178,頁 4743。
[110]　弘治《撫州府志》,卷 14,頁 23 上—23 下,天一閣續編。

上海設於縣東北一百二十步，各鄉凡四十九所[111]。

大體而言，社學在正德以前比較受到中央政府的關注，如《明史》載：

> 弘治十七年(1504)令各府、州、縣建立社學，選擇明師，民間幼童十五以下者送入讀書，講習冠、婚、喪、祭之禮。

值得注意的是，《明史》在這段記載之後，又說「然其法久廢，寖不舉行」[112]。從地方志的記錄中，也可見到社學興廢不一的情況，例如：

正德《姑蘇志》(南直隸)：「洪武八年，詔府州縣每五十家設社學一，本府城市鄉村共建 737 所，歲久漸廢」[113]。

正德《松江府志》(南直隸)：「弘治初毀淫祠及無額菴院，知府劉璟、華亭知縣汪宣因即其所在以為社學，凡若干所。今惟祠山蘭若一區僅存，餘多怠弛矣」[114]。

嘉靖《建寧縣志》(福建)：「社學。自正統天順以來，雖屢申明而廢置，實無定所」[115]。

嘉靖《南康縣志》(江西)：「社學二所，天順七年奉敕設，

---

[111] 正德《松江府志》，卷 13，頁 22 上—22 下，天一閣續編。
[112] 《明史》，卷 69，頁 1690。
[113] 正德《姑蘇志》，卷 34，頁 17 下—18 上，天一閣續編。
[114] 正德《松江府志》，卷 13，頁 22 上—22 下，天一閣續編。
[115] 嘉靖《建寧縣志》，卷 2，頁 16 上，天一閣續編。

久廢。嘉靖九年知縣再建，尋廢為蔬圃矣。三十三年再新創建」[116]。

筆者依據「天一閣藏明代方志選刊續編」，整理各州縣有關社學的記錄，從正德至萬曆時期(1506—1620)，明確記載社學存廢的有 59 個州縣，其中在修撰方志之時記載社學廢棄無存者，計 16 個州縣，約佔 27%，即超過四分之一。記載只存有一所社學者，有 6 個州縣，約佔 10%。記載只存有二所社學者，有 8 個州縣，約佔 14%[117]。三者合計為 30 個州縣，約佔 51%。依照太祖與英宗的命令，一個州縣絕不應只有一所社學，也就是說在這些州縣中超過半數的州縣是不符合規定的。雖然能統計的州縣數不多，但配合史料的記載，應仍能反映十六世紀以後，地方辦理社學工作是相當不理想的。

造成社學興廢不一的主要因素，是中央政府只以命令要求地方官辦理，但在制度上並沒有列入為地方官的職責，例如《明史》「職官志」記載知縣的職掌，就沒有「社學」兩字[118]，而且在地方的官吏編制中，也沒有專責社學者，又在地方志的記載中，社學常置於儒學之末，屬附加的地位，記

---

[116] 嘉靖《南康縣志》，卷 3，頁 10 上—10 下，天一閣續編。

[117] 詳細的記錄參閱附錄二。

[118] 《明史》，卷 75，「職官四」。

或不記，其實無妨。從各方面看，明代州縣官最重要的工作
是徵稅、治安與司法，不僅法律明文規定，還是考核的重點。
相對而言，社學就沒有統治上的急迫性，只能繫於主政者個
人的態度，若中央政府重視，則地方猶需應付，反之，如正
德以後，中央政府不加意於此，則社學就全靠地方官的主觀
意願了。

　　從方志的記載可以發現，地方官的態度確實是影響社學
興衰的主要因素，例如江西《吉安府志》記載另一種情況：
洪武時建社學，有地方官急於奉承，不考慮學生家庭狀況與
交通條件，一概強制入學，使民眾「望學畏舍而去」，更有
藉給予入學資格的機會，營私肥己，以致才有太祖令社師各
隨所在授課，並在十月秋收之後，不妨農事情況下，鼓勵學
生受學，但仍聽民自便。但是如此一來，又使地方官以省事
為尚，「雖人煙輻湊而雞犬聲間者，亦罷止之」[119]。對此朱
元璋極感憤慨，《大誥》中就寫著：

　　社學之設，本以導民為善，樂天之樂，奈何府州縣
　　官不才，酷吏害民無厭，社學一設，官吏以為營生，
　　有願讀書者，無錢不許入學，有三丁四丁，不願讀書

[119] 順治《吉安府志》，卷 19，〈武山義塾記〉。
[120] 《御製大誥》，社學第 44，收吳湘相編：《明朝開國文獻》，台北，學
生書局，中國史學叢書。
[121] 嘉靖《蟊縣志》，建置，頁 5 上，天一閣續編。

> 者，受財賣放，縱其愚頑，不令讀書。有父子二人，
> 或農或商，本無讀書之暇，卻令逼令入學，有錢者又
> 縱之，無錢者雖不暇讀書，亦不肯放，將此湊生員之
> 數，欺誑朝廷[120]。

當然，也有很多重視社學工作的地方官，例如李復初於嘉靖
十二年(1533)任河北蠡縣知縣，「每社立一社學，又慮一社有
數村者，難於就學，每村又立一學，多有就寺觀者」[121]。再
如胡容於嘉靖二十九年(1550)任河北威縣知縣，「親詣城市
關廂堡鎮鄉村，或因舊學，或就寺觀，或借民家空房，設立
社學共一百所」[122]。又如嘉靖時葉春及在廣東惠安，毀淫祠
500 餘所，改建爲社學 212 所[123]，特別的是，葉春及重建社
學的工作是與鄉約結合起來的。此點，將於下章再論。

---

[122] 嘉靖《威縣志》，卷 5，頁 24 上—24 下，天一閣續編。

[123] 葉春及：《石洞集》，「惠安政書十一」，文淵閣四庫全書。

第五章　鄉約在明代的發展

　　鄉約雖然在北宋時創發，然而歷經南宋與元蒙二代，卻從未能普遍推行。一直要到十五世紀中葉以後，當保甲、社倉、社學逐漸在地方推行，為鄉約的實行奠定了基礎，從十六世紀開始，鄉約才逐漸盛行，並發展出有別於宋代的特點。

一、明代鄉約的淵源

　　鄉約制度雖可追溯到《周禮》讀法之典，但宋代以後具體的作法，仍是直接源自於北宋陝西藍田呂大忠、大鈞、大臨(約 1042—1090)兄弟的創作。呂大忠說其創制之由來：

> 人之所賴於鄰里鄉黨者，猶身有手足，家有兄弟，
> 善惡利害皆與之同，不可一日而無之。不然，則秦越
> 其視，何與於我哉！大忠素病於此，且不能勉，願與
> 鄉人共行斯道。懼德未信，動或取咎，敢舉其目，先
> 求同志，苟以為可，願書其諾，成吾里仁之美，有望
> 於眾君子焉。

又，呂大鈞與張載(1020—77)爲同年友，但以心悅張載之學，而執弟子禮，所以錢穆先生認爲呂氏鄉約是張載〈西銘〉所呈現的理想之具體化[1]。它的重要內容如下：

一、德業相勸

德：

1.見善必行，	2.聞過必改，	3.能治其身，
4.能治其家，	5.能事父兄，	6.能教子弟，
7.能御僮僕，	8.能事長上，	9.能睦親故，
10.能擇交游，	11.能守廉介，	12.能廣施惠，
13.能受寄託，	14.能救患難，	15.能規過失，
16.能為人謀，	17.能為眾集事，	18.能解鬥爭，
19.能決是非，	20.能興利除害，	21.能居官舉職。

凡有一善為眾所推者，皆書於籍，以為善行。

業：

1.居家：則事父兄，教子弟，待妻妾。

2.在外：則事長上，接朋友，教後生，御僮僕。

3.其他：讀書治田，營家濟物，好禮樂射御書數之類，皆可為之。

非此之類，皆為無益。

二、過失相規

[1] 錢穆：《宋明理學概述》，頁119，台北，學生書局，民國76年。

犯義之過：

1.酗博鬥訟，　　2.行止踰違，　　3.行不恭遜，

4.言不忠信，　　5.造言誣毀，　　6.營私太甚，

犯約之過：

1.德業不相勸，　2.過失不相規，　3.禮俗不相成，

4.患難不相恤。

不修之過：

1.交非其人，　　2.游戲怠惰，　　3.動作無儀，

4.臨事不恪，　　5.用度不節，

以上不修之過，每犯皆書於籍，三犯則行罰。

三、禮俗相交

1.婚姻、喪葬、祭祀之禮，禮經具載，亦當講求。

2.鄉人相接、往還書問，當眾議一法共行之。

3.遇慶弔，每家只家長一人與同約者皆往。所助之事，所遺之物，各量其力。

4.婚嫁、慶賀、喪葬、災患遺物，多不過三千，少至一二百。

5.助事謂助其力所不足者，婚嫁則借助器用，喪葬則又借助人夫。

四、患難相恤

1.水火。　　　　2.盜賊。　　　　3.疾病。

4.死喪。　　　　5.孤弱。　　　　6.誣枉。

7.貪乏。

凡同約者,財物、器用、車馬、人僕,皆有無相假。凡事之急者,自遣人遍告同約;事之緩者,所居相近及知者告於主事,主事遍告之。凡有患難,雖非同約,其所知者,亦當救恤。事重,則率同約者共行之。

五、罰式

1.犯義之過,其罰五百。輕者或損至四百三百。

2.不修之過及犯約之過,其罰一百。重者或增至二百三百。

3.輕過,規之而聽,及能自舉者,止書於籍,皆免罰。若再犯者,不免。其規之不聽,聽而復為,及過之大者,皆即罰之。

4.不義已甚,非士論所容者,及累犯重罰而不悛者,特聚眾議,若決不可容,則皆絕之。

六、聚會

1.每月一聚,具食;每季一會,具酒食。所費率錢,合當事者主之。

2.聚會則書其善惡,行其賞罰。若約有不便之事,共議更易。

七、主事

1.約正一人或二人,專主平決賞罰當否。

2.直月一人，依長少輪次，一月一更，主約中雜事[2]。

以上是呂氏鄉約的主要內容。鄉約在宋、元二代流傳並不廣，其所以能在明代中期以後盛行一時，與朱熹(1130—1200)〈增損呂氏鄉約〉及親自倡行密切相關，當程朱理學成為朝廷正統之學以後，朱子的著作為人所盡知，鄉約乃得以流傳後代。比較呂氏鄉約與朱子的增損，朱子的增損有以下四項重點：

1.「德業相勸」中增加了「能肅政教」、「能導人為善」、「畏法令」、「謹租賦」等四項。

2.「禮俗相交」這一項朱子修改了最多，呂氏鄉約原只有五條，朱子增加了「尊幼輩行」、「造請拜揖」、「請召送迎」、「慶弔贈遺」四類，每一大類之下又各有不同的項目和朱子的說明。其中朱子特別強調「尊長」和「少幼」的區別，及其相應的行為儀節，試舉一條為例，以見朱子規定的仔細：

凡遇尊長於道，皆徒行，則趨進揖，尊長與之言則
對，否，則立於道側，以俟尊長已過，乃揖而行。

3.朱子增加了「月旦集會讀約之禮」，主要是增補呂氏鄉約中規定集會要「書其善惡，行其賞罰」的過程，使之更明

---

[2] 以上為〈呂氏鄉約〉的摘要，全文見陳俊民輯：《藍田呂氏遺著輯校》，頁 563—567，北京，中華書局，1993 年。

確詳盡，主要如下：

> 直月抗聲讀約一過，副正推說其意，未達者許其質
> 問。於是約中有善者，眾推之；有過者，直月糾之。
> 約正詢其實狀於眾，無異辭，乃命直月書之，直月遂
> 讀記善籍一過。命執事以記過籍遍呈在坐，各默觀一
> 過。既畢，乃食。食畢少休，復會於堂上，或說書、
> 或習射，講論從容。講論須有益之事，不得輒道神怪
> 邪僻悖亂之言、及私議朝廷州縣政事得失、及揚人過
> 惡，違者直月糾而書之[3]。

4.朱熹刪除呂氏鄉約中的「罰式」，他強調：

> 同約之人各自省察，互相規戒，小則密規之，大則
> 眾戒之，不聽，則會集之日，直月以告於約正，約正
> 以義理誨諭之，謝過請改，則書於籍以俟，其爭辨不
> 服與終不能改者，皆聽其出約。

總觀朱子增補鄉約的內容，朱子特別加強了上下長幼相
應的禮節，不像呂氏鄉約著重在婚喪禮儀的儉省和相助。朱

---

[3] 以上增損呂氏鄉約，全文見朱熹：《朱子大全》，卷 74，頁 23 上—29 下，台北，中華書局。並可參閱 Monika Übelhör :The Community Compact (Hsiang-yüeh) of Sung and Its Educational Significance, in Wm. Theodore De Bary and John W. Chaffee, ed. *Neo-Confucian Education: The Formative Stage,* pp.371—388,

子其實是著重在以禮化俗，希望用禮儀來建立與維持社會的秩序與和諧。這樣的特點，也影響著明代的鄉約。另外，朱子刪除罰式，可能是鑑於呂氏兄弟的受人攻擊，但朱子強調「省察」和「以義理誨諭」，則充分展現儒學家的理念。

二、鄉約的興盛

鄉約在明初洪武時期曾受到關注，主因是蒙元虐政的荼毒，在種族歧視的政策下，蒙古、色目人強奪田產，生殺任情，視漢人為奴隸，買賣如牛馬，完全破壞了民間社會的自主與安定。其次是明太祖出身民間，極關注地方事務，因而創建一套涵蓋甚廣的里甲制度。但其缺失，則在過於嚴苛，使明初一些具深厚儒學素養者，大力批評[4]，並由此反省專制政體的不足，藉由上溯三代之治，提出民眾(鄉族)自治的理想，例如解縉(1369—1415)與方孝孺(1357—1402)的主張，都關涉到鄉約制度[5]。

---

[4] 例如葉伯巨於洪武九年上書批評謂：「陛下切切以民俗澆漓，人不知懼，法出而奸生，令下而詐起。故或朝信而暮猜者有之，昨日所進，今日被戮者有之。乃至令下而尋改，已赦而復收，天下臣民莫之適從。」《明史》，卷 139 ，頁 3993。
[5] 二人的看法於第六章介紹。

　　大體而言，明初施行過鄉約的紀錄不多，茲將筆者閱讀所獲的紀錄，整理爲表 2：

表 2：明人實施鄉約的時間分布

時間	人數	百分比
1368—1402(洪武—建文)	0	0
1403—1449(永樂—正統)	6	6.9
1450—1505(景泰—弘治)	10	11.5
1506—1566(正德—嘉靖)	55	61.1
1567—1620(隆慶—萬曆)	14	16.1
1621—1643(天啓—崇禎)	3	3.3
不詳	2	2.3

資料來源：參考附錄三「明人實行鄉約紀錄表」

　　依表 2 可知，明人實施鄉約，約從十五世紀中葉以後漸多，到了十六世紀以後則頗爲盛行，特別是正德、嘉靖兩朝是實行鄉約最多的時期，據筆者的記錄，正德有 5 人、嘉靖有 50 人曾舉行鄉約，合計 55 人，佔總數 90 人的 61%。而鄉約之所以在此時期盛行，其直接的因素當然與政府的鼓勵有關。

　　查明代官方文書的史料，與鄉約有關的記錄，是《明世宗實錄》在嘉靖八年(1529)三月記載兵部侍郎王廷相(1474—1544)的上疏：

　　　邇來各省歲饑，民且相食，皇上命虛郡國倉廩以賑之，猶不能足，所以然者，以備之不豫故也。備之之政，莫過於故之義倉，臣嘗倣其遺意參較之，若立倉於州縣，則窮鄉下壤百里就糧，旬日待斃，非政之善者。臣以為宜貯之里社，定為規式，一村之間約二三百家為一會，每月一舉，第上中下戶捐粟多寡，各貯於倉，而推有德者為社長，善處事能會計者副之。若遭荒歲，則計戶而散，先中下者，後及上戶，上戶債之償，中下者免之。凡給貸悉聽於民，第令登記冊籍，以備有司稽考。則既無官府編審之繁，亦無奔走道路之苦，乃是可寓保甲以弭盜，寓鄉約以敦俗，一法立而三善具矣。下戶部，覆如其言。上曰此備荒要務，其如議行[6]。

又萬曆重修《大明會典》還有相關的記載：

　　　嘉靖八年，每州縣村落為會，每月朔日，社首社正率一會之人，捧讀聖祖教民榜文，申致警戒，有抗拒

---

[6] 《明世宗實錄》，卷99，頁2336—2337。

　　者，重則告官，輕則罰米入義倉，以備賑濟[7]。
細察二段文字，《實錄》中王廷相提出「寓保甲以弭盜，寓
鄉約以敦俗」的里社制度，直接的目的是爲了「備荒」，而
《會典》其實只是重申明太祖的規定，二段記錄皆未直接指
出由政府明令施行鄉約。雖然如此，至少朝廷在態度上是同
意與鄉約相關的措施，因爲從前人的例證中顯示，私行鄉約
其實是冒著相當大的風險。

　　例如呂氏兄弟在初行鄉約時，就頗遭非議，從呂大鈞書
信中可見一、二：

　　　漢之黨事，去年李純之有書已嘗言及，……黨事之
　　　禍，皆當時諸人自取之，……不知鄉約有何事近之。
　　〈答仲兄一〉

　　　鄉約事累蒙教督甚切，備喻尊意，欲令保全，不陷
　　　刑禍。父兄之於子弟，莫不皆然。而在上者若不體悉
　　　子弟之志，必須從己之令，則亦難為下矣。〈答仲兄
　　　二〉

　　　鄉人相約，勉為小善，顧惟鄙陋，安足置議。而傳
　　　聞者以為異事，過加論說。以謂強人之所不能，似乎
　　　不順；非上所令而輒行之，似乎不恭。退而自反，固
　　　亦有罪。蓋為善無大小，必待有德有位者倡之，則上

---

[7] 萬曆《大明會典》，卷 20，頁 23。

下厭服而不疑。今不幸出於愚且賤者，宜乎詆訾之紛

紛也。〈答劉平叔〉[8]

記述雖不太完整，但可確信，呂氏兄弟當時遭到「聚黨」、「不
順」、「不恭」等極為嚴重地攻擊，「詆訾之紛紛」，甚至有陷
於刑禍的危機。

再如成化時羅倫(1431—1478)在江西吉水舉行鄉約，曾
發生執鄉人之強梁者投於水的刑案，陸容(1436—1497)曾記
載其事：

羅狀元應魁復官後，以病請告還鄉，從遊者頗眾，

遂立為鄉約，凡為不善者，眾之不齒，大惡者棄之。

於是有強梁者一二人，皆被執而投之水，鄉人不平，

訟於官，而應魁適已卒，其徒十餘人皆坐謀殺人為羅

倫從者律。使應魁不死，將置之重辟無辭矣。今幸而

不受顯戮，然殺人之名，沾污案牘，傳道人口，寧不

為文法吏之所詆笑哉。借曰起自草茅，未嘗讀律，然

臣而作福作威，及非士師而殺人者，經傳具有明訓，

而妄作如是，何耶？予初聞此，不信，近審之劉方伯

時雍，乃知誠然，未嘗不深為之惜也[9]。

此事雖過在羅倫，但也顯示舉行鄉約時，對於罰過之分寸的

8　陳俊民輯：《藍田呂氏遺著輯校》，頁 568—70。

9　陸容：《菽園雜記》，卷 11，頁 140，北京，中華書局，元明筆記史料。

拿捏非常重要。值得注意的是，陸容「臣而作威作福」的說
法，在章懋(1437—1522)給羅倫的信中，也談及此點，他說：

> 蓋賞罰天子之柄，而有司者奉而行之。居上治下，
> 其勢易行，今不在其位，而操其柄，已非所宜，況欲
> 是以施之父兄宗族之間哉[10]。

又，與羅倫同里的曾昂，於正德四年(1509)民亂時舉行鄉約，
也同樣遭到批評，如羅洪先(1504—1564)記述：

> 今所傳鄉約，公手筆也，其後謗騰於朝，謂公居鄉
> 專制生殺，臺諫將糾論之[11]。

從「賞罰天子之柄」與「專制生殺」的議論，可明白見到私
人推行鄉約所面臨的最大困境[12]。漢代韓延壽的悲劇事蹟[13]，
早已顯示私人推行教化可能與朝廷法令出現緊張關係，漢、
宋二代如此，而以明代的更加專制，所面臨的壓力則更大。

---

[10]　章懋：《楓山集》，卷 2，〈答羅一峰書〉，台北，商務印書館，文淵閣
四庫全書。

[11]　羅洪先：《念菴文集》，卷 6，〈紀事〉，台北，商務印書館，文淵閣四
庫全書。

[12]　或也是基於這樣的認識，使朱熹在增損呂氏鄉約中特別強調「有規勸
而無賞罰」，而朱子在擔任江西、福建等地的地方官時，是否施行過鄉
約？也是值得討論的。

[13]　參閱余英時：《漢代循吏與文化傳播》，文收氏著：《中國思想傳統的現
代詮釋》，頁 203—207，台北，聯經出版公司，民國 76 年。

　　從前面的敘述和統計中可知，明人對於鄉約的觀念與實踐的事實，早在嘉靖以前就已存在，至少明代兩位重要學者王守仁(1472—1529)、呂柟(1479—1542)實行鄉約都在嘉靖八年(1529)之前[14]，且王守仁的鄉約，還直接引起其弟子鄒守益(1491—1562)和季本(1485—1563)在嘉靖八年以前就加以倣效，可見嘉靖八年的命令，對於鄉約的推行應是消極的同意多於積極的推動。因爲就在次年，六部和都察院奉旨會議恤災事宜，在上給世宗的報告中，列舉了多項要點，但其中完全未見有「社倉」、「鄉約」的建議，且報告中也強調「臣等今茲奉詔會議，不敢別求新異，惟在申勵群工講行舊法」。王廷相(1474—1544)的主張，似乎未被重視[15]，而且如前章所述，社倉推行的狀況也並不理想。

　　另外值得注意的是，鄉約在嘉靖以後的推行，王守仁的影響很大，但是王守仁在嘉靖初期，是一位很受爭議的人物[16]，而當嘉靖七年(1528)王守仁死時，世宗認爲他擅離重任，命吏部詳定是非，於是桂萼(正德 6 年進士)等人說他「事不師古，言不稱師」，給予嚴厲地攻擊。而世宗不僅同意，更說：

---

[14]　早期舉行鄉約之著名者，除了羅倫外，還有正統時的劉觀、王源等人。

[15]　《明世宗實錄》，卷 112，頁 2664。

[16]　參見湯志敏：《明代嘉、隆、萬三朝的反王學議論》，文化大學史學研究所碩士論文，民國 80 年。

> 守仁放言自肆，詆毀先儒，號召門徒，聲附虛和，
> 用詐任情，壞人心術。近年士子傳習邪說，皆其倡
> 導。……榜諭天下，敢有踵襲邪說，果於非聖者，重
> 治不饒[17]。

可見王守仁的學術思想，在當時並不被朝廷接受，而且至少
在嘉靖二十年(1541)以前，對於「邪說」的審查和禁止，是
比較嚴格的，王守仁的弟子就曾多次提到「時學禁方嚴，士
以講學為諱」[18]。因此鄉約活動在嘉靖時期的受到重視，還
應從政治命令以外的社會層面來思考。

　　前章已述，明代社會從十五世紀中葉開始變化，風氣日
趨奢靡，衝擊著傳統價值，土地兼并，使人民失去生計，又
加以賑災制度無效，流民問題益形嚴重，社會的變遷，也伴
隨社會秩序難以維持，武裝暴亂頻起，對於社會經濟的破壞
甚鉅。在此一背景下，保甲、社倉等比較強制性的制度都已
出現，而鄉約制度的受人重視，也應放在這一脈絡下理解。
例如歐陽德(1496—1554)的弟子曾于拱(1521—1588)曾於嘉
靖中期在家鄉江西泰和舉行鄉約，他說：

---

[17] 《明世宗實錄》，卷98，頁7。
[18] 王畿：《王龍溪全集》卷20，頁38。有關王守仁的學說與講學引起的
　　紛爭，還可參考拙著：《明代書院講學的研究》，台灣師範大學歷史研
　　究所碩士論文，民國82年。

平賦均徭莫善四差，弭盜安氓莫善保甲，而移風易
俗又無踰鄉約。……嘗致書鄉人曰：吾鄉都十八地僅
五十里，先世皆耕讀，尚勤儉，崇禮義，間有游惰侈
靡者，眾共擯斥，至於寇賊奸宄似未嘗有，此父兄子
弟所聞知也。弘治後俗稍異古，正嘉間吾宗太尹少參
二公後先倡議，羅文莊公主之，會於南臺，表曰鄉善，
此又父兄子弟所見知也。其後老成凋謝，至辛酉流寇
之害極矣，死傷之餘，弗暇禮義，以致風俗日壞，爭
訟繁興，寇盜迭發，此又父兄子弟所痛憤也[19]。

可見「風俗日壞」是促使曾于拱重新舉行鄉約的主因。

　　福建的海港重鎮漳州府，可以再作為更具體的例證。漳
州府是舉行鄉約頗多的地區，根據萬曆《漳州府志》的記載，
從正統以來，當地實行鄉約的記錄計有 14 人次，其中在正
德、嘉靖時期計有 11 人次[20]，這樣的記載在明代方志中是相
當罕見的。從社會狀況來看，弘治以前民風尚稱樸實，正德、
嘉靖以後則閭閻競侈，風氣大變。據《府志》記載，主要的
社會問題有：

　　1.健訟

---

19 《國朝獻徵錄》，卷 59，頁 2471。
20 參閱附錄三「明人實行鄉約紀錄表」。

　　如長泰縣「民漸詭詐,頗尚刁訟」、寧洋縣「任氣好訟,
頑獷狃法」[21]。其原因,一則是民氣強悍,早在南宋時儒者
陳淳就說本地「悍強難治」、「民輕死易發」。隆慶時知府羅
青宵也說:「漳民每因小忿或引繩自縊,或服毒自斃」[22],甚
者,以非命之死圖賴他人,使刁訟之風不息。其二是田地問
題,例如長泰縣一直存有「一田三主」的狀況,造成逋負詞
訟日興。

　　2.奢侈

　　如長泰縣「服食器用,侈靡相高」、龍巖縣「閭閻競侈,
婚喪之費靡不可節」。奢侈之風,特別表現在婚喪兩項:婚
禮,除了炫耀金銀奇玩器物外,又爲了攀結富勢而厚賂媒
人,爲求必得,甚至在褓褓之年就行議親。喪禮,則富者爲
求風水福地,延至一、二十年仍未下葬[23]。另外,與奢侈相
關的還有賭博成風,如長泰縣「淫佚賭博,不事生業」、南
靖縣「城居者好賭蕩戲劇」[24]。

---

[21] 萬曆《漳州府志》,卷23,頁2、卷31,頁2,台北,學生書局,中國
史學叢書。

[22] 萬曆《漳州府志》,卷1,頁8、卷8,頁8。

[23] 萬曆《漳州府志》,卷23,頁2、卷21,頁2、卷6,頁10—11。

[24] 萬曆《漳州府志》,卷23,頁2、卷25,頁2。

3.治安問題

影響社會秩序與人民生計最鉅者，為武裝暴亂。漳州在正德、嘉靖、隆慶時期至少發生過二十次規模比較大的武裝暴亂，主要亂源一是廣東、江西與福建邊界山區的流民、土著暴亂。二是倭寇與海賊之亂。

社會問題的產生，反映了社會控制與救荒機制的失效，依前述，明代的社會控制系統主要是里甲與社學，救荒機制為預備倉。漳州地區里甲制的狀況，因為《府志》的記載佚失，而無法得其詳情，但大戶、里書通同作弊的情況也仍是存在著：

　　間有大戶，因見前役將及，預先買囑里書，將米詭寄別甲脫免，往往獨累貧戶。每遇編差，先造稽弊，次造實徵，不知稽弊乃所以作弊，而實徵乃其不實之甚者[25]。

除了里甲之外，《漳州府志》對社學、里社壇和預備倉的記載頗為完整，茲整理為表 3：

[25] 萬曆《漳州府志》，卷 5，頁 37。

表 3：漳州社學、里社壇、預備倉存廢狀況表

	社學	里社壇	預備倉
龍溪	(數量頗多)今多廢	初設 185 所，後廢。成化 17 年，知府姜諒修爲 22 所，今廢	存
漳浦	舊有 12 所，嘉靖 5 年建 4 所，今俱廢	成化 17 年，知府姜諒修爲 12 所，今俱廢	舊 6 所，今多廢
龍巖	不確定存廢	成化 17 年，知府姜諒修爲 12 所，今俱廢	4 所
長泰	舊有 33 所，今俱廢	9 所，不確定存廢	舊 5 所，有 4 所廢
南靖	舊所建多廢，隆慶 6 年新建一所	成化 17 年，知府姜諒各里重建，今俱廢	舊 6 所，俱廢。隆慶 6 年建 1 所
漳平	缺，民間自爲家塾	未載	存
平和	嘉靖 9 年建 3 所	未載	2 所
詔安	不確定存廢	洪武初俱建，今俱廢	存
海澄	數量多，今俱廢。嘉靖 16 年建安邊館社學 1 所	未載	未建
寧洋	舊有 2 所，俱廢	未載	存

　　從上表可見當地社會控制與救荒機制的狀況在萬曆初是極不理想的，再加上社會問題重重，正是鄉約制度受到重視的主因，如《府志》的作者就明白表示：

徵前守以賢稱者，不外乎建治所、立學校、修祀典、
弭寇盜、興水利、賑民窮、清冊籍、寬租賦數者，而
立保甲、興社學、置社倉、行鄉約等事，尤為政之急
務，以予觀於今日之所施設，亦宜率是而為之[26]。
　　類似的情況在浙江平湖縣也可見到，天啓《平湖縣志》
記載當地社會風氣與秩序極差而難以治理，故有所謂「勢之
所不得行者五」，分別是：1.官宦之家多，奴僕仗勢為惡，而
官府無可奈何。2.因處交通重點，過往官員多，民眾負擔重。
3.地方生員多，常聚眾干政。4.衙門差役奸巧，多方關說取
賄。5.無賴光棍多，擾亂治安。這樣的背景，使顧國寶(天啓
壬戌進士)在擔任知縣後「講鄉約而嚴賞罰」，多方努力下而
卓有成效[27]。

三、鄉約的主持者

　　依筆者所得的紀錄，在舉行鄉約的 87 人中，以地方官身
分主持的有 64 人，約佔 74%，以平民身分主持的有 23 人，
約佔 26%，可見大部分地區的鄉約都是由地方官主持，而由
地方官主持，也能使鄉約在當地普遍施行，不似私人舉行多

---

[26] 萬曆《漳州府志》，卷 4，頁 37。
[27] 天啓《平湖縣志》，卷 4，頁 16 下—17 上，天一閣續編。

屬家族或社區性質,如萬曆《休寧縣志》載鄉約所在城有四
處,在鄉村有 270 處,萬曆《平原縣志》也記該縣分居民爲
155 約[28]。

　　鄉約的推行,在朝廷的態度並不積極的情況下,原則上
是取決於主持者個人的態度,從鄉約在宋代的出現和明代的
史料看,可以確信,儒學的淵源是推行鄉約的重要資源。根
據筆者的閱讀所得,鄉約的主持人之中,本人具有深厚的儒
學素養,或是受業於明代重要的儒學家者,計有 42 人,可
以說接近半數的鄉約主持人是具有儒學背景的。

　　又根據表 1,在 78 位有比較確定記錄的儒學家中,曾經
推行過鄉約的明儒計有 15 人。其中比較重要的學者如早期
的羅倫(1431—1478)、中葉的王守仁(1472—1529)、呂柟(1479
—1542)、與晚明的劉宗周(1578—1645)等人,都曾經舉辦過
鄉約,而明代的鄉約所以會從十六世紀開始比較廣泛地施
行,也與他們的倡導和立法有著極密切的關係。以下簡述王
守仁、呂柟及其弟子所推行的鄉約活動:

1.王守仁及其弟子們推行鄉約

---

[28] 參閱附錄三「明人實行鄉約紀錄表」。又,王蘭蔭在明代方志中找出了
　　十一個施行鄉約的地區,其中只有一縣是由民衆倡行,其他都是倡自
　　地方官。參見〈明代之鄉約與民衆教育〉,收在吳智編:《明史研究論
　　叢》第二輯,頁 279。

　　王守仁於正德十一年(1532)，擔任巡撫南贛、汀、漳御
史，負責平定贛、閩、粵三省邊區的盜匪。正德十三年(1534)，
在亂事大體底定之後，他認為「民雖格面，未知格心」，所
以制定了「南贛鄉約」，並在他的倡導下在江西南贛、福建
龍岩、廣東揭陽等地施行。南贛鄉約的具體內容，將於下一
章介紹。

　　受王守仁的的影響，其及門弟子中，有舉行鄉約紀錄者
為季本(1485—1563)、鄒守益(1491—1562)、程文德(1497—
1559)、薛侃(？—1545)、顧應祥(弘治 18 年進士)、朱廷立(嘉
靖 2 年進士)和高晃等人[29]。另外，聶豹(1487—1563)曾協助
季本實行，而歐陽德(1496—1554)、黃宗明(正德 9 年進士)
曾於家鄉及地方官任內施行過保甲法，從相關的措施中，推
論二人應也曾實行與鄉約類似的制度[30]。其中季本、鄒守益、
程文德、聶豹等人，都是在江西吉安府地區實行鄉約。

　　由於王守仁的一生重要功業與思想，都是在江西所創，

---

[29] 資料來源見附錄三「明人實行鄉約紀錄表」。

[30] 徐階在歐陽德的神道碑中述:「居家孝友，數罄節衣食以周其族，凡賴
以婚葬者若干人。置社倉於鄉，集子弟教以禮義。又為立保伍法，使
相救助，後歲凶，其鄉人果得免於流徙劫掠之患」。《國朝獻徵錄》，卷
34，頁 1391—92。霍韜在黃宗明的神道碑中述:「嘉靖四年陞江西吉
安知府。下門首建白鷺洲書院，以道德勗諸生。次平巨寇、次治奸吏、
次決健訟、次行清里法、次行團甲法、次修義倉行備荒法，皆有條緒」。
《國朝獻徵錄》，卷 35，頁 1436。

所以其弟子中也以江西人爲最多，黃宗羲曾極力讚揚江右王
門學者，他說：

> 姚江之學，惟江右爲得其傳，東廓、念菴、兩峰、
> 雙江其選也。……是時越中流弊錯出，挾師說以杜學
> 者之口，而江右獨能破之，陽明之道賴以不墜[31]。

而江右王門中又以吉安府人氏爲最多，所以吉安地區實爲江
西王學圈的中心，在嘉靖十二年～十五年間(1533～36)，王
門學者一則效法王守仁；二則爲改進當地治安不佳與盜賊頻
仍的社會狀況，他們大力倡導講學、實行鄉約，推行了廣泛
的社會運動。他們實行的過程與鄉約的大致內容，可參閱附
錄四，拙著〈明代中晚期江右王門學者的鄉村運動〉一文。

　由於王守仁的治績，以及他的弟子們大力推行，啓發了
王門後學的效法，例如歐陽德的弟子胡直(1517—1585)在四
川行鄉約，車霆在鄉推動鄉約。泰州學派的耿定向(1524—
1596)在福建行鄉約保甲。尤其特別的是泰州學派的羅汝芳
(1515—1588)，曾在太湖、寧國、東昌、雲南等地區擔任地
方官，每到任即舉行鄉約，推動講學，黃宗羲就說他「以講
會鄉約爲治」[32]。

　此外，南贛地區從王守仁之後，地方官也都繼續舉行鄉

---

[31] 黃宗羲：《明儒學案》，卷16，頁333。
[32] 黃宗羲：《明儒學案》，卷34，頁760。

約，如陳察(弘治 15 年進士)，嘉靖時任南贛左僉都御史，就重申王守仁的鄉約、保甲措施[33]。嘉靖三十四年(1555)編纂的《南康縣志》，也特別推崇王守仁的施政，並強調應為繼任者所遵行[34]。

2.呂柟及其弟子推行鄉約

呂柟(1479—1542)，正德三年(1508)狀元，任翰林修撰，數諫武宗、忤劉瑾而名重一時。曾師事薛瑄(1389—1464)，以講學為事，正德末年家居，四方學者至，乃築東林書屋以居學者。嘉靖三年(1524)，以大禮議事違逆世宗，謫解州通判，在當地建書院、倡講學、舉行鄉約。後於南京任官，與湛若水(1466—1560)、鄒守益(1491—1562)等人講學。

呂柟之所以實行鄉約，除了儒學背景外，另一因素是受山西潞州仇氏家族所啟發。

仇氏為當地大族，四世累世同居，族人近百口，其中仇楫、仇森等兄弟多有義行，並以孝稱。仇氏鄉約始於正德五年(1510)，因仇楫兄弟修建祠堂，乃斟酌司馬光(1019—1086)《家儀》、朱熹(1130—1200)《家禮》等著作而編成《家範》，規範族人的冠婚喪祭，至衣服飲食言動。次年以《家範》既

---

[33] 焦竑：《國朝獻徵錄》，卷 63，頁 2732。
[34] 嘉靖《南康縣志》序，頁 8 下—9 下，天一閣續編。

成，即以呂氏鄉約爲本而舉行鄉約。因仇氏爲當地名門，相鄰民眾參加者甚多，在正德六年初次集會時，參與鄉約者有二百六十餘家，越二年，達三百餘戶，十年以後至嘉靖四年(1525)，仍有一百七十六戶參與。

呂柟於正德初年即耳聞仇氏家族累世同居的事蹟，嘉靖三年謫赴山西解州，途經潞州，應仇森的邀請，前往討論仇氏家範及參與鄉約，見到鄉人禮度閑雅，儒學中人未或能過，呂柟大爲感動，謂「鄉約之美，乃至於此」，到任解州後隨即倣行。次年仇森來訪，又與重訂鄉約，共同推行。

呂柟實行鄉約後，其門徒乃多加效法，如嘉靖十三年(1534)，御史余光(嘉靖 11 年進士)巡鹽河東，於運城建書院，舉行鄉約。嘉靖十八年(1539)，張良知(嘉靖 7 年舉人)知河南許州，舉行鄉約[35]。嘉靖二十二年(1543)，知縣周滿(嘉靖 11 年進士)於陝西鞏昌舉行鄉約[36]。

3.福建漳州的儒學流傳與鄉約

漳州地區的鄉約活動也與儒學有密切的關係。根據《漳州府志》的記載，曾在當地實行鄉約和漳州人出仕外地實行

---

[35] 有關仇森、呂柟、余光、張良知等實行鄉約的過程及其內容，詳見朱鴻林：〈明代中期地方社區治安重建理想之展現〉，文刊韓國《中國學報》，第 32 輯，1992 年 8 月。

[36] 《國朝獻徵錄》，卷 58，頁 2447。

鄉約者，共計有 17 人，其中 7 人有比較明確的記錄知其背景與儒學相關。而不論是鄉約，還是儒學，漳州地區都有著非常深厚的傳統。

　　首先是大儒朱熹曾於紹熙元年(1190)任漳州知州，在任雖僅一年，但是丈量經界，推行教化，政績甚佳。其弟子陳淳則奠定了儒學在當地的基礎，歷蒙元而不絕。洪武初年有龍溪縣鄉賢胡宗華、胡士蒙兄弟潛心理學，二人並以明經薦授爲儒學教官，宗華之子胡宜衡，於永樂十七年(1419)也以賢良薦授翰林院中書舍人，漳州人及門受業者甚衆[37]。正統、景泰時期，龍溪縣有陳舒、陳眞晟(1410—1473)、林雍(景泰 5 年進士)三人以朱子爲宗，並日與學徒講明正學[38]。其中陳眞晟曾經參考「程氏學制」、「呂氏鄉約」、「朱氏貢舉私議」，撰作〈正教正考會通〉，提供給地方官[39]。

　　成化時曾在廣東舉行鄉約及文公家禮的林同(1434—1504))，他的家族則承繼了漳州當地的程朱理學傳統，例如他的侄兒林祺，著有《續伊洛淵源錄》、《考亭麗澤錄》、《考亭源流錄》等書[40]。而林同的女婿蔡烈，曾受學於名儒蔡清

[37] 萬曆《漳州府志》，卷 17，頁 1，台北，學生書局，中國史學叢書。
[38] 萬曆《漳州府志》，卷 17，頁 6、17。府志作者論曰：「說者謂漳自陳北溪之後，得正學之傳者，陳眞晟與林雍二人而已」。
[39] 《明儒學案》，卷 46，頁 1090。
[40] 萬曆《漳州府志》，卷 17，頁 22、35—36。

(1453—1508)，《府志》說蔡烈：「其學一宗程朱，以窮理力行爲實，主敬爲要」。在家鄉曾立宗祠、義倉，講明冠婚喪祭禮[41]。另外，嘉靖時還有漳州龍溪人侯任「一以程朱爲宗」，並在鄉舉行鄉約和大力講學，「鄉之父老子弟，翕然信而化之」[42]。

　　大體而言，漳州地區在嘉靖以前以程朱學爲主，嘉靖以後陽明學興起，當地也有許多學者大力傳播陽明學，除了講學外，這群儒家學者也大力推行許多社會工作。

　　王守仁(1472—1529)的學說從正德晚期傳入漳州，最早的學者應是平和縣人李世浩(正德 15 年貢生)，世浩少時曾遊蔡清之門，後來則講陽明、甘泉之學。他也曾爲家族創家規、正宗法、修鄉約、建聚賢堂、設義倉[43]。嘉靖十年(1531)，又有王守仁的弟子江西人何春出任漳州詔安知縣，《府志》記載他「政暇詣明倫堂與諸生講論，示以爲學趨向，教民行鄉約、習文公家禮」[44]。此後，陽明學在漳州逐漸興盛，嘉靖晚期先後有丘原高、潘鳴時和吳一沛在當地講學。丘原高是漳浦人，因科舉屢困而思修養身心，後到江西從學於鄒守益、羅洪先，鄒、羅二人皆深許爲任道之器，返歸漳浦後，

---

[41] 萬曆《漳州府志》，卷 17，頁 36—37。

[42] 萬曆《漳州府志》，卷 17，頁 39。

[43] 萬曆《漳州府志》，卷 28，頁 27。

[44] 萬曆《漳州府志》，卷 29，頁 13。

「日與同志切磨，期以昌明斯道於東南」[45]。潘鳴時、吳一
沛二人爲師生，潘曾到浙江求學，返鄉後吳一沛在龍溪芝山
舉行講會，延請潘鳴時主持，「遠近從者二百餘人」，「漳之
人翕然興起」[46]。另外，隆慶元年(1567)又有江西人董良佐擔
任漳州寧洋知縣，在當地「立鄉約，與士子講王陽明之學，
士民漸知向化」[47]。

　　至於湛若水的學說，又由漳平人曾汝檀(嘉靖11年進士)
承傳。曾汝檀於嘉靖初在南京國子監受業於湛若水，此後長
期追隨若水學習。他曾任江西撫州知府，在當地舉行鄉約，
講明正學。在鄉也以講學爲事，四方來學者亦衆，乃建心源
精舍以爲講所。由於汝檀學行均足爲後人效法，府志作者將
他與陳眞晟(1410—1473)並列，以爲漳州少有的學者[48]。

　　儒家本就具有禮樂教化、端正風俗的傳統[49]，據第三章
表1的統計也可明白，力行和倡導理想的婚、喪禮俗，一直

[45] 萬曆《漳州府志》，卷20，頁35。
[46] 萬曆《漳州府志》，卷17，頁39。
[47] 萬曆《漳州府志》，卷31，頁7。
[48] 府志作者論曰：「明興，我漳以賢稱者多矣，而知學者少，前有布衣陳
　　先生，今有廓齋曾先生」。萬曆《漳州府志》，卷27，頁37—39。
[49] 參閱余英時：《漢代循吏與文化傳播》，文收氏著：《中國思想傳統的現
　　代詮釋》，頁183—190，台北，聯經出版公司，民國76年。

是明儒社會教化活動的重點，而只要有重要學者率先舉行鄉
約，如王守仁等，則流風所及繼述者必然群起。

　　同時值得注意的是，明儒在正德、靖嘉以後興建書院、
大力講學，也屬於他們所推行教化活動的一環，二者都具有
類似的學術發展脈絡與社會背景，而如呂柟在解州建解梁書
院，該書院爲一綜合性的教育機構，有「齋」以教童蒙，有
「舍」以居生員之來學者，還有「所」以行鄉約，使書院的
功能更加豐富，成爲學校和社會教育的綜合機構。鄒守益、
程文德在江西並行講會與鄉約，以兼顧士大夫和社會大衆的
教化工作，都呈現了明儒社會教化活動的特殊性[50]。

四、太祖「勸善六諭」與鄉約

　　鄉約的出現與社會變遷關係密切，再加上朝廷的命令，
自然使得明人於推行鄉約時，特別強調明太祖對於社會控制
的相關規定，一方面是增強鄉約的合法性，避免私行教化的
危險，另一方面也藉由重申舊規，來確保鄉約得以落實有
效。如耿定向(1524—1596)在任福建巡撫時，命令地方舉行
鄉約，他說：

---

[50] 書院與講會可參閱附錄四，拙著〈明代中晚期江右王門學者的鄉村運
　　動〉。

照得禁姦止亂，莫善於保甲，維風導俗，莫善於鄉
約。二法蓋相表裡，實一法也。司牧者惟力行此一法，
不獨盜可彌，奸可緝，即訟謀可省，徭賦可平，化教
亦可興矣。卷查萬曆元年，准兵部咨題，奉欽依修舉
該前院規畫，申飭既詳且嚴，各該州縣乃多廢格不
行，即行之鮮效者，皆緣不悉法意，以為創行新法。
不知我高皇定籍，十戶為甲，甲有首，十甲為里，里
有長，是即保甲之法。其振鐸者者與夫旌善申明二亭
之設，鄉飲里社之制，皆鄉約之義也[51]。

重申太祖的舊規，也決定了明代鄉約的特殊性。

前已述，嘉靖時命每村為會，社首於朔日率一會之人，
捧讀聖祖「教民榜文」。這一規定使明代鄉約不同於呂氏鄉
約，皇帝的命令和規範正式納入鄉約之中，不僅改變了鄉約
的私人性質，也讓鄉約合法化為朝廷典制，這一作法沿續到
清初，由順治皇帝在 1659 年正式命令地方舉行鄉約，並正
式頒布「六諭」作為鄉約的內容。到康熙時再又頒布「聖諭」
來取代「六諭」，鄉約成為朝廷典制乃告完成[52]。

《會典》雖記載村會要讀明太祖的「教民榜文」，但檢查

---

51 耿定向：《耿天台先生文集》，卷 18，頁 12 上。
52 參閱蕭公權：*Rural China：Imperial Control in the Nineteenth Century,*
   *pp.*185—187。

具體的鄉約內容，並未見到把規定繁複的「教民榜文」全部納入，最常見的是把太祖命令老人持鐸勸善，高聲叫喚「孝順父母、尊敬長上、和睦鄉里、教訓子孫、各安生理、毋作非為」等明人所謂「六諭」、或「聖訓」作為鄉約的內容，如章潢(1527—1608)說：

> 凡鄉約一遵太祖高皇帝聖訓，孝順父母、尊敬長上、和睦鄉里、教訓子孫、各安生理、毋作非為六言。各處訓釋非一，言雖異，述義則同歸，每會舉一處所，釋者徐讀而申演之。又依朱子增損藍田呂氏鄉約四條：德業相勸、過失相規、禮俗相交、患難相恤。四言各具條件定為約規[53]。

而他所設計的鄉約完全是以六諭為重點。其他如呂柟及其弟子們所舉行的鄉約、陸粲(1494—1551)在江西永新、葉春及(1532—1595)在廣東惠安[54]、耿定向(1524—1596)在福建實行的鄉約等，都有「聖訓」的項目。而黃佐(1490—1566)的鄉約誓詞，則直接引用「聖訓」六句。又，羅汝芳(1515—1588)實行鄉約時最能打動人心的，就是他以卓越的口才闡釋「六諭」[55]。

---

[53] 章潢：《圖書編》，卷 92，頁 18 上—22 上，文淵閣四庫全書。

[54] 陸粲的永新鄉約，參閱附錄四，拙著〈明代中晚期江右王門學者的鄉村運動〉。章潢與葉春及鄉約的內容，詳見下節。

[55] 明人重視太祖聖訓，又可從撰作「聖訓演」等相關著作，和在家訓族

五、鄉約與保甲、社學、社倉

鄉約與保甲、社學等制度的密切關係，從北宋創建時就已出現，一方面是在時間上王安石的保甲法幾與呂氏鄉約同時。另一方面是朱熹同樣重視鄉約與社學，雖然朱熹還未使用社學一詞，但朱子卻曾規定鄉約在鄉校中集會，且朱子對鄉里教育也同樣重視。

在同為鄉里自治的脈絡下，明人推行鄉約，常與保甲、社學、社倉並行，這一點應與王守仁(1472—1529)重拾宋人的創制，並且親自在南贛示範有密切的關係。

根據筆者的記錄，在推行鄉約的 87 人中，同時組織保甲者至少有 21 人，約佔 24%，同時推行社學和社倉者較少，分別是 9 人和 7 人。這其中同時實施鄉約、保甲者，以弘治時任湖廣夷陵知州的陳宣為最早。同時實施鄉約、保甲、社學者，以王守仁為最早。至於同時實施鄉約、保甲、社學、社倉者，則是到嘉靖時期的黃佐才見到完整的記錄，此亦可見，與鄉約有關的措施，是逐步擴展的。

鄉約與保甲並行，是正德以後許多推行鄉約人士的共

規中申引聖訓可見。參閱酒井忠夫：《中國善書の研究》，第一章，東京，圖書刊行會，昭和 35 年。

識，例如歐陽德的弟子曾于拱(1521—1588)說「弭盜安氓莫善保甲，而移風易俗又無踰鄉約」。泰州學派的耿定向說得更清楚：

> 禁姦止亂，莫善於保甲，維風導俗，莫善於鄉約。二法蓋相表裡，實一法也。司牧者惟力行此一法，不獨盜可彌，奸可緝，即訟謀可省，徭賦可平，化教亦可興矣[56]。

萬曆時南直《江浦縣志》的作者尤有親身的體會，他認為保甲法要有效，則非得要嚴格執行連坐，而若能兼行鄉約，孚以信義，則成效會更佳[57]。

至於鄉約與社學、社倉並行的觀念，早在景泰時孫原貞(永樂13年進士)已經提出來。孫原貞正統時先後在河南緝撫流民與在浙江平盜亂，親身的體驗，使他在景泰五年(1454)上疏請敕地方官勘實戶口，同時還要：

> 隨土宜以課農桑，舉鄉飲以導其父兄，立鄉學以訓其子弟，建鄉約使知敦本，設義倉使知備荒，時加巡察撫綏，德禮以化之，刑法以齊之，徐議其賦役，俾為治世之良民[58]。

---

[56] 耿定向：《耿天台先生文集》，卷18，頁12上，台北，文海出版社，明人文集叢刊。

[57] 萬曆《江浦縣志》(江蘇)，卷10，頁1下—2上，天一閣續編。

[58] 張萱：《西園聞見錄》，卷41，頁24上。

但此一建議，似乎沒有獲得政府的採納，也沒有引起太多回應[59]。

　　將鄉約、保甲、社學、社倉四種制度合而為一，論說得最清楚完整的是章潢(1527—1608)，他說：

> 今之蒞官行法者，苟實心以為民，則周官法度率不外是，顧力行何如耳。是故保甲之法，人知足以弭盜也，而不知比閭族黨之籍定，則人自不敢以為非。鄉約之法，人知其足以息爭訟也，而不知孝順忠敬之教行，則民自相率以為善。由是社倉興焉，其所以厚民生者為益周。由是社學興焉，其所以振民德者，為有素可見。四者之法，實相須也，使以此行之一鄉，則一鄉之風俗同道德一，弦誦之聲遍於族黨，禮讓之化達於閭閻，民日遷善，違罪而不自知，而古道其再見於今矣[60]。

所謂「四者之法，實相須也」，代表明人把宋代以來的保甲、鄉約等制度合而為一，作為相互配套的措施實行於鄉里，這是地方鄉族制度的完整化，也是宋代以來的新發展。

---

[59] 《明史》在記載孫原貞上疏的內容之後說：「時不能用。後劉千斤之亂，果如原貞所料」。卷 172，頁 4586。

[60] 章潢：《圖書編》，卷 92，頁 1 上—2 上，文淵閣四庫全書。

六、實施概況

1.組織方式：

呂氏鄉約是鄉民自由參與，明代鄉約則有自由與強制參
與兩類。大體而言，由地方官舉行或是家族性質的鄉約皆是
強制參加，而由民眾以個人身分倡導的則為自由參加，比較
特別者如黃佐的鄉約，除了一般民眾外，未成年的子弟和社
學童生都可參加觀禮，黃佐並還細心地提示，子弟不參與飲
食，可於別處略設點心。強制性的鄉約，有的會有身份限制，
如呂坤就規定樂戶、家奴、庸工等不許入約。而參加人數較
多的鄉約，通常也會利用里甲或保甲組織，也有利用以社區
祭祀為中心的里社組織，例如鄒守益早期曾在鄉里中利用
「里社壇」、「邑厲壇」定期祭祀的機會，於祭畢「會飲，讀
誓文，參以牌諭鄉約，彰善糾惡，以安其人」[61]。也有只挑
選里甲負責人和耆老到書院參加，然後推行到鄉村。又如羅
汝芳在寧國府舉行鄉約，則分城市與鄉村，城市居民少者共
為一約，人多則依四門分立，鄉村以大村為主，其二三里內
的小村附之。

2.集會地點：

---

[61] 鄒守益：《東廓文集》，卷 10，頁 4 上。

有建立專門的鄉約所,如順天府的密雲鄉約所由生員劉景富等捐建。也有利用寺廟、社學、書院等場所來集會,如王守仁就規定地方選擇寬大的寺觀來集會,而王守仁和呂柟的弟子們更常利用書院來舉行鄉約。

3.集會時間:

呂氏鄉約是每月一聚,每季一會。明代比較普遍是一月一~二次,一月一次常於朔或望舉行。一月二次,則有朔和望二日、或初二和十六、或初四和十九。比較特別的有每月六次者,也有利用祭社的時間舉行者。

4.鄉約職員:

呂氏鄉約有約正和直月,明代則增加許多,如王守仁(1472—1529)「南贛鄉約」就有約副、約史、約贊等人[62]。而利用里社組織的,就稱為社長、社副。約長一般都要挑選年高有德,公正副眾望者擔任,呂坤更明確規定不許用無家室的徒棍,以免使鄉約難以為繼。約長除了主持集會外,還要協助約眾危難之事、調解糾紛,而在一些綜合性的鄉約裡,也要協助保甲、社倉等事務。至於其他職員則多要求通達明

---

[62] 有關鄉約職員的職掌,可參閱王蘭蔭:〈明代之鄉約與民眾教育〉,頁282—285。

察，通曉禮文，所以常會由社學師或生員擔任。

5.集會的程序：

呂氏鄉約規定集會的程序並不詳盡，只是原則訂出「書其善惡，行其賞罰」，明代的鄉約則在朱子增損的基礎上，發展出明確的集會程序，大體上是：

行禮—讀約、釋義—彰善—糾過—會飲—行禮—散會

在讀約、釋義方面，與呂氏鄉約比較，明代鄉約普遍增加明太祖的「六諭」，很多鄉約就規定要設置聖諭牌一面，集會時也要闡釋「六諭」，如葉春及的鄉約規定，集會時要先由耆老率眾北向下跪，然後宣讀六諭。再如擅長演說的羅汝芳，舉行鄉約時常親臨演講「六諭」，還如上課一般分三次演講，每次講二項，講畢民眾互相作揖，然後童子歌詩、進茶，稍事休息，再續講下二項[63]。

在彰善、糾過方面，大多數的鄉約都要準備二種簿冊，用來登錄民眾的善舉和惡行，但呂坤的鄉約更仔細的要準備「紀善」、「紀惡」、「紀和」、「紀改」四種簿冊。以下舉王守

---

[63] 羅汝芳的鄉約收錄在《旴江羅近溪先生全集》，鄉約，頁 1 上—5 上，國家圖書館藏，明萬曆 46 年刊本。

仁南贛鄉約為例，說明其過程：

(1)約會之日，民眾跪聽約正宣讀告諭，然後分立東西交拜，少者各酌酒於長者。

(2)由知約設彰善位、陳彰善簿，後由約史宣告：「某人有某善，某人能改某過，請書之，以為同約勸。」然後由約正詢問民眾：「如何？」請民眾表示意見。

(3)若無異議，乃請善者進彰善位，約史復謂眾曰：「請各舉所知。」若無，即由約長舉杯宣告：「某能為某善，某能改某過，是能修其身也。某能使某族人為某善，改某過，是能齊其家也。使人人若此，風俗焉有不厚？凡我同約，當取以為法。」並書之於彰善簿內。善者再酌酒酬約長曰：「此豈足為善，乃勞長者過獎。某誠惶怍，敢不益加砥礪，期無負長者之教。」約長答拜。彰善之儀式到此結束。

(4)以同樣的過程再進行「糾過」。

(5)二項重要儀式完成後，約眾共飯聯誼，飯畢，約正再宣言：「人孰無善，亦孰無惡。為善雖人不知，積之既久，自然善積而不可掩。為惡若不知改，積之既久，必至惡極而不可赦。今有善而為人所彰，固可喜，苟遂以為善而自恃，將日入於惡矣。有惡而為人所糾，固可愧，苟能悔其惡而自改，將日進於善矣。然則，今日之善者，未可自恃以為善，而今日之惡者，亦豈遂終於惡哉。凡我同約之人，盍共勉之。」

約眾東西序立，交拜，退席，散會[64]。

　　大部分的鄉約都類似這一過程，還有些規定了比較特別的程序，如特別增加處理鄉人爭執和訴訟的程序，葉春及與呂坤的鄉約就有這項程序。再如陳宣的鄉約規定，集會的次日，要由社長率領眾人謁見地方官，報告鄉約的過程與內容[65]。

[64] 「南贛鄉約」收錄在錢德洪編：《王陽明全集—奏議》，卷 9。
[65] 葉春及、呂坤與陳宣鄉約的具體內容，將於下一章介紹。

第六章　鄉約的內容分析

　　前章敘述明代鄉約的特點，及其實施的一般狀況。本章繼續介紹明代的一些著名鄉約，並進而探討其內涵與意義。

一、明代主要鄉約介紹

1.解縉與方孝孺的主張

　　明初明確地主張實行鄉約者是解縉(1369—1415)，在他的〈獻太平十策〉宏文中，認為明初新政可參考井田均田之法，但只師其意，不必拘泥，他主張：

　　令民二百丁為一里，里同巷，過失相規，出入相友，守望相助，疾病相扶持。中為堂，右有塾，左為庠。推其父老年高德厚一人處於中堂，朝夕告謁而取正焉。擇有文行一人居於右塾，民年八歲者入焉，教以洒掃應對、禮樂射御書數之文；一人居於左庠，民年十五者入焉，教以詩書禮樂、修己治人之方，毋敢縱逸。每丁受田若干畝，盧舍邑居池井畜牧山林蔬果之

地若干畝,樹藝各隨其土之所宜。一里之人,各治其
私田若干畝,而共耕公田若干畝,山林畜牧之地亦如
之。民年二十受田,老免及身後還田,賣買田地,則
有重刑。朝而畢出,各事其事,暮而畢入,習學左庠。
後為中堂,婦人相聚,以治女工。有地狹人稠,土地
磽瘠之鄉,有司資以舟車,給其衣食,徙之江淮之間
閑曠之地。孰不懽然以相從哉。如此貧富何患其不
均,訟詞何患其不息,天下何患其不治。太平萬世,
理有必然也。

這真是一幅太平萬世的理想圖,並且從文中也可感到,明初
學者在重開漢人統治之新猷時,熱切地期望撥亂反正,進而
建立儒家學者心目中比美三代的理想境界。從這一理想來衡
量,解縉認為太祖推行的社會制度項目雖多雖嚴,卻不能掌
握關鍵,他說:

古者鄉鄰善惡必記,今雖有申明、旌善之舉,而無
黨庠、鄉學之規;互知之法雖嚴,訓告之方未備。序
禮講學,必有其地,有其時,先之以仁義,而後之以
法制,則庶乎磨之有漸,而行之有效,如影之隨勢也。
今也應故事,立虛文,善惡二字,蕪穢而莫之顧;長
幼之民,掉臂而不相揖。紀綱不立,節目無依,勢使
然也。

因此,他主張:

臣欲求古人治家之禮，睦鄰之法，若古藍田呂氏之
鄉約，今義門鄭氏之家範，布之天下，世臣大族，率
先以勸旌之，復之為民表率。將見作新於變，漸次時
雍，至於比屋可封不難矣[1]。

另一位同樣具有復古的理想主義者，為方孝孺(1357—
1402)。方孝孺認為三代法治最能增進人民的福利，而後世君
主既然不能實現三代之法，則惟有「試諸鄉閭，以為政本」。
因此，他提出了一套鄉族之法，以解決人民教養的問題。其
法大略是：

族立齒德尊者為「族長」，立有文者一人為「典禮」，立
敦睦而才者一人為「典事」，立行而文者為「師」，擇一人以
為「醫」。族中要務，約有四項：

一曰田。除了祭田之外，又設置賑田，以濟助族人之困
乏者。

二曰學。族立學以教，並以孝弟忠信敦睦為主。

三曰祠。立祠以祀族人，及師之有道者。

四曰會。每歲舉行燕樂之會四次，分別於二、五、八、
十一月會於祠，以睦族人情誼。又舉行禮儀之會三次，分別

---

[1] 解縉：〈大庖西封事〉，文收許孚遠：《皇明經世文編》，卷11，頁7上
—9上。

於冬至、歲首、夏至舉行，除歲首外，每會須讀譜，由族長申明家族盛衰絕續的歷史，並以勸善去惡爲主要目的。會中設座席二種，一爲「旌善」，由行善多的人就坐，長者命酒，少者咸拜之。一爲「思過」，累惡而不改者立其下。族人有悖倫紀、虐鄉里、鬥爭、相訟、酗酒、博奕、言僞而行違，累過而不改者，皆不得預會。

數百家爲鄉，推才智資產殊於眾者爲「鄉表」。鄉之要務亦有四項：

一曰廩。豐年於夏秋之時，凡百畝以上之家，依收成的多寡，出稻麥入於廩。少者不下於十升，多者勿超過十斛。若鄉值凶荒，或有扎瘥、或死喪不能自存者，皆出廩以賑之。凡受賑而產多者皆「庚」其所受，加息十一。貧而無力者不庚。

二曰祠。於廩的左側立祠，祭祀鄉人之惠博及眾者。並於左右揭示二板，左曰「嘉善」，書其人的善績，右曰「媿頑」，書咨嗇自私者，漁利而不恤民者。每歲集鄉民謁祠宣讀，以爲勸戒。

三曰學。四曰會。其儀制略如宗族之會。

方孝孺的鄉族之法雖是遠承《周禮》遺意，但從內涵可見，鄉族之法雖無鄉約之名，但已具有鄉約之實，蕭公權先生更認爲這一制度，欲憑全體鄉民自動自發的力量，來推進有關政教等重要事務，其內容實較呂氏鄉約在原則上更近於近代

的地方自治[2]。

2.唐豫的順德鄉約

解、方二人雖提出鄉族自治的主張，但從史料中並不能確定二人是否曾親自施行。明代早期明確記載曾經舉行過鄉約者，為唐豫。

唐豫，字用之，廣東順德人，世稱為樂澹先生。正統初年在鄉與同志周祖生等六人(時稱「平步六逸」)，共同制定鄉約，率鄉人信守行之。唐豫自述：

> 嘗讀藍田呂氏鄉約，千載而下藹然仁厚之風尚，使人興起。余等幸為太平之民，可無一言以為鄉閭規範乎。因立為約與鄉人守之，庶存古人風致之萬一也[3]。

唐豫的鄉約共有十項，以下歸納其重點：

(1)遵守政府的規定

鄉約要求民眾納稅服役，互知丁業。如第二項要求鄉民補解軍役，「不得受私瞞官，恐招罪咎，戒之，戒之」。第十項說：「居處相接，當以十家為甲，其出入務相周知」，若有不明之人，或為不善，「即呈於官，庶免其累己」。由此可見，

---

[2] 蕭公權：《中國政府思想史》下，頁 570—71。

[3] 唐豫鄉約的大致內容，載於黃佐撰〈教諭唐豫傳〉，收焦竑：《國朝獻徵錄》，卷 100，頁 77—79，台北，學生書局，中國史學叢書。以下介紹唐豫鄉約，皆根據黃佐的記錄。

明太祖的命令在當時仍然受到重視。

(2)推行與端正冠婚喪祭等禮俗

這是唐豫鄉約的重點。除了遵照朱熹(1130—1200)家禮的規定外，唐豫還對當時一些風俗有所矯正，如婚俗在親迎前夕要為子設宴，而子必坐於尊席，意為「漸老之宴」，唐豫認為「殊非禮也。」再如第六項規定：「父母之喪，不得飲宴。遠方親朋來弔，亦待以蔬素」。第七項說：「四時祭祀，稱家有無，須及時為之。忌日之祭，當以喪禮處之」。

(3)人倫規範

除了傳統的孝順父母、敬悌兄長、和於族黨外，鄉約中還強調冠婚喪祭應互相幫助。又規定衣冠應嚴雅，不得華麗。而「若有賭博敗家、花酒無度者，為父兄當禁之，勿使其至於大惡」。

受限於記載不夠完整，使這分鄉約看起來相當的簡要，例如在人倫規範方面，就只有上述的內容，沒有如《呂氏鄉約》在「過失相規」、「患難相恤」兩項之下規定詳盡，且行文也非常淺顯易讀，或許是為適應推行於鄉村的需要。

3.陳宣的夷陵鄉約

如前節所述，明人實施鄉約，約從十五世紀中葉以後漸多，到了十六世紀以後則頗為盛行。但以筆者閱讀所及，十六世紀以前的鄉約，有比較完整的記錄，是陳宣在湖廣夷陵

州所實行的鄉約。

　　陳宣，《明史》無其傳，據弘治《夷陵州志》的記載，他是浙江平陽人，進士出身，官至刑部郎中。弘治四年(1491)出任夷陵知州，以正風俗為施政目標，具體項目有：修儒學、表節婦義門、去淫祠、設義阡、行鄉約保甲，「凡可以勸勵吾人，而興起其善心者，無所不用其情」[4]。

　　陳宣的鄉約是依據《呂氏鄉約》的四項原則，但具體細目則頗不相同，並呈現當時的特點，以下略述之：

　　(1)在「德業相勸」項下，陳宣重申明太祖規定，每月六次，老人振鐸高誦太祖「聖訓」，陳宣強調「只此數語，終身用之」。另外，因當地產棉，所以又規定每戶「限作紡車三具，織機一張，能知作布為利」。

　　(2)在「過失相規」項下，規定酗酒鬥狠、健訟越訴者，皆為「示眾」。取財物和非分佔奪田地者，皆要「給還」。呈現出地方官禁令的色彩，完全不是呂氏鄉約「互相規勸」的內涵。

　　(3)在「禮俗相交」項下，比較特殊的規定是：

　　　本州每一百戶，或七八十戶，置立□社，春秋專祭
　　　五土五穀之神，為春祈秋報，而□□俗淫祠，一切去

---

[4] 弘治《夷陵州志》，卷5，頁1下—2上，天一閣續編。以下介紹陳宣的鄉約，皆根據《夷陵州志》，卷5，頁12下—17上的記錄。

之不祀，祭畢，行鄉飲禮，以序齒。立社學以教子弟、
立木鐸以警眾、立義阡以葬無地者。有疾病醫藥，不
得師巫降邪神以亂正。死喪以禮哭奠，僧道不得出入
人家，作道場佛事。凡吉事凶事皆有贈遺，如無財物，
亦以力相助幹辦。其冠婚喪祭，各有漸次成風，此皆
禮義之俗，爾百姓務各遵守，世世不忘。

這些規定是呂氏鄉約中完全沒有的。據《夷陵州志》的記載，
陳宣到任後，首先的施政就是「去淫祠」，然後重建明初里
社組織，置社壇、立社學，鄉約也正是利用里社的組織舉行。
而且很明顯的，陳宣特別重視對宗教的控制，反而在婚喪禮
俗上規定得相當簡略，也未見他強調要遵行朱熹的《家禮》。

(4)在「患難相恤」項下，除了一般性的救助水火盜賊、
疾病死喪、孤弱貧乏之外，陳宣特別規定「每社倣立保甲法，
互相糾察，不容窩藏生面之人」。

(5)除了《呂氏鄉約》的四項原則外，夷陵鄉約中還列有
「勸懲標目」一項，規範「一戶某本身或里正、兄某或老人、
弟某或士、子某或吏、子某或工商」等五類，其中比較特別
的是，在傳統的父子、兄弟、夫婦等屬於家族倫理之外，還
列舉了鄉村社會中不同階層與行業的行為規範，舉其要者
如：

里正的善行有：「官府取信、息人爭訟、白人誣枉」等；
惡行有：「謀人田園、謀人長短、教唆健訟」等。

老人的善行有：「能廉介、出粟尚義、能剖事、公是非、畏官法」等；惡行有：「僮僕放肆、利己妨人、不恤人議、不衣冠」等。

士的善行有：「科貢可期、勤謹、守學規」等；惡行有：「無全學術、輕慢師長、不顧廉恥」等。

這些都是《呂氏鄉約》中所沒有的，代表地方官統治的立場和觀點，也反映出當時的社會風氣和領導階層的弊端。

4.王守仁的南贛鄉約

王守仁(1472─1529)於正德十三年(1534)在江西平亂，以「民雖格面，未知格心」而推動一連串的措施。首先是推行「十家牌法」，這是針對當地維持治安的需要。其次是興辦社學，緊接著就是制定「南贛鄉約」，以擴大教化的範圍，以下分三點介紹「南贛鄉約」[5]：

(1)鄉約的領導人員如約長(一人)、約副(二人)，均由民眾推選年高有德，為眾人所敬服者擔任。

(2)約長應會同民眾調解民事糾紛。

南贛鄉約規定：約眾如有危疑難處之事，「皆須約長會同約之人，與之裁處區畫，必當於理、濟於事而後已。不得

---

[5] 「南贛鄉約」收錄在王守仁：《王陽明全集─奏議》，卷9，台北，宏業書局，影印民國24年刊本。。

坐視推託，陷人於惡，罪坐約長諸人。」其具體項目有七項：

1 鄉民一切鬥毆不平之事，應告訴約長等公論是非，或約長聞之，即與曉諭詳釋，敢有仍前妄者，率諸同約，呈官誅殄。

2 有陽爲良善、陰通賊情、販買牛馬、走傳消息、歸利一己，殃及萬民者，約長等率同約諸人，指實勸戒，不改則呈官究治。

3 吏書、義民、總甲、里老、百長、弓兵、機快人等，若攬差下鄉，索求財賄者，約長率同呈官追究。

4 投降招撫之民，當痛自克責，改過自新。勤耕勤織、平買平賣，思同良民，約長等各宜時時提撕曉諭，如踵前非者，呈官懲治。

5 對自新之民，不得再懷前讎，致擾地方。約長等常予曉諭，令各守本分，有不聽者，呈官治罪。

6 男女應及時嫁聚，不應計論聘禮嫁妝。父母喪葬，約內之人一體遵行禮制。如有仍蹈前非者，即於糾惡簿內書以不孝。

7 本地大戶，於異境客商，放債收息，合依常例。或有貧難不能償者，亦宜以理量爲寬貸，有些不仁之徒，輒便捉鎖磊取，挾寫田地，致令窮民無告，去而爲之盜[6]。

---

[6] 王守仁頒行南贛鄉約的次年，寧王叛亂，王守仁因而要求約長將各戶

　　南贛鄉約的特別處是完全未提及呂氏鄉約，但以王守仁對朱熹著作的嫻熟，鄉約絕非憑空創制。又爲因應平亂後的特殊狀況及儘速重建社會秩序，王守仁特別強調「息訟罷爭，講信修睦」，並授與約長的民事調解權與社會秩序維護權，這是呂氏鄉約所沒有的。

　　5.黃佐的《泰泉鄉禮》

　　黃佐 (1490─1566)，嘉靖元年(1522)進士，授編修。嘗與王守仁論知行合一之旨。後任廣西提學僉事，以母病乞休，家居九年，其學博綜古今，於經濟理學尤爲究心，學者稱泰泉先生。《鄉禮》爲任職廣西時所作，《四庫全書提要》評其書：「大抵皆簡明切要，可見施行」。

　　黃佐訂定《泰泉鄉禮》[7]，主要是希望由士大夫先爲表率，進而推動宗族鄉人行禮，以協贊地方官行教化之政，所以他首先強調：

　　　鄉士大夫會同志者，擇月吉齋戒，具衣冠相率以正
　　本三事相抵勵，申明四禮條件，誓於神明，在城誓於
　　城隍，在鄉則里社可也。

編定排甲，互相巡警保護。也就是讓鄉約與保甲做更緊密的結合。

[7] 黃佐的鄉約收在《泰泉鄉禮》，卷 1、2，台北，商務印書館，文淵閣四庫全書。

不只如此，他還要求同志者要「律己以廉」、「撫民以仁」、「存心以公」、「涖事以勤」。

　　所謂「正本三事」，是「立教以家達鄉」、「明倫以親及疏」、「敬身以中制外」，這是黃佐賦予《鄉禮》的核心意義，他以朱子小學為本，參考陸氏家制，呂氏宗法而損益得之，具體內容雖然略顯雜亂紛陳，但代表的是由內而外、由己及人的修身處事的行為規範，也幾乎包含了傳統社會中人倫關係網絡的全部。

　　「四禮」指的是冠、婚、喪、祭，內容是依據朱子的《文公家禮》，而為了適應與導正當時的風俗，黃佐在各禮之下增加了「條件」，計有冠禮四條、婚禮十五條、喪禮九條、祭禮四條，其中婚、喪二禮普遍受到明代儒家學者的關注，所以定出的「條件」較多。

　　「三本」、「四禮」是《泰泉鄉禮》的核心，而鄉約的主要目標，就是以組織化的力量來推行四禮，黃佐曰：

> 既正本原乃行四禮，⋯⋯必先躬行以為宗族鄉里表率，又於各鄉推擇約正約副以主之，每月朔望鄉校教讀講明以示鄉約之眾，眾有違犯，責在約正、約副，約正、約副有過，責在教讀，容情不舉者，許里排會同在學生員糾之，有司懲之。

即使是鄉約的彰善、糾過與登錄，「善」與「過」的標準，除了根據朱子增損鄉約的內容外，黃佐還特別強調「能行四

禮者，亦附於善籍，違者，附於過籍」。

　　《泰泉鄉禮》是一套相當特別，而又完整規範鄉村事務的制度，它包含了鄉約、鄉校、社倉、鄉社、保甲等制度，四禮正是整個制度的基礎，黃佐明白地說：

> 　　既行四禮，有司乃酌五事，以綜各鄉之政化教養，及祀與戎而遙制之。一曰鄉約，以司鄉之政事。二曰鄉校，以司鄉之教事。三曰社倉，以司鄉之養事。四曰鄉社，以司鄉之祀事。五曰保甲，以司鄉之戎事。鄉約之眾即編為保甲，鄉校之後立為社倉，其左為鄉社，各擇有學行者為鄉校教讀，有司聘之，月朔教讀申明鄉約於鄉校，違約者罰於社，入穀於倉，約正約副則鄉人自推聰明誠信，為眾所服者為之，有司不與。

黃佐的用意是以風俗的厚薄為鄉村社會關鍵，惟在推行四禮之後，各項制度的落實才能有保障。簡言之，「四禮」是黃佐對於規畫鄉村制度的核心，亦為泰泉鄉約最主要的特點。此外，泰泉鄉禮也可見到黃佐對於鄉民自治的重視，他明確規定約正、約副都由鄉民推舉，有司不與，而且社倉、保甲等事務也都由鄉民自理，地方官不宜點查稽考，以免擾民。這是呂氏兄弟與朱熹等理學家的一貫想法，但對比明代的其他鄉約，卻是相當特殊的。

　　6.章潢的鄉約

　　章潢(1527－1608)，江西南昌人，鄉人稱其:「自少迄老，口無非禮之言，身無非禮之行，交無非禮之友，目無非禮之書」[8]。在鄉與王時槐、鄒元標講學，並曾主白鹿洞書院，為後期江右王門的重要學者。

　　章潢的鄉約，收錄在其輯錄群書的巨著《圖書編》中[9]，主要內容如章潢說:

　　　凡鄉約一遵太祖高皇帝聖訓:孝順父母、尊敬長上、和睦鄉里、教訓子孫、各安生理、毋作非為。六言各處訓釋非一，言雖異，述義則同歸。每會舉一處所，釋者徐讀而申演之。又依朱子增損藍田呂氏鄉約四條:德業相勸、過失相規、禮俗相交、患難相恤。四言各具條件定為約規。

我們細察其內容可以發現，太祖聖訓與朱子增損鄉約二者只是並列，完全沒有整合，章潢只是把朱子鄉約原文完全照抄，沒有任何的補充和說明，但是對聖訓，章潢作了〈聖訓解〉和〈聖訓釋目〉，用了很多的篇幅加以解說，以下列出〈聖訓釋目〉的項目:

　　　孝順父母

---

[8]　《明史》，卷 283，頁 7293。
[9]　章潢的鄉約收在《圖書編》，卷 92 ，台北，商務印書館，文淵閣四庫全書。

1.常禮。2.養疾。3.諫過。4.喪禮。5.葬禮。6.祭禮。

尊敬長上

1.處常事長之道。2.遇變。

和睦鄉里

1.禮讓。2.守望。3.喪病。4.孤貧。

教訓子孫

1.養蒙。2.隆師。3.冠禮。4.婚禮。

各安生理

1.民生。2.士習。3.男務禮。4.女工禮。

毋作非為

1.毋窩盜賊。2.毋受投獻。3.毋酗博誣訟。4.毋圖賴人命。5.毋拖欠稅糧。6.毋鬥奪。7.毋偽造。8.毋霸占水利。9.毋違例取債。10.毋侵占產業。11.毋強主山林。12.毋縱牲食踐田禾。13.毋縱下侮上。14.毋傲惰奢侈。15.毋崇尚邪術。16.毋屠宰耕牛。

章潢還在每個項目下，都有或長或短的文字加以說明，比較特別的是，在一些重要的項目下，章潢會特別注明民眾與約正、約副的職責，例如在「孤貧」一項，強調應恤之濟之，「若有反行欺侮凌害者，此盜賊殘忍之性也，約正等呈官治之。」再如「毋受投獻」一項，規定「約內凡有投獻者，約正副覈實勸諭，召原主而歸之，亦不許奸刁之徒，乘此冒認，輒行告爭。」但是在引述朱子增損鄉約的內容中，卻不見類

似的說明和規定。

　　不只如此，在他制定的集會程序中，明文規定設置聖諭牌一面，還要請人分三次宣演聖訓，卻也完全沒有顧及朱子鄉約。可見章潢其實是偏重太祖聖諭的，再從章潢的〈釋目〉來看，「毋作非爲」項下列出了十六個子目，我們更可以說，他尤其偏重聖諭中的「毋作非爲」一項，換言之，鄉約之所約，乃重在約束鄉人毋作非爲。

　　7.葉春及的惠安鄉約

　　葉春及(1532—1595)，隆慶初由舉人授教諭，上書論時政三萬餘言，爲京人所傳誦。後遷廣東惠安知縣。累官至戶部郎中。

　　惠安鄉約出自葉春及任惠安知縣時作的《惠安政書》[10]，主要內容有：

　　(1)「以十有九章聽民訟」。即依太祖〈教民榜文〉的規定，賦予里甲老人裁判決斷權

　　(2)「以六諭道萬民」。即太祖的「孝順父母」等「聖諭」。

　　(3)「以四禮齊萬民」。內容與黃佐(1490—1566)的《泰泉鄉禮》幾乎一致，只是順序與敘述方式稍有不同。

---

[10] 惠安鄉約收在葉春及：《石洞集》，卷7「鄉約篇」，台北，商務印書館，文淵閣四庫全書。

(4)「申以四事」。分別是「明倫五條」、「禁邪七條」、「務本三條」、「節用二條」，這是特別針對當地風俗與行爲規範而訂的。例如「禁邪」的條款最多，因爲當地淫祠多達 551 所，終年活動不斷，「或至舞鬼掉舟樂神，會首不能具，則出息以充之」，「病不得藥，死不得葬。甚至男女龐雜，有不可道者矣」。所以葉春及先令毀禁淫祠，並在鄉約中規定：

> 禁止師巫邪術，律有條矣。今愚民自稱師長、火居道士、及師公、師婆、聖子、神祖之類，大開壇場，假畫地獄，私造科書，僞傳佛語，搖惑四民，通交婦女，或燒香而施茶，或降神而跳鬼，設齋則靡費銀錢，建醮則喧騰閭巷，暗損民財，明違國法，甚至妖言怪術，蠱毒採生，興鬼道以亂皇風，奪民心以妨正教，……淫祠既毀，邪說當除，凡我四民，毋仍舊習，禁約之後，師長等及無牒僧道各項邪術之人，赴縣自首，歸還原籍，別以治生，違者如律。

其次是當地訴訟、賭博、娼妓盛行，加之市場上詐欺虛僞歪風，所以鄉約中特別規定：

> 有賣鬼面諸淫巧物，與斗斛秤尺不如較勘，市而二其價者，並罪之。

> 父母於子，恆慮其賭，賭則窮則盜，小人犯刑，君子滅義，靡不爲矣。……戒之哉，戒之哉，不戒治以律，父老不教戒，甲總不覺舉，連坐。

　　民間酒店假以賣酒為名，實乃淫人取利，大傷風化，
犯者重罪。

　　此外，還有一些特別的規定，為其他鄉約所無者，例如
因為惠安山多田少，土地貧瘠，人們多以織麻為業，但麻的
原料卻要從外地進口，所以鄉約中規定縣民要種麻。而在「節
用」項中，葉春及要民眾預算一年的收支，扣除賦稅之外，
所剩若干，「以十分均之，留三分為水旱之備，一分為祭祀
之需，六分分十二月之用」，還要求鄉民準備帳簿記錄，是
相當有意思的規定。

　　惠安鄉約最主要的特點，是恢復明太祖在社會控制的相
關規定，如葉春及說：

　　凡民間須要講讀大誥律令，敕諭老人手榜，及見丁
著業牌面，沿門輪遞，務要通曉法意，有司時加提督，
每鄉每里各置木鐸於本里內，選年老或殘疾不能生理
之人，或瞽目者，令小兒牽引持鐸徇行本里，令直言
叫喚孝順父母六句，使眾聞之，勸其為善，毋犯刑憲。

不只是老人持鐸勸善，連互知丁業、講讀大誥律令等項目都
成為鄉約的內容，而且又強調申明、旌善二亭的作用，指出
鄉約使用「記善」、「記惡」二種簿冊登錄，也正是此意，謂
「念日登簿，積之不已，則登於亭。可不畏哉！可不勸哉！」
太祖的規定幾乎全提到了，但卻完全沒有提及呂氏鄉約和朱
子的增損，且綜觀惠安鄉約的內容，也大多是地方官訓勉民

眾的口吻，遠非呂氏鄉約「相勸」、「相規」、「相恤」的意涵。可以說，惠安鄉約是典型的以統治地方為主的鄉約，就算不能直言是「刑政」重於「德禮」，也應是寓刑政於教化的一種鄉約類型。

8.呂坤的鄉甲約

　　呂坤(1536—1618)，萬曆二年(1574)進士，任襄垣、大同知縣，以政績徵戶部主事。後遷山東參政、山西按察使，累官至刑部侍郎。《明史》稱其「剛介峭直，留意正學」[11]。

　　鄉甲約為任山西按察史時所命令施行，所以稱為鄉甲約，即「將鄉約保甲總一條鞭」，以作為地方官治理之具，主要特點有[12]：

　　(1)結合太祖時設立的旌善、申明二亭。

　　如果民眾一年中無違犯規條者，約正可於旌善亭記善一次，若約正受人隻雞杯酒、斗穀分銀者，即為無恥之人，除了要枷號遊迎外，還於申明亭紀惡。

　　(2)訂定「約管規條」，共有四大類，分別是：

　　1「和處事情，以息爭訟事」。計有婚姻和地土等 9 項，

[11]　《明史》，卷 114，頁 5943。
[12]　呂坤的「鄉甲約」收在《呂公實政錄》，卷 5，台北，文史哲出版社，影印清嘉慶年間刊本。

主要是民間常見的民事糾紛，由約長調解。

2「記善以重良民」。計有孝順、敬長、勸化、救人等 20
項，其中又分小、中、大善。

3「紀惡以示懲戒事」。

4「許改過以宥」。

(3)鄉甲約完全未提及呂氏鄉約，且一般鄉約只設善、過
二簿以資記錄，呂坤則設立「紀善」、「紀惡」、「紀和」、「紀
政」四簿。

(4)鄉甲約中有「聖諭格葉」，是類似個人基本資料的表
格，為其他鄉約中所未見，限於篇幅，以下整理列出其大略
內容：

　　＿＿州縣＿字約　第＿甲　＿＿＿(約正、約副、約講、
　　約史、甲長、甲眾)
　　係　＿(軍、民、匠、灶)籍　＿＿＿(上上、中中、下下)
　　戶
　　一、父母＿(在、不在)。衣食＿(常、不)缺。忤逆祭
　　掃＿(常、不)缺。
　　一、地＿頃＿畝＿分。差糧一＿完＿完＿完＿完。
　　一、＿＿＿(莊農、賣酒、傭工)生理。＿(常、不)勤＿(常、
　　不)惰。＿(好、不)儉＿(好、不)奢。
　　一、養牛＿隻、驢＿頭、豬＿口、羊＿隻、雞＿十隻。
　　(類似的還有栽桑、取繭絲、種菜等)

一、＿(常、不)賭博。＿(常、不)宿娼。＿(常、不)
酗酒。＿(常、不)詐財。

一、＿(常、不)聚眾行凶。＿(常、不)白蓮隨會。

一、＿(常、不)容留姦盜主人。＿(常、不)行使大秤
小斗。

一、被人告＿次、刁告人＿次。唆證人＿次。

其登記項目之詳密，令人驚訝。而且呂坤還規定，約正要於
每年十二月二十日以後，把格葉裝訂成冊送交地方官檢查，
「全遵無違者紀大善一次，全違無遵者紀大惡一次，半違半
遵者量輕重酌處」，若約正、副等填寫不公不實者，要重責
枷號。

二、鄉約與社會秩序

前章已述，明代在正德時期以後，奢侈風氣盛行，上下
貴賤無別，犯罪日增，社會秩序難以維持。鄉約在這方面有
非常明確的規定，限於篇幅，以下只取「奢侈」與「社會治
安」二項的相關規定加以述敘，以明其大概：

1.奢侈

如章潢(1527—1608)規定：

　　毋傲惰奢侈。俗有浮薄子弟，倚勢自傲，恃富自
惰，……又鄉俗本來尚儉，近日富家漸移，居室輿馬、

　　飲食、衣服日見華靡，犯分傷財，弊不可長，自今持

　　己當謙，處家當節儉，毋蹈前非，自取傾覆。

呂坤(1536—1618)則用「記善」的方式，來鼓勵富家在服食
器用方面崇尚節儉。而最爲儒學家所詬病婚喪禮俗的奢侈違
制，在黃佐(1490—1566)和葉春及(1532—1595)的鄉約中都強
調要遵行「四禮」，二人的規定也最詳細，例如在婚禮方面，
規定婚禮過程中所用酒牲、檳榔、果品等物項，依上中下戶
等各有不同，例如規定「納徵」的花費，上戶「不過十五兩，
中戶不過十兩，下戶不過五兩」，而女家準備的首飾、嫁妝
等物品，則詳細規定：

　　不許用違禁之物，上戶通計所費銀不過三十兩，資

　　妝器物之費半之。中戶不過二十兩，資妝器物半之。

　　下戶不過十兩，資妝器物半之。其僭用珠冠、命服、

　　金銀器皿者有罪，上戶女從者一人，男僮一人，中戶

　　以下女從一人，無者勿強。

而若貧寒力不及者，可以更簡，例如三等戶下聘只用酒一
罈、鵝二隻、布二疋、茶一合，而新婦也只要荊釵布裙見舅
姑即可。又規定「親迎」：

　　不許用鼓吹雜劇送迎交餽，其有隔水路而用裝綵大

　　船，銅鼓儀仗，陸路用蒲燈、花筒、爆仗等項者，罪

　　之。

又對溺女的惡俗有所規範：

凡生女多懼貧難嫁，自行淹溺，訪出，將父母送官
懲治如律。近聞有等村民自殺其女，以免費奩飾，此
風漸不可長，教讀及約正、約副宜早諭之。

在喪禮方面，黃佐也特別針對宴飲、風水、火葬等風俗
加以導正：

凡居喪要以哀戚襄事為主，不許匿喪成婚，弔賓至
不許用幣，不許設酒食，惟自遠至者為具素食，不用
酒，孝子不許易凶為吉赴他人酒席，鄉俗旬七會飲，
及葬，有山頭等酒會，皆深為害義，犯者有罪。

凡喪事，不得用樂，及送殯不得用鼓吹、雜劇、紙
幡、紙鬼等物，違者罪之。

凡停柩踰年不葬，及溺於風水，兄弟相推托不葬者，
各行戒諭，違者罪之。

凡火化者，忍心害理，宜送官嚴懲，子孫依律死罪，
工人重治。

章潢則在喪葬方面規定詳細，鄉約規定：

葬禮。葬者，藏也；藏者，安也。人子於視，求以
安之而已。惟擇藏風聚氣，水蟻不侵之所足矣。慎勿
拘泥風水禍福報應之說，其有侵占他人山地者、有冒
認他人祖墳，或利誘他人子孫遷葬竊買者、有因無主
舊墳棄屍竊葬者、有連年暴露不知痛恤者、甚至火化

屍棺，不以為慘，所謂安其親者何在哉。至於營造墳墓，且稱家有無，富者奢財，貧而厚葬，均於不孝，若俗以紙作金銀、山錠、獅象、駝馬送喪，設酒席絹帛待客，則悖禮，當戒也。

凡此，都是針對當時社會奢靡風氣而訂定。

2.在社會治安方面：

章潢規定得最為詳盡：

毋鬥奪。鬥有三，今俗有忿，集眾執凶器相毆者。有因忿，以酒食相勝，爭覓異品，盛設筵宴，或出銀謝中，多至數十兩，其作中者，利於得謝，愈搬弄是非，構成大釁，報復相尋。又有因時節賽會，粧飾神船、搬演戲文、施張燈火、鳴金放銃、彼此相角，亦謂之鬥，是皆敗俗靡財，有損無益。奪亦有二，有市井無賴，白晝攔街，奪人財物者。有當客商要路，邀截貨物牲口，或假稱盤詰，公然奪去者，或賤價強買者。凡此皆宜速改，犯者約正等請官以法治之。

毋縱下侮上。良賤上下，不可不嚴，近來豪右多養拳猾桀之徒為伴當義男，以張威勢，縱其強暴，肆無忌憚，雖屬親黨師友，亦肆欺侮凌辱，及告其主，略不加意，殊不知豪奴悍僕惡不可縱，今日欺其主之親屬，他日安知不欺其主之子孫乎。自今嚴加戒飭，如

有不悛，罪歸其家長焉。

呂坤也有明確的規定：

　　三五成群，焚香飲血，帶刀持棍，一家有怨，則同
　去報讎，上門亂行採打，見人財帛則設法搶奪。或挾
　編娼婦財物，盜搶成熟田禾。約正副率同會之人詳開
　惡事遞送掌印正官紐解本院。

　　暴橫凶徒，強買貨物，硬主事情，撒潑圖賴。或逼
　良為娼、騙賴財物，欠稅不納，負累里長包賠者。約
　中紀惡勸戒，再不改者報官。

可知鄉約正是要以團體約束的力量，矯正惡劣風俗，並以公
權力為後盾，來改善社會治安。

三、鄉約的實施成效

　　明人對於鄉約的實施，大多是加以肯定的，例如薛侃(?—
1545)就曾說季本(1485—1563)在廣東榕城實行的鄉約有「十
便」：

　　官弗約則事繁，農弗約則力分，善者弗約則勢孤，
　惡者弗約則禍延，富弗約難守，貴弗約則難靖，貧者
　弗約則易凌，賤者弗約則易虐，老者弗約則無以明其

養，子孫弗約則無以習成其德[13]。

實施鄉約的好處既多，則成效自然顯著，如張宣在夷陵實施鄉約，《州志》記載：「未幾二載，百廢俱興，一郡軍民靡然從化」[14]。《南康縣志》也說王守仁(1472—1529)實施南贛鄉約，「其法約，其治廣」[15]。呂柟在解州舉行鄉約，離任以後也曾向後任的地方官表示：「行幾二年，訟爭既鮮，盜亦頗戢，耆壽脩行，小子有造」[16]。黃佐(1490—1566)更高度稱讚陸粲(1494—1551)在江西永新實行鄉約，達到「吏畏民懷，夜戶不閉，澆訛之俗漸於禮義」的境界[17]。

這些記載或許稍有誇大，但以鄉約的集體約束力量，運用鄉黨的輿論，加上地方官以公權力支持，可以肯定，在實施之初會有一定功效，例如鄒守益就很具體地記載，安福實施鄉約僅半年「牛無敢盜者」[18]。

雖然讚美者多，但是任何制度皆有其內在的限制，時間久了自會產生流弊與缺失，耿定向(1524—1596) 就曾深入地

---

[13] 鄒守益：《東廓文集》，卷 10，頁 13 上下，國家圖書館藏，明嘉靖末年刊本。。

[14] 弘治《夷陵州志》，卷 7，頁 4 上，天一閣續編。

[15] 嘉靖《南康縣志》，序，頁 8 下—9 下，天一閣續編。

[16] 呂柟：《涇野先生文集》，卷 11，頁 31 上—32 上。

[17] 焦竑：《國朝獻徵錄》，卷 80，頁 3417。

[18] 鄒守益：《東廓遺稿》，卷 7，頁 28 上。

反省，提出了「上之毒下者，其弊七；而下之所以不順上者，其疑三」[19]等種種問題，以下以「七弊三疑」爲本，再綜合其他史料，分四點敘述：

1.地方官的問題

明代鄉約既多數爲地方官推行，加以朝廷的命令，則地方官的態度自爲成敗的關鍵。而地方官施行的鄉約爲強制性，在實行之初需要重新組織民衆，或是配套保甲制度施行，在里甲制名存實亡後，保甲、鄉約具有替代的作用，所以耿定向說的七弊之一爲：

> 審編之初，州縣長吏不能遍歷，不得不委之首領巡
> 司等官，此輩承委就途，行未及舍，而民間栖雞圈豕
> 為所怕矣。既編之後，有司煩苛者令之朔望點查，不
> 恤其奔走之苦。

有些地方官只是應付心態，一切委之胥吏，使鄉約的推行反而成爲他們謀利之具，耿定向說：

> 佐貳首領取其見面紙贖，不恤其誅求之苦。

也有地方並未詳細策畫施行步驟，或是沒有適當的組織，當上級視察時，則全體動員，與群衆大會無異，例如羅汝芳(1515—1588)記載，雲南騰越的鄉約集會在演武廳舉行：

> 至則縉紳率父老迎入，候行禮逾時，鼓三通，而遠

---

[19] 耿定向：《耿天台先生文集》，卷 18〈牧事末議〉，台北，文海出版社。

> 近奔趨，遍塞場中，不下四五萬眾，步履縱橫，聲氣
> 雜沓，跪拜宣揚，雖講生八九人，據高台同誦，亦咫
> 尺莫聞也。近溪子以無益為苦[20]。

這段記載反映的，或許是地方官以大場面奉迎長官，因為耿定向就說有地方官每遇上級長官巡視時，令民眾「負弩荷戈，送迎道左」。也或許是羅汝芳的口才佳，演講精彩，民眾被他吸引而來。但是無論如何，如此的規模盛大，要達到鄉約的目的是極有問題的。

2.鄉約領導人與職員的問題

　　明代鄉約多數是強制性，其成效則與領導人的選任關係密切，雖然大多數的鄉約都由民眾自行推舉領導人，但鄉紳與大戶常常不願出任這種吃力的工作，原因一方面是會受到胥吏的惡劣敲詐，再一方面則是地方官不能以禮相待[21]，甚至遭受故意的處罰和刁難。而一般平民或是忙於農事，或是能力不足，使得遊手好閒的地方流氓與光棍就有了可乘之機[22]，如耿定向說：

---

[20] 羅汝芳：《羅近溪先生全集》，鄉約，頁 16 上。

[21] 如鄒守益就曾記載，安福鄉約在程文德離任後，就不能持久，主因是：「其後有司待約長不以禮，於是能者求退，而約幾廢」。鄒守益：《東廓遺稿》，卷 7，頁 13 下。

[22] 領導人的問題，在清代也有同樣的狀況，可參閱蕭公權：*Rural China,*

　　彼善良富厚者，率不願為長正，乃故持之責以賂
免，而素行無賴思藉名號以武斷鄉曲者，則又往往暗
賂舉報，此輩既以蒙舉，倚法作奸，我民多為魚肉。

正是如此，所以萬曆時姜寶(1514—1593)以其親身經驗說鄉
約約正、副因「未盡得人，而未見有實效」[23]。

3.罰過與連坐的影響

　　鄉約本有處罰的規定，若再與保甲共同實施，則鄉民更
要報告犯罪，彼此監督，否則會遭連坐的處罰。這樣的設計
必需以政府有效的治安工作為後盾，當犯罪發生時能立即逮
捕罪犯，或嚴加保護舉發民眾，否則民眾就陷於遭受報復的
危難。顯而易見的，這些狀況當時並不理想，所以耿定向說：

　　逋負滯獄，有司力不能致，則又督之拘捕，或重其
違慢之罰，或起其仇怨之訟。

　　平時編審未詳，號令未申，覺察不預，一旦有虞，
則比屋執而筆楚之，幽囚之，且罪罰之，曰此近奉連
坐法也，舍奸宄虐無辜，商君之法亦不如是矣。

如此，更使得鄉民從實際經驗中體會到俗語說「各人自掃門
前雪，莫管他人瓦上霜」的消極態度，呂坤就曾表示，地方

---

pp.80—82。

[23] 姜寶：<議行鄉約以轉移風俗>，古今圖書集成，第 333 冊，頁 270。

上行凶巨猾，為人所畏懼者，無人敢舉發，致使「大惡縱橫，而紀小惡以塞責」[24]。再者，強制性的鄉約對民眾多少是負擔，有素行不佳者就認為是種約束，在以沉默、不配合，甚至故意破壞下，鄉約就難以持久有效[25]。

4.民眾的態度

鄉約的彰善與規過、相勸與相恤，都必需建立在鄉民間深厚的情誼上，以知無不言，言無不盡的態度，才可能有成，這樣的條件在純樸而變動不大的社會中比較可能具備。如前節所述，社會風氣的變化，衝擊著傳統人倫關係與價值信念，爭訟圖利，使鄉民彼此間並不諧和，土地兼并，更使上下階層間互相敵視，如耿定向(1524—1596)就生動地記述：

> 富戶自恃垣墉不虞寇患，則曰此特為下戶謀也，而
> 不知恤其鄰之小，或小戶自恃其窶，盜所不窺，則曰
> 此特為富室計也，而不樂衛其鄰之大，上下相猜，小
> 大相嫉，此則化教不行，所謂民散久矣。

萬曆《交河縣志》更記載：

> 鄉約雖行，不聞有旌一人、懲一人者[26]。

---

[24] 呂坤：《呂公實政錄》，卷 5。

[25] 鄒守益曾說：「不逞者惡其(鄉約)害己，百計敗之。……猶謗言交集，故鄉約多廢」。鄒守益：《東廓遺稿》，卷 7，頁 28 上下。

[26] 轉引自王蘭蔭：〈明代之鄉約與民眾教育〉，頁 297。

可見鄉約幾無功效，成爲虛文粉飾之具。

四、鄉約的兩種類型——「政刑」與「德禮」

呂氏兄弟的鄉約原具有鄉民自治的色彩，但鄉約的成功與否卻與地方政治息息相關，例如在糾過懲惡方面，若涉及違法或刑事案件，就必須交給官府，或是尋求官府的支持。但若官府涉入過深，又會妨礙鄉民自治，這是鄉約所面臨的兩難問題。

明代的鄉約既多由地方官舉行，則由其主導的意味極濃，從組織到集會，以至鄉民該遵守的事項，完全由地方官主導與規畫，鄉民在其中的自主性極低，例如呂坤(1536—1618)的鄉甲約規定，每次集會後「紀善」、「紀惡」等四種簿冊要送交地方官查考，呂坤還要求地方官細查，「善有可賞者，批獎三二句」、「和處不當者，即與更正」、「大善、大惡，仍季終聞官，以憑獎戒」，如果約正等領導人未詳實登錄，則需重責紀過，呂坤甚至特別強調：「鼓舞振作之法，彈壓操縱之權，全在有司」[27]。

由此可見，鄉約已從鄉民互約，轉而成爲官約鄉民，質言之，鄉約其實已從自發性的組織，轉變成爲地方政府強制

---

[27] 呂坤：《呂公實政錄》，卷 3，頁 5 上。

性的社會控制工具之一。

　　這一類鄉約的特別之處有三：一是兼行保甲制，以要求鄉民報告犯罪，連坐責任。二是禁止的項目特別多。三是完全沒有提及呂氏鄉約。葉春及(1532—1595)、呂坤的鄉約可算這一類鄉約的代表，而王守仁(1472—1529)的鄉約也有這樣的色彩，尤其是呂坤的鄉甲約中還設計「格葉」，用來調查民眾的家庭、經濟乃至個人的生活習慣等狀況，以建立詳實的個人檔案，這樣的做法絕對有助於官員的統治，更是鄉約制度中極為特殊的發展。

　　呂坤曾經明白地說：「鄉約之設原為惡人」，他更提供地方官建立耳目以資統治的技巧，他說：

　　　　掌印官先找公道不作奸壞者，為耳目，訪出大善大惡幾人，詳知其事，記於心中。至查簿之日，果本約實登，即將四鄰及正副等各加重賞；如不登，即喚正副講史甲長四鄰審問，……一同責治，一體枷號，如此三行，人人警惕，約中畏法而不畏惡人，則惡人亦讎法而不讎舉報矣[28]。

不只如此，呂坤更命令地方設豎牌十面，上書「不孝某人」、「不義某人」、「做賊某人」、「賭博某人」、「光棍某人」、「兇徒某人」、「奸民某人」、「詐偽某人」、「無恥某人」、「敗子某

---

[28] 呂坤：《呂公實政錄》，卷3，頁4上下。

人」，凡犯大惡者，就把牌子釘在其家門戶的左側，犯者於鄉約集會時要下跪聽講，還命令鄉民不得與他往來，直到他十分悔悟，並由本約約眾聯名出具連坐甘結，保證他已確實省改，方准許去其門牌。如此嚴厲無情的鄉約，實已令人望而生畏。

　　我們可以想像實施鄉約的情形：鄉民平時要留意鄉人的行為舉止，在每月二次開鄉民大會時，要針對鄉人的行為提出報告，然後由群眾判定是否成立，然後要區分大惡或小惡，小者罰錢，大者送官究辦，而有些判定的條文又規定得極不明確，或是涉及個人隱私而不易判斷。鄉民在農閒時還要參加武裝訓練，若有盜匪出現，大家必須奮勇爭前，生擒盜匪者可由官府賞酒賞銀，體力不繼者還可能被認為怯弱。這樣的地方，美其名為互助關懷，其實卻是身處一張綿綿密密的監視網之中，更嚴重的是，這個監視網是由親朋好友、鄉里鄉人所組成。這樣的鄉約，已遠非呂氏鄉約要民眾「相勸」、「相規」、「相恤」的內涵。

　　從以上分析，我們幾乎可以說由地方官主辦的鄉約，大部分都具有「政刑」的意味，因為在地方官的眼中，鄉約的目的就在於「盜可彌、奸可緝、訟諜可省、徭賦可平」[29]，仍然引述呂坤所說為證：

----

[29] 耿定向：《耿天台先生文集》，卷 18，頁 1 上。

平居無事，則互相丁寧；一有過惡，則彼此詰責。
白蓮妖術，奸宄凶民，何所容其身；出境為賊，在家
窩盜，何所遁其跡。地方安得不輯寧，百姓安得不寡
過，刑清政簡之效可以漸臻，知禮畏義之風可以日
長，此目前第一急務也[30]。

雖然如此，但我們也不能過於簡化地認為明人實行鄉約
全是為了控制民眾，維持專制統治的社會秩序，孔子「導之
以德，齊之以禮」的觀念，仍然展現在鄉約之中。例如王守
仁在大亂之後的地區施行鄉約，為使鄉約能順利進行，民眾
能真誠地改過遷善，王守仁特別強調民眾應共同「誘獎勵
之，以興其善念」，王守仁提醒民眾特別要留意語言的表達，
他說：

彰善者，其辭顯而決；糾過者，其辭隱而婉，亦忠
厚之道也。如有人不弟，毋直曰不弟，但云：「聞某
於事兄敬長之禮，頗有未盡，某未敢以信，如書之以
俟。」若有難改之惡，且勿糾使無所容，或激而遂肆
其惡矣。約長副等，須先期陰與之言，使當自首，眾
共誘獎勸之，以興其善念，姑使書之，使其可改。若
不能改，然後糾之。又不能改，然後白之官。又不能

---

[30] 呂坤：《呂公實政錄》，卷3，頁4上下。

改，同約之人，執送之官，明正其罪。勢不能執，戮
力協謀官府，請兵滅之[31]。

上文中王守仁(1472—1529)連續強調三次「不能改」，正可感
受其用心之所在。

王守仁的弟子鄒守益，在江西安福縣所實施的鄉約，亦
有別於只以「政刑」為目的者，其大體內容如下：

首以皇祖聖訓而疏為二十四目。孝父母、敬兄長，
曰以立本也。重禮節、戒驕奢、嚴內外、立族規，曰
以正家也。厚積蓄、節食用、勸農桑、警游惰、禁拋
荒，曰以阜財也。供貢賦，曰以昭分也。修祀典，曰
以享鬼神也。崇信義、尊高年、恤孤獨、周貧困、通
借貸，曰以致睦也。端蒙養、正士習，曰以育才也。
息爭訟、賤欺詐、懲奸盜，曰以罰惡也。去異端，曰
以淑人心也[32]。

雖然未能見其全貌，但鄒守益強調「立本」、「正家」、「阜財」、
「致睦」、「育才」等目的，正是要效法「聖人之化仁育義，

---

[31] 王守仁：《王陽明全集—奏議》，卷 9，頁 59—62。

[32] 鄒守益：《東廓文集》，卷 10，頁 23 上下。文中記載這一鄉約是由鄒
守益「以安福鄉約貽於廣德新守」，故應是安福鄉約的大體內容。關於
鄒守益推行鄉約的過程，參閱附錄四拙著〈明代中晚期江右王門學者
的鄉村運動〉

肅萬民皞皞，以立以綏」[33]，它要把儒家的價值貫注其中，使這些價值能夠更具體化地落實於地方社區之中，並也降低鄉約的「政刑」色彩。

再如黃佐(1490—1566)的《泰泉鄉禮》，強調由士大夫階層以身作則，然後推行到鄉里，所謂「正本原乃行四禮」，在「本原」中黃佐強調「凡讀書講學，必以治心養性爲本」，要「篤敬以操行」、要「寧靜以安身」，更要「律己以廉、撫民以仁、存心以公、蒞事以勤」，強調必須先自我修養之後，方能垂範鄉里。而即使在具體的約束規範上，黃佐只是列舉出事項[34]，沒有具體的文字說明，也沒有嚴厲的語氣威嚇，更沒有如呂坤一般，訂出大惡、小惡等處罰方式。尤其特別的是，在選擇約正等鄉約領導人，以及推行保甲、社倉等工作上，黃佐皆主張鄉民的自主原則，強調「有司俱毋得差人

---

[33]　鄒守益：《東廓文集》，卷 2，頁 39 下。

[34]　黃佐說：「凡士大夫居鄉，宜依古禮尊者爲父師，長者爲少師，與閭里之人相約而告諭之，曰，凡我鄉人，父慈子孝，兄友弟恭，夫和婦順。毋以妾爲妻，毋以下犯上，毋以強凌弱，毋以富欺貧，毋以小忿而害大義，毋以新怨而傷舊恩。善相勸勉，惡相規戒，患難相恤，婚喪相助，出入相友，疾病相扶持。小心以奉官法，勤謹以辦糧役。毋學賭博，毋好爭訟，毋藏奸惡，毋幸人災，毋揚人短，毋責人不備。事從儉朴，毋奢靡以敗俗，毋論財而失婚期，毋居喪而設酒肉，毋溺風水而久停柩，毋信妖巫作佛事，而忍心火化。仍各用心修立社學，教子弟以孝弟忠信之行，使毋流於惡。《泰泉鄉禮》，卷 1。

點查稽考，以致紛擾。約正約副姓名，亦勿遽聞於有司，蓋在官則易爲吏胥所持」。從實質上言，《泰泉鄉禮》把鄉約、鄉校、社倉、鄉社、保甲等制度結合爲一體，代表的是在宋人的基礎上的進一步發展，期以組織化的方式，在鄉里中落實教化、賑恤、聯防、治安等工作，使鄉民自治的制度更形完整。

明儒中實行鄉約既有成效，方式又極特別的是羅汝芳(1515—1588)。他的弟子曾記錄他在鄉約集會中演講的情況：

> 鄉人曰：「往見各處舉行鄉約，多有之簿以書善惡公論，以示勸懲，其約反多不行，原是帶著政刑的意思在。若昨日公祖只是宣揚聖訓，併喚醒人心，而老幼百千萬眾，俱踴躍忻忻向善而不容自己」[35]。

另外一段記錄，更讓人驚異：

> 子(羅汝芳)按騰越(雲南)，州衛及諸鄉士大夫復請大舉鄉約於演武場，講聖諭畢，父老各率子弟以萬計，咸依戀環聽，不能舍去。……諸老幼咸躍然前曰：我百姓們此時懂忻的意思，真覺得同鳥兒一般活動，花兒一般開發，風兒日兒一般和暢，也不曉得要怎麼去持，也不曉得怎麼去放，但只恨不曾早來聽得，又怕

---

[35] 羅汝芳：《盱江羅近溪先生全集》，鄉約，頁 24—25，國家圖書館藏，明萬曆 46 年刊本。。

　　上司去後，無由再來聽得也。羅子曰：汝諸人所言者，

　　就是汝諸人的本心，汝諸人的心果是就同著萬物的

　　心，諸人與萬物的心，亦果就是同著天地的心[36]。

可見羅汝芳認為「喚醒人心」尤重於「政刑」。他把這樣的
理念同時也注入鄉約之中，例如他強調要：

　　敦德禮以潔治源，而章程在所略行，務融通萃人心

　　以端趨向，而譏察則居其次，待斯人以長者之風，弼

　　明時以隆古之化。

　　毋得輕發陰私，以開嫌隙，毋得擅行決罰，以滋武

　　斷[37]。

所謂「敦德禮以潔治源」，正顯示鄉約的另一種類型。

　　然而，我們也應追問，以王守仁(1472—1529)為首的儒
學家們所推行的鄉約，除了針對社會變遷與舊有社會制度瓦
解的需要外，是否還有其他的深層用意？明儒們重拾宋人的
鄉約制度在政治史與學術史上有無特殊意義？關於此，我們
必須從明代學術的發展談起。

　　自元仁宗延祐元年(1314)，以朱子諸書為科舉的依據，
程朱理學由此成為學術上的正統。但是從理學內部的角度

---

[36] 羅汝芳：《盱江羅近溪先生全集》，卷8，頁32—33。

[37] 羅汝芳：《盱江羅近溪先生全集》，鄉約，頁3。

看，自朱、陸鵝湖辯論起，二派學者對於經典的研讀，就有
二種不同的態度，其後，這兩種態度被化約成「尊德性」與
「道問學」[38]。這種情形到了元代轉變更大，因為強調「尊
德性」就必須「反求諸己」、「喫緊為人」乃至「自反而縮，
雖千萬人，吾往矣」，這樣的信念與行為在異族政權下談何
容易，因此元儒尊朱，就只能在「問學」一途上，更不免傾
向於考索文字，註解書本[39]。明初的學術也是沿襲元代這種
傾向，如《明史》說：「原夫明初諸儒，皆朱子門人之支流
餘裔」。所以我們看到從從薛瑄(1389—1464)、吳與弼(1392
—1469)到胡居仁(1434—1484)，都強調躬行實踐，主敬涵
養，甚至不主張著書立說。直到王守仁的學說興起後，才完
全扭轉這種學術風氣，所謂「嘉、隆而後，篤信程、朱，不
遷異說者，無復幾人矣」[40]。

　　然而，從陽明學的發展來看，卻是充滿了崎嶇，如前所
述，王守仁死後，世宗嚴屬打擊，說他「用詐任情，壞人心
術。近年士子傳習邪說，皆其倡導」。此後一直到萬曆十二
年(1584)，陽明學一直處在被朝廷禁止、打擊的局面，一方

---

[38]　參見陳榮捷：《朱熹》，頁 205—217，台北，東大圖書公司，民國 79
　　年。
[39]　參見錢穆：〈明初朱子學流衍考〉，文收氏著《中國思想史論叢》(七)，
　　頁 5—6，台北，東大圖書公司。
[40]　《明史》，卷 282，頁 7222。

面是分別於嘉靖十七年(1538)、和萬曆七年(1579),朝廷二度
下令毀禁天下書院,禁止異端邪說。以政府的力量打擊私人
講學與學術傳播,這是教育史上極為特殊且罕見的狀況。二
方面是在禁止邪說的背景下,王守仁的重要弟子如王畿(1498
—1583)、鄒守益(1491—1562)等人的仕途都不順利,這也使
得王門弟子多以在野之身在各地傳播陽明之學[41]。

　　關於王守仁和其弟子的講學,以下二段記錄很有意思:
鄒守益曾記述:

> 有對陽明曰:「古之名世,或以文章,或以政事,
> 或以氣節,或以勳業,而公克兼之,獨除卻講學一節,
> 即全人矣」。陽明笑答:「某願從事講學一節,盡除卻
> 四者,亦無愧全人」[42]。

《傳習錄》中記載了一段王守仁師生間的對話:

> (錢德)洪與黃正之(宏綱)、張叔謙(元沖)、汝中(王
> 畿),丙戌(嘉靖五年)會試歸。為先生道途中講學,有
> 信有不信。先生曰:「你們拏一箇聖人去與人講學,
> 人見聖人來,都怕走了,如何講得行?須做箇愚夫愚
> 婦,方可與人講學[43]。

---

[41] 關於明儒講學與書院的問題,可參閱拙著《明代書院講學的研究》,國
　　立台灣師範大學歷史所碩士論文,民國 82 年。

[42] 鄒守益:《東廓文集》,卷 2,頁 19 下。

[43] 陳榮捷:《王陽明傳習錄詳註集評》,頁 357。

我們知道明、清兩代是君主專制的高峰，王守仁的立論與朝廷正統之學相異，本具有抵抗專制政權的用意[44]，所以王門諸子被打擊與書院被毀禁，是可以理解的，在政治的高壓之下，王守仁師弟們自覺地向百姓大眾講學，向廣大的社會去開拓，這是傳統學術發展上一項非常特殊的轉變。如王棟(1503—1581)說：

> 自古農、工、商業雖不同，然人人皆可共學。……至秦滅學，漢興，惟記誦古人遺經者，起為經師，更相授受，於是指此學獨為經生、文士之業，而千古聖人與人人共明共成之學，遂泯沒而不傳矣。天生我師，崛起海濱，慨然獨悟，直超孔、孟，直指人心，然後愚夫俗子，不識一字之人，皆知自性自靈，自完自足，不暇聞見，不煩口耳，而二千年不傳之消息，一朝復明。先師之功，可謂天高而地厚矣[45]。

王棟是王艮(1483—1541)的弟子，此說雖指王艮，但放在王守仁身上，也是很鮮活的說明。而所謂「此學獨為經生、文士之業」以及「不識一字之人，皆知自性自靈」，也反映出陽明學突破正統之學所壟斷的局面。

　　王守仁師弟們的大力講學，源於他們對「致良知」學的

---

[44] 參閱蕭公權：《中國政治思想史》，頁 604—605。

[45] 黃宗羲：《明儒學案》，卷 32，頁 741。

信念，他們深切地要以「良知之學」來挽救「斯民之陷溺」，
惟有如此，才能達致他們心目中足以比擬三代的理想境界，
這個境界正是王守仁在〈拔本塞源論〉中所敘述的：

> 閭井田野，農、工、商賈之賤，莫不皆有是學，而
> 惟以成其德行為務。……天下之人，熙熙皞皞，皆相
> 視如一家之親。其才質之下者，則安其農、工、商賈
> 之分，各勤其業，以相生相養，而無有乎希高慕外之
> 心。其才能之異，若皋、夔、稷、契者，則出而各效
> 其能。若一家之務，或營其衣食，或通其有無，備其
> 器用，集謀并力，以求遂其仰事俯育之願，惟恐當其
> 事者之或怠，而重己之累也[46]。

　　然而，觀諸現實，卻完全與理想背離，如王畿在參加太
平縣的鄉約集會後，有感而發：

> 自親民之學不明，而王澤竭，居官者議政而不及
> 化，下焉者議刑而不及政，甚至縱恣淫虐，繁刑以逞，
> 使民無所措其手足，莫知向方，其於父母斯民之職，
> 何所賴也[47]。

---

[46] 陳榮捷：《王陽明傳習錄詳註集評》，頁 195。陳榮捷在文後引劉宗周
云：「快讀一過，迫見先生一腔真血脈，洞徹萬古。愚嘗謂孟子好辯而
後，僅見此篇。」可見此文之真切雄健。惟限於篇幅，只能節引，失
文章氣脈，亦不得已也。

[47] 王畿：《王龍溪全集》，卷 17，頁 10 下—11 下。

鄒守益更憤慨地說:「學之不講久矣,殺人以政,與挺刃無異也」[48]。

　　荀子說:「儒者在本朝則美政,在下位則美俗」(《儒效》)。基於這樣的傳統與信念,明儒們孜孜於社會教化工作,而王門諸子又以講學為中心,展開創建書院、組織講會、舉行鄉約等民間社會組織,期以團體的力量來推行教化,改善社會風氣,如鄒守益等人在吉安地區大力推動之後,表達了他的期望:

> 夫皇之建極以福民也。公孤至於大夫師長,所以承而宣之也。故不匱其財曰富,不傷其生曰壽,不擾其安曰康寧,不弛其教曰好德,不虧其天彝曰考,終緊古之道也,而知恤者鮮矣。吾邑之運既否而將亨,虛賦覈矣,積寇掃矣,群役平矣,鄉約立矣,書院創矣,嗣是而勤恤之,以移於百世,雖三代不難復也[49]。

表面上看,這是鄒守益個人的理想,但從政治史與學術史的角度看,明儒推行鄉約最重要的意義,正在於他們真正地嘗試把儒家的理想落實於社會,並且用組織的力量在專制高壓政治之下向社會開拓,這是一種新的「外王」事業,為傳統地方政治創造了一套新的制度。成效明顯與否,雖不易評

---

[48] 鄒守益:《東廓文集》,卷5,頁39下。
[49] 鄒守益:《東廓遺稿》,卷3,頁29下—30上。

估，但意義確實是特殊的，如《南康縣志》的作著敘述王守仁施政的，正是著眼於此：

> 君子官於斯及生於斯者，能舉而措之，宣之以德意，酌之以時宜，行之以誠信，修之以和睦。由是而里社復焉，鄉屬、社學、社倉、兵防諸政行焉。即閭里之人，藹然一家一體之愛，而無有乎悖逆侵凌淫蕩忍昧之非。以徵公論，以成德藝，以興禮樂，以均賦役，以防姦宄，事固有舉其一而諸善從[50]。

---

[50] 嘉靖《南康縣志》，序，頁 8 下—9 下，天一閣續編。

第七章　結論

　　明太祖朱元璋在元末民生凋弊與社會失序的情況下，重開漢人統治的紀元，爲確保朱明王朝的有效統治，他以「阜民財，而息民力」、「明教化，以知禮義」爲內政上的施政原則，在前者，他努力復甦社會經濟，確定以小農爲主體的社會；在後者，則以里甲制爲中心，重建一套綿密的社會控制系統。

　　里甲制度源於古老的地方聚落與宗教活動，即「里」與「社」，漢代時里爲地方行政區劃中的最小單位，「里社」的稱呼也由此確立，其祭祀活動歷唐、宋而不絕。元代時的「社」爲官方組織，由精通農業的老人爲首。朱元璋繼承這一古老的傳統，早在洪武二年(1369)即命令地方，每里一百戶內設立里社壇，次年又設立鄉厲壇，並由政府頒定統一祭文，從祭文中可知太祖是援引民間盛行的城隍信仰，以禍福感應的神道設教進行社會控制，到洪武十四年(1381)，太祖命令地方編造賦役黃冊，並把里社與祭厲統一在里甲組織中。

　　此後，太祖逐年充實里甲組織的社會控制功能，首先於

洪武十八年(1385)頒布大誥，要求「鄉里互知丁業」，緊接著於洪武二十一年(1388)頒布「教民榜文」，賦予老人對民間紛爭的裁判決斷權，並要求緝捕盜賊、懲治刁頑與為非作歹者，同時還要陳報忠孝節義等善行。此外，又命令每里各置木鐸，每月六次持鐸高呼「孝順父母、尊敬長上、和睦鄉里、教訓子孫、各安生理、毋作非為」，以勸民為善，還要每日五更擂鼓，眾人聞鼓力田，遇有婚喪吉凶之事，則互助賙給。此外，太祖還於洪武五年(1372)命令舉行古老的鄉飲酒禮，在屢次申明和補充命令之下，此一原本是行禮敬老、培養孝悌精神的聯誼活動，轉變成為「論賢良、別奸頑、異罪人」的社會控制措施。

太祖的種種規定，是基於他的教化觀，他認為民眾「循分守法，則能保身」，也就是以刑罰為後盾，以禁「末作」、「華靡」的原則，制定社會各階層相應的禮樂制度，同時要求士、農、工、商各階層更要各守其業，不許游食。這樣的觀點，配合他的強力施政，在明初經濟相對簡樸的狀況下，是能夠有效貫徹的，所以無論是當時的人，或是後來的回顧，多稱讚洪武時期的風俗醇美。

從十五世紀中葉以後，社會逐漸發生變遷，社會控制也隨之動搖，到了嘉靖以後，社會完全不同於明初的狀況，而明太祖的種種制度，也幾乎面臨瓦解。

首先是商品經濟的發展，使社會風氣由樸實趨向奢靡，

中產以上之家在飲食上，講求殽品豐富，還要歌舞相伴；在服舍器用上，是華麗多變，金碧輝煌。在婚禮方面，聘者厚取采，娶者厚索奩，使婚姻成為市道。在喪禮方面，則講究排場，宴飲成風，甚至扮演戲曲，狎妓狂謔，毫無哀戚的氣氛，更談不上儒家慎終追遠的肅穆。尤其受儒家批評的，是喪禮受風水影響，為求吉山福地，甚達數十年不葬，更有因風水而使兄弟相爭，破家成訟者。在一切以金錢為導向下，傳統價值與人倫關係也受到衝擊，人們只顧近利，而無遠憂，尤惡者，則招搖撞騙，無所不為。家族中卑脅尊，少凌長，不只同宗不相敦睦，甚至父母出賣子女，子女毆殺父母，人倫悲劇時有所聞。

社會趨向奢靡，連帶也使土地兼并盛行，貴族權豪以特權強佔土地，接受流氓「投獻」與小民「投靠」，小民失去生計則流亡；又以賦稅不均，胥吏從中謀利，官府需索無度，人民無法應付而逃離；而商品經濟的發展，也使得民眾不必完全依賴土地維生，人民容易去農而改業。這種種因素加在一起，使里甲百一十戶的編制無法維持，許多地區戶口失額，造成邑無全里，里無全甲，甲無全戶的狀況，里甲制度乃趨於瓦解。在此同時，具有教化與控制意義的地方社學，也因中央政府並未積極鼓勵，與地方官未以社學為治理的急務，使社學從正德以後就呈現出興廢不一的景況，大體而言，在十六世紀以後，地方辦理社學工作是相當不理想的。

　　風氣奢靡，里甲無存，使明初相對穩定的社會狀況不再
繼續，社會控制系統的失效，更造成社會秩序的動搖。從正
統時期開始，與流民相關的武裝暴動一波接著一波。正統時
的葉宗留、鄧茂七之亂長達四年。成化時的荊襄流民暴亂，
朝廷屢次鎮壓，屢次再起，牽連達數百萬人。正德年間四川、
河北、江西都發生暴亂，尤其河北劉六、趙燧之亂，更轉戰
於南、北直隸、山東、河南、湖廣、江西等地區。大型的武
裝暴亂，對於社會經濟的破壞甚鉅。而小型的刑事犯罪如王
侯權貴、富室土豪的為禍鄉里，流氓、光棍等人在鄉里作惡，
以及災荒造成的盜賊出沒等，都直接擾亂鄉村民眾生活，更
反映了社會秩序的急需重建。

　　明代中葉的災荒問題，也顯示太祖建立的預備倉制無法
有效執行救災工作。大體而言，明初四帝對救荒措施是比較
關注，也比較有效率的，從正統以後，則預備倉問題愈多，
諸如倉儲不足、管理不當等，而正德以後許多地區甚至連倉
庫都已毀棄無存，更談不上能發揮賑恤的功效。且即使仍有
預備倉者，其功效也因地方官的畏事、胥吏的作弊謀私，與
賑糧太少等因素而大打折扣，每有災荒發生，則更增加流民
的數量。

　　正是在這一背景下，宋代的保甲制和社倉制重新受到地
方的重視。在保甲制方面，起最大作用者，當是正德晚期王
守仁在江西的示範。社倉制則雖由朝廷命令施行，但似乎並

未能普遍落實，然而，明人仍舊認為預備倉與社倉是互補相濟的，並也代表民間社會的功能與自主性應加以確認。

保甲以維持治安為目的，社倉則以民間互助賑恤為目的，但對於社會風氣的改善，並不能直接發生效用，但是兩項制度基本上都是針對當時的特殊社會狀況，而且是採取忽略舊有制度重新建立新的鄉里組織的作法，在取得先期的經驗與政府的承認後，鄉約制度也順勢而生。

鄉約源於北宋呂大忠兄弟的創作，後經朱熹的增補，使其在集會的程序上更為完整。明初解縉曾經主張施行鄉約。而方孝孺則制定鄉族之法，從其內涵看，鄉族之法雖無鄉約之名，但已具有鄉約之實，蕭公權先生還認為方孝孺的設計，比呂氏鄉約在原則上更近於近代的地方自治。但似乎二人只是立論，而並未真有實踐。從史料上看，明代早期曾實行過的鄉約，只有廣東順德人唐豫有比較確的記載，但唐豫的鄉約相當簡單，與正德以後的鄉約並沒有承續關係。

從洪武時期以後，鄉約雖也陸續在各地出現，但主要還是從十五世紀中葉以後漸多，到了十六世紀以後則頗為盛行，特別是在正德、嘉靖兩代是實行鄉約最多的時期，主要的因素，仍然是正德以後的社會問題，促使明人普遍留意前代的經驗，這一點也從福建漳州府的例證中，得以確認，而且在正德以後實行的鄉約，對於婚喪禮俗和社會秩序方面，也多訂有條款加以規範，尤其黃佐制訂的鄉約更以冠婚喪祭

四禮為主要內容。

在鄉約的主持者方面，大部分地區的鄉約都是由地方官主持，這是鄉約制度發展到明代的第一項特點。而儒學的背景，又是明人舉行鄉約的重要資源，其中以王守仁、呂柟二人的推行尤其重要，不僅使其弟子們普遍效法，也帶起了鄉約在嘉靖時期的風行，這一點也可從江西吉安府與福建漳州府得到證實。

明代鄉約的第二項特點，是明人於推行鄉約時，特別強調明太祖對於社會控制的諸項規定，尤其重要的是把太祖命令老人持鐸勸善的「聖訓」納入其中，許多鄉約於集會時，要跪著宣讀聖訓，然後由主持者，或是請專人演講聖訓。這一規定不僅改變了鄉約的私人性質，也讓鄉約正式成為朝廷典制。而這一作法也由清代順治、康熙皇帝繼承，成為鄉約發展上極為重要的一點。

第三項特點，是明人推行鄉約，常與保甲、社學、社倉結合並行，其中尤以鄉約與保甲結合者最多，這一點與王守仁在南贛的示範有密切的關係。這項發展更反映了四者同時是為解決社會問題，取代太祖社會控制系統的失效。

從宋代以來的發展看，明代鄉約最重要的意義還是在於它改變了呂氏鄉約的私人性質，以組織言，無論是利用里甲、里社等既有的組織，或是配合保甲制的組織來推行，呈現的都是強制性地要求民眾參加，而非呂氏鄉約是依民眾的

志願，且地方官在其中扮演了主導的角色，顯示鄉約已從鄉民互約，轉而成為官約鄉民，質言之，鄉約其實已經轉變成為地方政府強制性的社會控制工具之一，這一類的鄉約可以說是以「政刑」為目的之鄉約，然而，我們也不能忽略孔子：「導之以德，齊之以禮」的主張，在鄉約中所發揮的影響，如王守仁等深受儒學陶冶的儒學家們所實行的鄉約，努力要把儒家的價值貫注其中，一方面要降低「政刑」的色彩，另一方面也希望藉由鄉約的組織力量，讓儒家教化的理想能落實在地方社區之中。

從明代儒學的發展過程看，明儒一直承受著專制政權的巨大壓力，至少在東林運動以前，明儒無法如宋儒一般高論治道、批評時政，更無法如朱子和陸象山倡言孟子「民貴君輕」與「王霸之辨」，因為早在太祖時就對孟子的「草芥」、「寇讎」等論說大為反感，要求罷其配享，還命令有諫者以「大不敬」論[1]。再加上王守仁之學在嘉靖以後屢受打擊，使得王守仁師弟們自覺地向百姓大眾講學，向廣大社會去開拓，期以建立他們心目中上比三代之治的理想境界。

余英時從更廣闊的角度論述明清儒學的思想基調，認為「民間社會的組織」、「富民論的發展」與「新公私觀的出現」三組觀念是其基調，並也成為晚清儒學家接受西方觀念的誘

[1] 《明史》，卷 139，頁 3982。

因，在這一基礎上，使今、古文兩派學者，都肯定與推行「抑君權而興民權」、「興學會」與「個人之自主」等三組西方觀念，換言之，他們是站在儒學的內部，以「格義」的方式來理解西方民主的意義[2]。

王守仁以後的儒學家在從事社會教化工作時，最常採取的方式就是興建書院，組織講會，舉行鄉約，也就是余英時說的「民間社會的組織」，也表代了明儒社會教化活動的特殊性。明儒此舉的目的，一方面是建立傳播陽明學的基地，並也兼顧士大夫和庶民階層的教化工作，另一方面則是利用組織的方式來強化他們的力量，可以說這是王門弟子們所創造的一種新「外王」事業。從學術和政治史的觀點看，中國知識分子所代表的「道」的力量，一直缺乏組織型式，因此，明儒所開創的講會、鄉約等活動，就非常具有突破性，換言之，知識分子的「道」的力量，不僅不再是獨立行使，還以組織的力量向社會開拓，在專制政權下採迂迴的方式與「勢」相抗衡。明代鄉約所具有的歷史意義，正可以從這方面來體察。

---

[2] 余英時：〈現代儒學的回顧與展望〉，文收黃俊傑等主編：《東亞文化的探索》，台北，正中書局，民國 85 年。

附錄一、明代儒學家社會教化活動表

姓名	生卒年	社會活動	資料來源
曹端	1376—1434	里中有齋醮，力不能止則上書鄉先生，請勿赴。又上書邑令，請毀淫祠，令以屬之先生，毀者百餘。年荒勸賑全活甚眾。	A，卷 44 B，卷 97
薛瑄	1389—1464	父喪，一遵古禮。四方學者從之甚眾。	B，卷 13
張傑	1421—1472	親死喪葬以禮，屏去浮屠法。	C，卷 2
吳與弼	1391—1469	弟子從遊者眾。歲凶，勸諭富民發廩賑濟。居恆執古禮。	A，卷 1 B，卷 114 C，卷 3
羅倫	1431—1478	在鄉，行鄉約，喪禮行浮屠除，盜賊息，民業安，十餘年間兼并不作，鄉俗為之一美。	B，卷 23
段堅	1419—1484	知縣任內，建書院，倡鳴周程。張朱，刊小學、孝經、論語崇正辯、文公家禮，教民俗。	A，卷 7 B，卷 96
胡居仁	1434—1484	講學於白鹿洞書院。父死，悉依古禮，不苟卜兆，在鄉區畫水利。	A，卷 2 B，卷 114
鄭伉	成化	祠墓殯葬一本家禮，設義學，立社倉。	B，卷 114
周蕙	成化	正冠婚喪祭之禮，以示學者。	B，卷 114
謝復	1441—1505	冠婚喪祭遵古禮，為鄉人倡。	B，卷 114
張元禎	1437—1507	嘗建一莊，歲置租二百石，以濟族黨，以四百石貸鄉民。	C，卷 5

姓名	生卒年	社會活動	資料來源
賀欽	1437—1510	冠婚喪祭遵家禮，教人讀白鹿洞規小學，鄉人興於行義。	B，卷 94
周瑛	1430—1518	知廣德，以緩葬溺女，著教民雜錄。	A，卷 46
張吉	1451—1518	父母死，葬祭一稽古禮。	B，卷 103
章懋	1437—1522	林居二十年，弟子日進。	A，卷 45
舒芬	1484—1527	父死，壹循朱子家禮。	B，卷 21
王守仁	1472—1528	知盧陵，選里正三老委之詞訟，立保甲，清驛供，杜巫賽。在南贛，立十家牌法，行鄉約，設社學，教子弟歌詩習禮。	B，卷 9 C，卷 8
周衝	1485—1532	知應城立十家牌法創常平倉。	B，卷 105
王承裕	1465—1538	教人以禮為先，刊布藍田呂氏鄉約、鄉儀諸書，俾鄉人由之。	B，卷 31
王艮	1483—1541	開門授徒，遠近皆至。兩救海濱之荒，活千萬人。	A，卷 32 B，卷 114
南大吉	1487—1541	知府紹興，為王守仁建書院。居喪執禮。	A，卷 29 B，卷 85
林春	1498—1541	束髮至蓋棺未嘗一日不講學。	A，卷 32
呂柟	1479—1542	與湛甘泉鄒東廓共主講席，東南學者，盡出其門。任解州判官，建書院，行藍田呂氏鄉約。	A，卷 8 B，卷 37
魏校	1483—1543	任廣東提學副使，毀淫祠，興社學，禁火化。	B，卷 70
王廷相	1474—1544	著喪禮備纂，斟酌古今定為儀式，士大夫多遵用之。	B，卷 39

姓名	生卒年	社會活動	資料來源
羅欽順	1465—1547	在鄉行鄉約，講學。	A，卷 47 B，卷 59
楊爵	1493—1549	與錢德洪、劉晴川、周怡講學。 母喪，一遵家禮。	A，卷 9 B，卷 65
戚賢	1492—1553	爲會於安定書院。	A，卷 25
歐陽德	1496—1554	以講學爲事。知六安，建書院。 在鄉，置社倉，爲立保伍法， 使相救助。	A，卷 17 B，卷 34
蔣信	1483—1559	任貴州提學，建書院。	A，卷 28
程文德	1497—1559	知安福，行鄉約，建書院。	B，卷 18
湛若水	1466—1560	足跡所至，必建書院以祀白 沙，從遊者殆遍天下。在南京， 汰定喪祭之制，頒行之，費省 而禮舉。盡毀私創庵院，僧尼 勒令歸俗。	A，卷 37 B，卷 42
黃弘綱	1492—1561	在鄉與鄒守益等講學。邑中喪 祭舊俗尙鬼，至君始還古。	A，卷 19 B，卷 47
鄒守益	1491—1562	判廣德，毀淫祠，建書院。 在鄉，建書院，助程文德行鄉 約，聯講會。	A，卷 16 B，卷 74 C，卷 8
季本	1485—1563	官凡二十餘年，所至輒聚徒講 學。在揭揚、永豐行鄉約。	B，卷 89
聶豹	1487—1563	知華亭，進諸生論學。巡撫福 建，建書院，刻傳習錄。	B，卷 39
徐問	弘治 15 進士	所蒞之處先風俗，講求禮樂。	B，卷 31
顧應祥	弘治 18 年進	巡撫雲南，頒王氏鄉約，申明	B，卷 48

姓名	生卒年	士	射禮。	
姓名	生卒年	社會活動		資料來源
黃宗明	嘉靖	任吉安知府，建白鷺洲書院，決健訟，行團甲法，修義倉。		B，卷 35
劉邦采	嘉靖	舉諸同志聚講於復古等書院。		B，卷 85
劉陽	嘉靖	與士人談學不倦。		B，卷 65
劉秉監	正德 3 年進士	任河南僉事，毀淫祠以千數。		A，卷 19
薛侃	正德 12 進士	在鄉，汲引後學，議行鄉約。		B，卷 81
王釗	嘉靖	在鄉，嘗酌古禮為圖，撤善行為規。		A，卷 19
劉曉	嘉靖	在鄉，集同志為惜陰會。		A，卷 19
魏良器	嘉靖	歸主白鹿洞，生徒數百人。		A，卷 19
張元沖	嘉靖 17 年進士	官江西，建書院，與鄒守益等聯講會。		A，卷 14
沈寵	嘉靖	在官，建書院。		A，卷 25
韓貞	嘉靖	以化俗為任，隨機指點農工商賈，從之遊者千餘。		A，卷 32
周怡	1506—1569	父喪，行古禮。		B，卷 70
錢德洪	1496—1574	在野三十年，無日不講學，江、浙、宣、歙、楚、廣名區奧地，皆有講舍。		A，卷 11
張後覺	1503—1578	為羅汝芳建書院。		A，卷 29
王畿	1498—1583	林下四十餘年，無日不講學。		A，卷 12
徐階	1503—1583	為會於靈濟宮，使歐陽德、聶豹程文德分主之，學徒雲集，至千人。任延平推官，毀淫祠，創鄉社學。		A，卷 27 B，卷 16
王襞	1511—1587	繼父講席，往來各郡，主其教		A，卷 32

姓名	生卒年	社會活動	資料來源
		事。喪祭必遵古禮。	B，卷114
羅汝芳	1515—1588	知寧國府，以講會鄉約爲治。	A，卷34
張元忭	1538—1588	喪葬悉遵古禮，盡革燕賓崇佛諸敝俗，越人化之。	B，卷19
查鐸	1516—1589	革蒲東停喪敝習，定爲葬儀。	B，卷101
王之士	1528—1590	在鄉爲十二會，行呂氏鄉約，赴會者百餘人，灑掃應對冠婚喪祭，行之惟謹。	A，卷9
姜寶	1514—1593	家居，置義田，立義學，申宗法，行鄉約，以統理族人。	B，卷36
鄧元錫	1529—1593	年十七，立社倉，春秋率族眾詣祠，舉禮恭敬。	B，卷114
耿定向	1524—1596	督學南畿，構崇正書院，延四方來學之士。	B，卷29
蕭良幹	1534—1602	水西講學之盛，蕭氏之力也。	A，卷25
劉元卿	1544—1609	在鄉以正學倡里人，建書院，西鄉諸習俗，得公一變。	B，卷35
錢一本	1539—1610	知廬陵，建王文成祠並祠鄒文莊諸人，以倡明理學爲任。	C，卷9
顧憲成	1550—1612	復東林書院，大會四方之士。	A，卷58
鄒元標	1551—1624	建書院，聚徒講學。	A，卷23
馮從吾	1556—1627	家居講學者十餘年。	A，卷41
呂維祺	1587—1641	歸，立伊雒社，修復孟雲浦講會，中州學者多從之。	A，卷54
劉宗周	1578—1645	知順天府，是興學校，申功令，講鄉約，嚴保甲，頒文公家禮，俾鄉鄙服習。	C，卷10

陳嘉謨	嘉靖 26 進士	在鄉為青原會。	A，卷 21
姓名	生卒年	社會活動	資料來源
宋儀望	嘉靖 26 年進士	知吳縣，禁水火葬，吳俗幾變。建書院與諸生講習。	B，卷 68
章潢	萬曆	搆洗堂於東湖，聚徒講學。	A，卷 24
貢安國	萬曆	主水西同善之會。	A，卷 25
張棨	萬曆	捐建水西精舍，迎錢德洪、王畿歲臨主會。	B，卷 114
梁汝元	萬曆	搆萃和堂以合族，身理一族之政，冠婚喪祭賦役，一切通其有無。	A，卷 32
耿橘	萬曆	知常熟，復虞山書院，請顧涇陽主教。	A，卷 60
劉塙	萬曆	與周汝登等講學。	A，卷 36

資料來源：

A 黃宗羲：《明儒學案》，台北，華世出版社，民國

B 焦竑：《國朝徵獻錄》，台北，學生書局，中國史學叢書。

C 沈佳：《明儒言行錄》，台北，商務印書館，文淵閣四庫全書。

附錄二：明代社學存廢表

時間	地點	存廢狀況	來源
弘治	上海縣(江蘇)	1 所	弘治上海志,卷 5
弘治	岳州府(湖南)	存	弘治岳州府志,卷 1
弘治	將樂縣(福建)	18 年建 54 所	弘治將樂縣志,卷 5
正德	順昌縣(福建)	2 所	正德順昌邑志,卷 2
正德	姑蘇(江蘇)	存,數不詳	正德姑蘇志,卷 34
正德	松江府(江蘇)	數不詳,多廢	正德松江府志,卷 13
正德	臨漳(河北)	1 所	正德臨漳縣志,卷 4
正德	新城縣(江西)	正德 9 年建 6 所	正德新城縣志,卷 6
嘉靖	蠡縣(河北)	散建於各村	嘉靖蠡縣志,建置
嘉靖	威縣(河北)	100 所	嘉靖威縣志,卷 5
嘉靖	鞏縣(河南)	廢	嘉靖鞏縣志,卷 2
嘉靖	歸德(河南)	舊每坊鄉各 1 所,今存 1 所	嘉靖歸德志,卷 4
嘉靖	永城縣(河南)	廢	嘉靖永城縣志,卷 2
嘉靖	商城縣(河南)	成化以來未有,嘉靖新建	嘉靖商城縣志,卷 7
嘉靖	輝縣(河南)	29 所	嘉靖輝縣志,卷 2
嘉靖	文登縣(山東)	廢	嘉靖寧海州志,卷 3
嘉靖	通許縣(山東)	總社學 1 所,鄉社學廢	嘉靖通許縣志,卷上
嘉靖	寧海州(山東)	2 所	嘉靖寧海州志,卷 3
嘉靖	翼城縣(山西)	廢	嘉靖翼城縣志,卷 1
嘉靖	寧國縣(安徽)	廢	嘉靖寧國縣志,卷 3
嘉靖	豐城縣(江西)	存,2 所	嘉靖豐乘,卷 5
嘉靖	南康縣(江西)	久廢嘉靖 32 年新建	嘉靖南康縣志,卷 3
嘉靖	寧州(江西)	嘉靖 12 年建	嘉靖寧州志,卷 7
嘉靖	大庾縣(江西)	6 所	嘉靖南安府志,卷 16
嘉靖	上猶縣(江西)	1 所	嘉靖南安府志,卷 16
嘉靖	六合縣(江蘇)	存,數不詳	嘉靖六合縣志,卷 3
嘉靖	沛縣(江蘇)	嘉靖 11 年建 2 所	嘉靖沛縣志,卷 2
嘉靖	如皋縣(江蘇)	12 所	靖重修如皋縣志,卷 2
嘉靖	太倉州(江蘇)	廢	嘉靖太倉州志,卷 4
嘉靖	定海縣(浙江)	廢	嘉靖定海縣志,卷 6
嘉靖	茶陵州(湖南)	廢	嘉靖茶陵州志,卷下

時間	地點	存廢狀況	來源
嘉靖	德慶州(廣東)	成化 15 年建 5 所，俱圮。嘉靖 4 年建 1 所	嘉靖德慶州志,卷 12
嘉靖	瀧水縣(廣東)	2 所	嘉靖德慶州志,卷 12
嘉靖	封川縣(廣東)	存	嘉靖德慶州志,卷 12
嘉靖	歸善縣(廣東)	3 所	嘉靖惠大記,卷 2
嘉靖	博羅縣(廣東)	9 所	嘉靖惠大記,卷 2
嘉靖	海豐縣(廣東)	4 所	嘉靖惠大記,卷 2
嘉靖	河源縣(廣東)	4 所	嘉靖惠大記,卷 2
嘉靖	龍川縣(廣東)	4 所	嘉靖惠大記,卷 2
嘉靖	長樂縣(廣東)	2 所	嘉靖惠大記,卷 2
嘉靖	清流縣(福建)	4 所	嘉靖清流縣志,卷 3
嘉靖	建寧縣(福建)	23 年建 21 所	嘉靖建寧縣志,卷 2
嘉靖	漳平縣(福建)	各鄉俱缺	嘉靖漳平縣志,卷 6
萬曆	鄒縣(山東)	28 所	萬曆兗州府志,卷 29
萬曆	泗水縣(山東)	數不詳	萬曆兗州府志,卷 29
萬曆	金鄉縣(山東)	1 所	萬曆兗州府志,卷 29
萬曆	魚台縣(山東)	廢	萬曆兗州府志,卷 29
萬曆	單縣(山東)	20 所	萬曆兗州府志,卷 29
萬曆	曹州(山東)	2 所	萬曆兗州府志,卷 29
萬曆	曹縣(山東)	19 所	萬曆兗州府志,卷 29
萬曆	定陶縣(山東)	3 所	萬曆兗州府志,卷 29
萬曆	嘉祥縣(山東)	數不詳	萬曆兗州府志,卷 29
萬曆	鄆城縣(山東)	廢	萬曆兗州府志,卷 29
萬曆	東平州(山東)	各里 1 所	萬曆兗州府志,卷 29
萬曆	汶上縣(山東)	2 所	萬曆兗州府志,卷 29
萬曆	東阿縣(山東)	24 所	萬曆兗州府志,卷 29
萬曆	平陰縣(山東)	10 所	萬曆兗州府志,卷 29
萬曆	沂州(山東)	州社學 1 所，鄉社學廢	萬曆兗州府志,卷 29
萬曆	費縣(山東)	10 所	萬曆兗州府志,卷 29
萬曆	山陽縣(江蘇)	原有 65 所，存 1 所	萬曆淮安府志,卷 6
萬曆	邳州(江蘇)	原有 47，多廢	萬曆淮安府志,卷 6
萬曆	宿遷縣(江蘇)	25 所，萬曆 5 年建	萬曆宿遷縣志,卷 2
天啓	平湖縣(浙江)	廢	天啓平湖縣志,卷 7

資料來源：天一閣藏明代方志續編

附錄三、明人實行鄉約紀錄表

時間	地點	主辦人	相關教化措施	資料來源
宣德	吉水	鄉人周敘		國朝獻徵錄,卷23
正統	順德	鄉人唐豫		西園聞見錄,卷5
正統	吉安	鄉人劉觀	冠婚喪祭,悉如朱子家禮	明史,卷282
正統	潮州	知府王源		明史,卷281
正統	蒲圻	鄉人仵瑜		國朝獻徵錄,卷35
正統	龍巖	鄉人蘇允善	行文公家禮	萬曆漳州府志
天順	濱州	知州何淡	勸農	西園聞見錄,卷97
天順	廣東	布政使林同	行文公家禮	萬曆漳州府志
成化	永豐	鄉人羅倫	正鄉俗	明史,卷179
成化	漳州	知府姜諒	立社倉、興學校、建里社壇	萬曆漳州府志
成化	武安	知縣張澤	為儒學市經史數千卷	武安縣志,卷2
弘治	吳縣	鄉人伍瓊	買地穿井,捐貲治道	涇野先生文集,卷34
弘治	夷陵	知州陳宣	去淫祠、行保甲、修儒學	弘治夷陵州志,卷5
弘治	漳浦	鄉人林堸		萬曆漳州府志
弘治	歸化	知縣姜鳳	為政剛果,務化民	嘉靖汀州府志,卷12
弘治	揚州	知府葉元		惟揚志,卷18

時間	地點	主辦人	相關教化措施	資料來源
正德	南贛	御史王守仁	行保甲、建社學	王陽明全集,年譜
正德	漳州	知府陳洪謨	修朱文公祠、修郡志	陳洪謨行狀
正德	石屏	知州黃玠		萬曆漳州府志
正德	漳州	同知黃芳	立先賢祠	萬曆漳州府志
正德	潞安	鄉人仇森	建東山書院	涇野先生文集,卷 16
嘉靖	?	鄉人吳德徵		涇野先生文集,卷 10
嘉靖	運城	御史余光	建正學書院	涇野先生文集,卷 11
嘉靖	許州	知州張良知		涇野先生文集,卷 19
嘉靖	解州	通判呂柟	建解梁書院,令耆德俊民朔望講讀會典諸禮。	國朝獻徵錄,卷 37
嘉靖	揭陽	鄉人薛侃		國朝獻徵錄,卷 81
嘉靖	諸暨	知縣朱廷立	修儒學、設義倉	國朝獻徵錄,卷 35
嘉靖	雲南	御史顧應祥	申明射禮	國朝獻徵錄,卷 48
嘉靖	泰和	鄉人曾于拱		國朝獻徵錄,卷 59
嘉靖	泰和	鄉人羅欽順		國朝獻徵錄,卷 59
嘉靖	鞏昌	知縣周滿	表貞孝、恤孤耄	國朝獻徵錄,卷 58

時間	地點	主辦人	相關教化措施	資料來源
嘉靖	鶴慶	知府馬卿	均賦役、通水利	國朝獻徵錄,卷59
嘉靖	南贛	御史陳察	行保甲、建社學	國朝獻徵錄,卷63
嘉靖	浙江	副使王文盛	建書院、禁侈靡	國朝獻徵錄,卷68
嘉靖	霍丘	知縣林一陽	與保甲法並行	國朝獻徵錄,卷83
嘉靖	泰和	鄉人歐陽德	置社倉、行保甲法	國朝獻徵錄,卷34
嘉靖	辰州	知縣程廷策	興學校	國朝獻徵錄,卷89
嘉靖	永新	知縣陸粲	與保甲並行	國朝獻徵錄,卷80
嘉靖	吉安	知府黃宗明	建書院、立義倉、行保甲	國朝獻徵錄,卷35
嘉靖	南贛	御史龔輝	行保甲	國朝獻徵錄,卷51
嘉靖	太湖	知縣羅汝芳		羅近溪先生全集,卷8
嘉靖	寧國	知府羅汝芳	建志學書院	明儒學案,卷34
嘉靖	東昌	知府羅汝芳		明儒學案,卷34
嘉靖	雲南	副使羅汝芳		羅近溪先生全集,卷8
嘉靖	藍田	鄉人王之士		明儒學案,卷9
嘉靖	安福	鄉人鄒守益	立里社、鄉厲壇	東廓文集,卷10
嘉靖	揭陽	知縣季本	聚徒講學	東廓文集,卷2

時間	地點	主辦人	相關教化措施	資料來源
嘉靖	永豐	知縣季本	聚徒講學	東廓文集,卷2
嘉靖	安福	知縣程文德	建書院、正風俗	東廓文集,卷10
嘉靖	新昌	毛姓知縣		東廓遺稿,卷2
嘉靖	南雄	知府高冕	建書院、建社學、行保甲	東廓文集,卷6
嘉靖	博羅	鄉人車霆	建祠、倡塾	歐陽南野先生文集,卷24
嘉靖	連城	知縣方進	立社學	汀州府志,卷9
嘉靖	歸化	知縣楊縉	勸民學、禁火葬、修縣志、賑貧孤	汀州府志,卷18
嘉靖	漳州	知府盧璧	興祀典、修祠廟、續修郡志	萬曆漳州府志
嘉靖	龍溪	鄉人侯任		萬曆漳州府志
嘉靖	龍巖	知縣湯相	均徭役、興水利、新廟學、修鄉賢祠、立保甲	萬曆漳州府志
嘉靖	平和	鄉人李世浩	正宗法、建聚賢堂、設義倉	萬曆漳州府志
嘉靖	詔安	知縣何春	習文公家禮、毀淫祠	萬曆漳州府志
嘉靖	海澄	鄉人張賀	倡募義勇以遏流賊	萬曆漳州府志
嘉靖	漳州	通判陳必升	另有興禮俗大要	萬曆漳州府志
嘉靖	撫州	知府曾汝檀	建五經閣、與諸生講明正學	萬曆漳州府志
嘉靖	增城	知縣朱道瀾	正風俗	增城縣志,卷3
嘉靖	溧陽	知縣王應麟	正風俗	弇州山人續稿,卷63

時間	地點	主辦人	相關教化措施	資料來源
嘉靖	太平	張姓知縣	興學校、建義倉	王龍溪全集,卷17
嘉靖	項城	知縣戚袞	建精舍、立社學、正風俗	王龍溪全集,卷20
嘉靖	貴州	御史王學益	與保甲並行	西園聞見錄,卷96
嘉靖	泰泉	鄉人黃佐	立保甲、社學、社倉法	泰泉鄉禮
嘉靖	惠安	知縣葉春及	與保甲、社學、社倉並行	石洞集
嘉靖	永新	鄉人李儼	率里人講學	吉安府志,卷29
隆慶	鹿邑	知縣張朝瑞	嚴保甲,集流移	國朝獻徵錄,卷76
隆慶	東莞	知縣張鐙	防海寇	吉安府志,卷29
隆慶	永新	知縣陳三謨	置社學、社倉	永新縣志,卷10
隆慶	寧洋	知縣董良佐	與士子講陽明學	萬曆漳州府志
隆慶	江浦	知縣王之綱	置社倉、建書院	萬曆江浦縣志,卷5
萬曆	浙川	知縣茅國縉	建倉三十七區、行保甲法	國朝獻徵錄,卷51
萬曆	金壇	劉姓知縣	行保甲法	古今圖書集成,明倫彙編交誼典卷28
萬曆	無極	知縣王之寀	建社學96所	古今圖書集成,明倫彙編交誼典卷28

時間	地點	主辦人	相關教化措施	資料來源
萬曆	丹陽	鄉人姜寶	與保甲並行	古今圖書集成,明倫彙編交誼典卷28
萬曆	永新	知縣余懋衡	建書院、立義倉、勸孝弟	永新縣志,卷10
時間	地點	主辦人	相關教化措施	資料來源
萬曆	平湖	知縣朱星耀	固城垣、立保甲	平湖縣志,卷4
萬曆	四川	副使胡直	與保甲法並行	衡廬精舍藏稿,卷10
萬曆	泰和	唐姓知縣		衡廬精舍藏稿,卷10
萬曆	六合	知縣米萬鍾	月旌其里之善良者。	嬾真草堂集,卷19
萬曆	福建	巡撫耿定向	與保甲法並行	王緱山先生集,卷12
天啓	平湖	知縣顧國寶	捕巨盜十人	天啓平湖縣志,卷13
崇禎	順天	知府劉宗周	行保甲、頒文公家禮	明儒言行錄,卷10
崇禎	贛縣	鄉民謝明登		江西通志,卷168
不詳	溧陽	郎姓知縣	修養濟院、行保甲法	嬾真草堂集,卷19
不詳	龍巖	鄉人蔣輔		萬曆漳州府志

附錄四

明代中晚期江右王門學者的鄉村運動

——以江西吉安府為中心

一、前言

明代從十五世紀中葉以後，仁、宣之治世已難繼續，國勢漸趨向衰微，政治上是宦官專權，吏治貪瀆；社會上則人民失所，暴亂頻生；國防上更是邊防不固，北敵叩關。弘治時以任用賢正，而能「滋培元氣，中外乂安」[1]。然而，後繼的正德皇帝，為國史上昏君之流，致成「宗藩蓄劉濞之釁，大臣懷馮道之心，以祿位為故物，以朝署為市廛」[2]。政治與社會各方面，均呈現腐化之敗象。

在此背景下，學術風氣也逐漸求新求變，如顧炎武(1613—82)說：

蓋自弘治、正德之際，天下之士厭常喜新，風氣之變已有所自來。而文成以絕世之資，倡其新說，鼓動海內。嘉靖以後，從王氏而詆朱子者，始接踵於人間[3]。

換言之，程朱學的「正統」地位，轉由陽明學取代。而當陽明門

---

[1] 張廷玉：《明史》，卷 183，頁 4871。

[2] 張廷玉：《明史》，卷 179，頁 4761。

[3] 顧炎武：《日知錄》，卷 20，頁 538。

徒遍布天下，大力講學，又引致各種批評，如批評陽明學說涉虛近禪、如認爲陽明所言造成天理人欲的混淆，其甚者更流於「任心而廢學，於是乎詩書禮樂輕；任空而廢行，於是乎名節忠義輕」[4]。而明末大儒如顧炎武，以明亡之悲憤，而歸咎於陽明，更使陽明學的評價，異常分歧。

陽明後學派別很多，黃宗羲(1610—95)依地域分之爲浙中、江右、南中、楚中、北方、粵閩和泰州等七個學派。其中江右王門是相當特別的一派，一則是黃宗羲極力讚揚。再則是此學派與明末的學術發展有密切的關係。三則是此派學者在鄉村中推動一些社會運動，對當地的風氣有相當的影響。在《明儒學案》中，黃宗羲敍述了江右學者共三十三人，是各學派中人數最多的，而其中又有二十二人爲吉安府人氏，可知吉安地區實爲江西王學圈的中心。本文的撰寫，即以吉安地區爲核心，試著探討以下三個較爲具體的問題：

1. 江右王門學者在思想上有哪些共同點？
2. 他們的講學具有哪些學術與社會意義？
3. 面對正德以來的社會變遷，學者們在鄉村中推行了哪些社會運動？及其所蘊涵的意義。

二、江右王門學者的思想要旨

由於王守仁(1472—1529)的「致良知」學說出於晚年，尚不及予清晰完整的鋪陳，故而留下了極大的空間，可供後人依自己的體會加以闡述，加上他強調「學貴得之於心」，並極能欣賞學

---

[4] 黃宗羲：《明儒學案》，卷 58，頁 1423—24。

生的創見，因此，守仁死後，其高弟在繼承師說和雜揉己見下，乃能卓然自立且各具特色，而黃宗羲則極力讚揚江右王門，他說：

> 姚江之學，惟江右為得其傳，東廓、念菴、兩峰、雙江其選也。……是時越中流弊錯出，挾師說以杜學者之口，而江右獨能破之，陽明之道賴以不墜[5]。

江右學者雖對王陽明的學說有著不同的詮釋，但在大原則上仍有共通之處：

1.特別強調工夫的重要，普遍反對王畿(1498—1583)的「良知現成」說。

例如鄒守益(1491—1562)以「戒慎恐懼」為闡述陽明學說的重點，他批評當時學風：

> 近來講學，多是意興。於戒懼實功，全不著力，便以為妨礙自然本體。故精神浮泛，全無歸根立命處[6]。

他認為「戒懼之學」實統攝已發未發，既是本體，也是功夫。本體乃良知之「中」，工夫即良知之「和」，正所謂「體用一原」，故為「唐虞兢業以來，相傳一派正脈」[7]。

歐陽德(1496—1554)則主張「漸修」以「頓悟」，他批評主「良知現成」者：

> 自謂寬裕溫柔，焉知非優游怠忽；自謂發強剛毅，焉知非躁妄激作。

---

[5] 黃宗羲：《明儒學案》，卷 16，頁 333。

[6] 黃宗羲：《明儒學案》，卷 16，頁 340。

[7] 鄒守益：《東廓鄒先生文集》(以下簡稱《東廓文集》)，卷 3，頁 32上，國家圖書館藏明嘉靖末年刊本。有關鄒守益的學說要旨，拙著〈明儒鄒守益的講學與論學〉曾有概述。文刊《孔孟學報》第 69 期，民國 84 年 3 月。

矯似正，流似和，毫釐不辨，離真逾遠[8]。

聶豹(1487—1563)、羅洪先(1504—64)則批評主張「良知現成」者，實際上是「以知覺為良知」，他們並認為：

依此行之，而謂無乖戾於既發之後，能順應於事物之來，恐未可也[9]。

聶、羅二人的功夫主張比較特別，他們從長久的靜坐中產生良知的神秘體驗，因此特重「靜」的功夫，如黃宗羲記載聶豹：

先生之學，獄中閒久靜極，忽見此心真體，光明瑩徹，萬物皆備。乃喜曰：「此未發之中也，守是不失，天下之理皆從此出矣。」及出，與來學立靜坐法，使之歸寂以通感，執體以應用[10]。

這樣的主張引起王畿、黃弘綱(1492—1561)等人的強烈質疑，他們認為聶豹的主張把「道」二分為「動」、「靜」，而且主靜歸寂也很類似禪悟。但羅洪先則對聶豹推崇備至，他以自己靜坐的經驗，唱和聶豹的「致虛歸寂」，更贊譽聶豹：

真是霹靂手段，許多英雄瞞昧，被他一口道著，如康莊大道，更無可疑[11]。

---

[8] 黃宗羲：《明儒學案》，卷17，頁366。

[9] 黃宗羲：《明儒學案》，卷18，頁416。

[10] 黃宗羲：《明儒學案》，卷17，頁372。

[11] 黃宗羲：《明儒學案》，卷17，頁372。我們必須注意，羅洪先的思路在晚年曾有「徹悟於仁體」的變化，他在嘉靖三十九年(1560)致書聶豹表示：他認為儒家教人，重在孝弟、謹信、愛眾、親仁、敏事、慎言等，皆是指涉具體實事以提醒人，「未嘗避諱涉於事事物物」，更「未嘗處處說寂」。可見他對於聶豹的主張有了不同的看法。參見劉桂光：〈論江右王門羅念菴之思想〉，刊《鵝湖學誌》第14期，民

　　由於二人皆非陽明及門弟子，主張又與其他王門高弟有異，故引起一些爭議，黃宗羲以同情的立場，認為聶豹「亦何背乎師門，乃當時群起而難之哉」[12]！而羅洪先「以主靜無欲為宗旨，可為衛道苦心矣」[13]。但牟宗三則有不同的看法，他認為二人誤解良知，把良知分解為「已發」與「未發」，將本屬於情感層面的喜怒哀樂移到良知本身而言[14]。又把「致良知」的「致」由擴充推致於事事物物，轉為後返歸寂，實全非陽明思路[15]。

　　2.主張「至善」，並修正王守仁的心體「無善無惡」說。

　　善、惡問題，是陽明學說中最引起爭議的部分，關鍵在於陽明晚年的「四句教」，主張本體不受善惡拘限的超越意義，正所謂：「無善無惡是心之體，有善有惡是意之動，知善知惡是良知，為善去惡是格物」[16]。王畿在「天泉證道」時，著重以「無善無惡」來理解此說，所以「心」、「意」、「知」、「物」都是「無善無惡」。又在他的大力宣揚下，「無善無惡」為之風行天下。

　　鄒守益對陽明的「四句教」則有不同的看法，在〈青原贈處〉一文中，他說「四句」是「至善無惡者心，有善有惡者意，知善知惡是良知，為善去惡是格物」，他並強調：

　　　天命之性，純粹至善，凡厥烝民，降才匪殊，為善而舜，

國 84 年 6 月。

[12] 黃宗羲：《明儒學案》，卷 17，頁 373。

[13] 黃宗羲：《明儒學案》，「師說」，頁 12。

[14] 牟宗三：《從陸象山到劉蕺山》，頁 405，台北，學生書局，民國 79 年。

[15] 牟宗三：《從陸象山到劉蕺山》，頁 304。

[16] 陳榮捷：《王陽明傳習錄詳註集評》，頁 359，台北，學生書局，民國 77 年。

為利而蹠[17]。

不只是鄒守益強調「至善」，歐陽德、聶豹、羅洪先也都有類似的主張：如歐陽德說：

> 良知者，知惻隱、知羞惡、知恭敬、知是非，所謂本然之善也。本然之善以知為體，不能離知而別有體[18]。

聶豹說：

> 若以虛靈本體而言之，純粹至善，原無惡對[19]。

羅洪先則明白宣示：

> 心之本體至善也[20]。

其他如何廷仁(1486—1551)則為陽明抒解，謂：

> 師稱無善無惡者，指心之應感無跡，過而不留，天然至善之體也[21]。

而黃弘綱則在講學時，根本不提王陽明的四句教法[22]。到了王門再傳弟子如王時槐(1522—1605)，更直接認為：

> 孟子性善之說，終是穩當[23]。

以上二點，顯示江右王門的主要學者對陽明學說的闡述，與王畿、王艮完全不同[24]。本文的重點，不在各人思路的追索，也不

---

[17] 鄒守益：《東廓文集》，卷9，頁28下。
[18] 黃宗羲：《明儒學案》，卷17，頁363。
[19] 黃宗羲：《明儒學案》，卷17，頁376。
[20] 黃宗羲：《明儒學案》，卷18，頁391。
[21] 黃宗羲：《明儒學案》，卷19，頁453。
[22] 黃宗羲：《明儒學案》，卷19，頁450。
[23] 黃宗羲：《明儒學案》，卷19，頁469。
[24] 有關陽明後學的分派，勞思光大體分為二派：一是以「良知」為現成自有，不待磨煉，王畿、王艮屬於此派；另一派強調「良知」需有一

為判別思想傳承的精駁。但是，重視功夫修養，確是使江右學派在學行上較為沉穩篤實，如黃宗羲說鄒守益「卓然守聖矩，無少畔援」[25]，不至流於王學末流之「以揣摩為妙悟，縱恣為樂地，情愛為仁體，因循為自然」[26]之缺失。

三、創建書院、倡導講學——鄉村運動之一

書院形成於唐代晚期，從宋代起逐漸發展與普及。明代的書院在初期的一百年間(洪武到天順 1368—1464)是相當沉寂的，其數量約只佔全部的 6%，一直到正德時期(1506—21)開始，書院才逐漸增多，嘉靖(1522—66)、隆慶(1567—72)、萬曆(1573—1620)三朝，為明代書院的全盛期，其總數約佔全部的 57%[27]。書院在正德以後逐漸興盛的原因，與官學的弊病和學術風氣的轉變有密切的關係，特別是王守仁和湛若水(1466—1560)與其門徒的大力講學，更重新賦予書院豐富的學術與社會意義。

段培養工夫，鄒守益、聶豹則為此派。見《中國哲學史》三上，頁 452，台北，三民書局，民國 79 年。稽文甫依出身和思想也將諸子分為二派：王畿及泰州諸子為左派，其餘為右派，此說並為大陸學者如侯外廬等繼承。見《左派王學》，頁 1，台北，國文天地雜誌社重印，民國 79 年。日本學者岡田武彥分為三派：鄒守益、歐陽德為王門正統的「修證派」，聶豹、羅洪先是折衝於朱、王的「歸寂派」，王畿、王艮為「現成派」，參見秦家懿：《王陽明》，頁 210，台北，東大圖書公司，民國 76 年。

[25] 黃宗羲：《明儒學案》，師說，頁 8。
[26] 黃宗羲：《明儒學案》，卷 19，頁 438。
[27] 曹松葉：〈宋元明清書院概況〉，刊《中山大學語言歷史研究所週刊》，

　　就書院的地理分配來看，從宋代以來，江西地區的書院數量即一直居於領先地位[28]。而明代的吉安府為江右王門的核心地區，書院數量也為全省之冠，據統計，明代江西地區的書院總數有 288 所，其中吉安府共有 74 所，佔全部的 25.69%[29]。

　　江右王門諸子大多熱心書院，如鄒守益在南直隸廣德州任地方官時就興建復初書院，後來引疾回鄉，又在安福主持興建復古、復真、連山等三所書院，並協助浙江王門弟子興建天真和九華山陽明書院。此外，他至少曾在江西的白鹿洞、懷玉、雲興等十二所書院講學，為十所書院作記[30]。

　　其他如羅洪先在吉水闢石蓮洞靜修講學，又興建正學書院。聶豹在永豐興建雲丘、求志二書院。魏良弼(1492—1575)在南昌興建丹陵書院。胡直(1517—85)在泰和與吉水兩地各興建求仁書院。劉元卿(1544—1609)在安福興建復禮、中道二書院。何廷仁和黃宏綱在雩都興建濂溪書院。鄧以讚(1542—99)在南昌建羅溪書院等等[31]，充分地顯示學者們興修書院的熱誠。我們於是要問，書院數量之多，對當地有何影響？王門諸子廣建書院的目的為何？

　　以書院的性質言，大致可以分為二類：一類以「科舉」為目

第 10 卷，頁 4521—22，民國 29 年。

[28] 曹松葉：〈宋元明清書院概況〉，刊《中山大學語言歷史研究所週刊》，第 10 卷，頁 4520—21，民國 29 年。

[29] 李才棟：《江西古代書院研究》，第五章「明代江西的書院」，南昌，江西教育出版社，1993 年。

[30] 參見李才棟：《江西古代書院研究》，頁 334。拙著：〈明儒鄒守益的講學與論學〉，頁 223。

[31] 參見李才棟：《江西古代書院研究》，第五章「明代江西的書院」。

的；一類以「講學」為目的。一般而言，以科舉為主的書院佔了大多數。但我們仍應注意：明代的科舉以四書五經為主，而講學一樣是講聖賢之學，二者在教材上很難區分，再加上各學派的主要人物，並不主張「聖學」與「科舉」是互相牴觸排斥的，所以我們很難說以「講學」為主的書院沒有科舉的意味，反之亦同。因此，「功名」與「學術」這二個要項，可以作為區分二者的主要依據，講學的書院，在理學立場上強調道德的提昇，若專求「功名」，就接近於「利欲」，正是他們最反對的。以科舉為目的書院，依官定的程、朱理學為主，成祖以後則專讀《四書大全》、《五經大全》、《性理大全》，這幾部書在學術上較少新意。而且既以科舉為主，教學方式大致與儒學的記誦、作文相近。以講學為主的書院，因為參與的學者多有創見，所以比較具有學術內涵。再則，講學的書院，常舉辦講會活動，這在科舉為主的書院中也是比較少有的。

　　以下即以「科舉」與「講學」二項主題，觀察書院對吉安地區的影響：

　　1.書院與科舉

　　明代的科舉分鄉試、會試、殿試三級，參加鄉試者的資格有四：一是國子監生。二是儒學生員。三是儒士而未入仕者。四是官之未入流者。其中第三類考生是比較特別的，《明史》記載：

> 當大比之年，間收一二異敏、三場並通者，俾與諸生一
> 體入場，謂之充場儒士。中式即為舉人，不中式仍候提
> 學歲試，合格，乃准入學[32]。

可知儒士雖可參加鄉試，但人數可能不多，然而顧炎武則提出相

---

[32] 張廷玉：《明史》，卷 70，頁 1694、卷 69，頁 1687。

反的情況，他記載景泰時陳循(1385—1462)奏陳：

> 吉安府自生員之外，儒士報科舉者，往往一縣至有二三
> 百人[33]。

反映出地方儒學並不能滿足社會需求，所以吉安地區有相當多的
儒士參加科舉，而非僅是「充場」而已。

最特別的是吉安地區不只儒士多，通過科舉的人數更多，以
進士計算，吉安府在整個明代共有 1004 人獲得進士，而江西省全
部的進士人數為 3183 人，吉安府佔了 31.54%，為全省之冠[34]，甚
至比湖北的 968 人還高，幾乎與安徽的 1036 人相當[35]，可見當地
的文風鼎盛。

科舉能否成功，雖然主要是憑個人的努力，但若能進入適當
的教育機構學習，應該是比較有利的，如著名的江西白鹿洞書院，
於弘治時邵寶(1460—1527)任江西提學副使時，就規定白鹿洞書
院要收取「山林儒士」入院肄習[36]。而以吉安當地書院數量之多，
對於儒士參加科舉，絕對是具有正面的作用，誠如晚明學者馮從

---

[33] 顧炎武：《日知錄》，卷 19，頁 489。

[34] 明代江西其他各府的進士人數與比例如下：
南昌 717 人，佔 22.52%。撫州 287 人，佔 9.01%。饒州 268 人，佔 8.41%。
臨江 211 人，佔 6.62%。廣信 206 人，佔 6.47%。建昌 134 人，佔 4.20%。
瑞州 107 人，佔 3.36%。九江 73 人，佔 2.29%。南康 55 人，佔 1.72%。
袁州 51 人，佔 1.60%。南安 24 人，佔 0.75%。贛州 29 人，佔 0.91%。
寧都 17 人，佔 0.53%。依據光緒《江西通志》，台北，華文出版社，
民國 56 年。

[35] Ping-ti Ho(何炳棣)：The Ladder of Success in Imperial China(明清社會
史論)，頁 227，台北，宗青圖書公司，民國 67 年。

[36] 邵寶：《容春堂前集》，卷 10，〈白鹿洞諭來學文〉，頁 18，《文淵

吾(1556—1627)所說：「學宮作養有限，書院教思無窮，此正補學宮所不及」[37]。又說：「雖然書院之講，固不專為科第，而即科第，亦足見書院講學之益」[38]。

科舉制度雖然有很多問題，但就制度本身而言，它終究是一項公正的制度，這項制度所具有的功能，不僅是政府選取人才的依據，也可以說是平民參與政治的重要管道，它雖然不能促進大量的社會流動，但仍然是傳統社會中個人和家族的社會地位得以上升的惟一途徑。吉安府常被稱是多「大家」、「世族」的地方，如羅洪先就說「吉水城中多世族，其聚散大抵無慮數十家」[39]，此可見書院與科舉對地方的影響。

2.書院與講學

從學術史的角度來看，書院的重要性不僅止於教育功能，尤在它繼承了孔子以來的私人講學的理想，宋代以後，更成為學者們傳播學術和交流的基地，例如朱熹、陸象山、王守仁等人，他們的學說都是在書院中思辯和傳衍的。特別是放在傳統政府設官學的目的，主要集中在「養士」和「教化」兩項政治性目標上看，書院提供給學者們「安靜」和「自由」的思想空間，就顯得尤其彌足珍貴。

王門學者在講學工作上，發展出「講會」這種特別的活動，它的特別之處有三點：

(1)它類似現在的學術研討會。講會舉行的地點通常在書院和

閣四庫全書》本。

[37] 馮從吾：〈瀧江書院記〉，收在《天下書院總志》(撰人不詳)，台北，廣文書局。

[38] 馮從吾：《少墟集》，卷 15，頁 10。《文淵閣四庫全書》本。

寺院，由多位可能分屬不同學派的學者參加，除了闡述自己的學說外，也相互探討辯析。這種講學方式大約是源自淳熙二年(1175)，由呂祖謙(1137—1181)主持，並邀請朱熹(1130—1200)、陸九淵(1139—93)參加的江西「鵝湖之會」。

(2)它具有學術團體的內涵。王門最早的講會是由王守仁在餘姚親自主持的「惜陰會」，據錢德洪(1497—1574)記載：嘉靖四年(1525)，守仁歸居餘姚，定會於當地龍泉寺的中天閣，以每月的朔、望、初八、二十三日爲聚會之期。守仁並勉勵諸生：

> 或五、六日，八、九日，雖有俗事相妨，亦須破冗一會
> 於此。務在誘掖獎勵，砥礪切磋。使道德仁義之習，日
> 親日近，則勢利紛華之染，亦日遠日疏[40]。

(3)它具有社會教育性質。講會是定期而且公開地舉行，不論年齡與職業，各階層的人士都可以參加，如王畿就曾記載南直隸的「九龍會」本來是士子的集會，後來民衆聽說人人都可以學聖賢，於是農、工、商賈皆來參加[41]。此外，學者們還利用此機會，大力推行許多社會公益活動。

江右王門學者從嘉靖初年開始，就以書院爲基地組織了許多講會，有些講會還一直延續到明代晚期，如朱國楨(萬曆 17 年進士)就曾記載：

> 江西講會，莫多於吉安，在郡有青原、白鷺之會，安福
> 有復古、復真、復禮、道東之會，廬陵有宣化、永福、
> 二卿之會，吉水有龍華、玄潭之會，泰和有粹和之會，

---

[39] 羅洪先：《念菴文集》，卷 12，〈東門徐氏族譜序〉，頁 51 上。
[40] 錢德洪：《王陽明全集—年譜》，頁 50。
[41] 王畿：《王龍溪全集》，卷 7，頁 28。

萬安有雲興之會，永峰有一峰書院之會，又有智度、敬
業諸小會時時舉行[42]。

這其中規模最大、影響層面最廣的是「復古會」與「青原會」。

安福的「復古會」源自於「惜陰會」，由劉邦采於嘉靖五年
(1526)組織的，以每偶數月份的十五日為集會日，每次聚會五天，
參與的學者有鄒守益、劉文敏、劉曉、劉陽、尹一仁、張崧、黃
旦、李挺、王釗等人。劉曉曾作〈安福惜陰會志引〉敘其始末：

> 我陽明夫子大明聖學，吾邑士從游者殆數十人，四鄉豪
> 傑駸駸興起，蓋有未及門而所立卓然者，誠一時之盛也。
> 曉之事夫子也最早，愧無以為諸君子倡，因念生也異方，
> 不能時往受教，而在鄉也，又勢各有便不能聚一，懼夫
> 離群索居固有因而怠焉者矣。乃與諸同志立為惜陰會，
> 期以各雙月望日輪，有志者若干人主供應，擇地之雅勝
> 居焉。互相切磋，務殫厥心，盡五日而散。與會者非有
> 大故，不得輒免。孔子曰：「學而不講，是吾憂也。」
> 曾子曰：「君子以文會友，以友輔仁。」而聚友惜陰，
> 尤夫子拳拳之教也[43]。

當時王守仁在浙江餘姚，聞訊，特作〈惜陰說〉勉勵諸生，強調
聖賢之志不能稍有懈怠，並諭示：

> 天道之運，無一息之或停；吾心良知之運，亦無一息之
> 或停。良知即天道，謂之亦則猶二之矣。知良知之運，
> 無一息之或停者，則知惜陰矣，則知致良知矣[44]。

---

[42] 朱國楨：《湧幢小品》，卷17，頁8。
[43] 轉引自李才棟：《江西古代書院研究》，頁325。
[44] 錢德洪：《王陽明全集—年譜》，頁57。

　　嘉靖六年(1527)，王守仁往廣西思、田平亂，路過廬陵，「寄安福諸同志」曰：

　　　　諸友始為惜陰之會，當時惟恐只成虛語。邇來乃聞遠近
　　　　豪傑，聞風而至者以百數，此可以見良知之同然，而斯
　　　　道大明之幾，於此亦可以卜之矣[45]。

此可見守仁之期勉殷切與惜陰會之持續成長。

　　嘉靖十五年(1536)，由鄒守益倡導，在安福知縣程文德的主持之下，興建了復古書院。鄒守益曾記載了所以倡建書院的原因：一是因為縣儒學狹窄，無法容納來學諸生。二是惜陰會一直無固定會所，恐一曝十寒，所以建書院，並買田資會費，以為長久之計，書院並設有堂，額其門為「惜陰」[46]。

　　復古書院建成以後，鄒守益又倡建復真、連山諸書院，並在安福四鄉組織講會，惜陰會的規模與影響隨之擴大。

　　由於江右諸子的大力講學，陽明學說在吉安地區廣為流傳，各地人士參與「惜陰會」者愈來愈多，諸子乃於每年的春秋二季在廬陵青原山舉行大會，故又有「青原會」之稱。而廬陵縣除了距吉安府治最近外，又為王守仁在龍場悟道之後首任親民官的地區，《年譜》記載他在當地「為政不事威刑，惟以開導人心為本」[47]。嘉靖六年，守仁在往廣西征途中，曾停留廬陵會見門人，所以王門諸子於此地舉行「九邑之會」亦有紀念先師的用意。

　　青原會始於嘉靖十二年(1533)[48]，主其事者有：鄒守益、羅洪

---

[45]　錢德洪：《王陽明全集—書牘》，卷 3，頁 59。

[46]　鄒守益：《東廓文集》，卷 6，〈復古書院記〉，頁 17 上。

[47]　錢德洪：《王陽明全集—年譜》，頁 8。

[48]　鄒守益記：「往歲癸巳(嘉靖十二年)，九邑同志胥會於青原，以無忘

先、聶豹、歐陽德等人，江右諸子劉邦采、劉文敏、劉曉、劉陽、
陳九川、陳嘉謨、周祉皆與會，而浙江的錢德洪、王畿還分別於
嘉靖二十七(1548)、三十五年(1556)二度率門人赴會。尤爲可貴
是，嘉靖三十五年的大會，與王守仁共倡聖學的好友湛若水(1466
—1560)，以九十歲的高齡，還親赴大會勉勵諸生。

　　青原會從嘉靖十二年起，一直持續到萬曆初期，嘉靖晚期以
後則由胡直、王時槐相繼主盟。由於規模盛大，當地還建有會館，
其中設有先賢祠崇祀王守仁，並以鄒守益、羅洪先、歐陽德、聶
豹四人陪祀，此外還有會田、會倉等設施，使該會能維持長久[49]。

　　講會既名爲「講」，則闡釋經書與辨析各家學說，自爲其主
要內容。最重要的，還是在於理學的最深切層面，正是源自於孟
子的「人皆可以爲堯舜」之對「成聖」的肯定，而人要如何才能
夠成爲聖人？依照《大學》的指示爲修、齊、治、平，所以講會
不止是學理上的闡述，尤要重視德業的精進，王門的講會大都立
有會約，鄒守益就曾在嘉靖二十八年(1549)，爲青原會重新訂定
會約，這份會約爲我們提供了解明儒講會內涵的重要資料，守益
說：

> 邇者緒山、龍溪二君自浙中臨復古，大聚於青原，考德
> 問業，將稽先師傳習之緒。而精進者寡，因循者眾，是
> 忽實修而崇虛談也。意者相規相勸之方有未至，與喜怒
> 屢遷，而自以爲任真；言動多苟，而自以爲無傷；子臣
> 弟友宗族鄉黨多少不盡分處，而自以爲無敗虧。知者不
> 肯言，言者不肯盡，而聞者亦不肯受，不幾於相率而爲

先師惜陰之訓。」《東廓遺稿》，卷8〈泰和萬安會語〉。
[49]　李才棟：《江西古代書院研究》，頁321—331。

善柔乎。……自今以往共訂除舊布新之策，人立一簿用
以自考，家立一會與家考之，鄉立一會與鄉考之。凡鄉
會之日，設先師像於中庭，焚香而拜，以次列坐，相與
虛心稽切：居處果能恭否？執事果能敬否？與人果能忠
否？盡此者為德業、悖此者為過失。德業則直書於冊，
慶以酒；過失則婉書於冊，罰以酒。顯過則罰以財，大
過則倍罰以為會費。凡與會諸友，各親書姓名及字及生
辰，下注「願如約」三字，其不願者勿強其續，願入者
勿限[50]。

上文顯示，講會注重個人的虛心檢討，並透過團體的力量以約束，
進而促成個人在道德修養上的超越。

　　從學術史的角度看，「修身」除了是「成聖」之路的首先階
段，它還含攝著傳統知識分子如何對待政治勢力的深切內涵。余
英時曾論述支持知識分子獨立於各階層之外的自覺意識，源自於
孔子提出的「道」，孔子強調「士志於道」（《論語‧里仁》）、
「篤信善學，守死善道」（《論語‧泰伯》），成為知識分子的精
神憑藉和文化責任。在「道」的客觀化過程中，知識分子無可避
免地會與政治權威所代表的「勢」，發生千絲萬縷的關係，然而，
一方面是中國知識分子的「弘道」，並沒有任何客觀形式的保障，
另一方面是在「勢」的強大壓力下，知識分子只有轉走「內聖」
之路，以自我的內在道德修養來作為「道」的保證。所以儒家論
修身，實兼顧「窮」與「達」兩層面。「達」是得君行道，可使
天下治；「窮」則不為權威所屈，以致枉「道」以從，而後者尤
為吃緊，因為不如此個人即不能維護「道」的尊嚴。從歷史的發

---

[50] 鄒守益：《東廓文集》，卷9，「惜陰申約」，頁23下—24上。

展看，當「修身」專爲「士」的標記，而政治權威也以此爲取「士」的標準時，「修身」轉而成爲進入利祿之途的手段，則必然不免要流爲虛僞，這種情形在戰國中期已經出現，如荀子就深斥當時處士「心無足而佯無欲」、「行僞險穢而強高言謹愨」(「非十二子篇」)[51]。

　　就明代而言，知識分子求利祿，枉道從勢之事，最具體地表現在科舉制度上。明代科舉規定四書五經用宋人註解，又明令在學校中推行宋、元理學，可以說是科舉、學校、理學三者的結合。此一措施，從儒家的理想角度說，則是爲「道」建立了足以落實的管道，使受聖學陶冶的知識分子，有達則兼善天下的機會。當然，實際的層面絕非如此，政治權威設學校、行科舉的目的，絕對不是單純地對「道」的尊重，毋寧更要是以威勢利祿將知識分子納入掌控的範圍內。當科舉防範日嚴，培養道德的目的即已盪然無存，儒家的格言教條都只是舞文弄墨的依據，如前面引述鄒守益說：「精進者寡，因循者衆，是忽實修而崇虛談也。」於是修身當然也只成爲虛僞，王守仁就曾感嘆：

　　科舉之法興，而忠信廉恥之風薄。上之人不能無疑於其下，而防範日密；下之人不能無疑於其上，而鄙詐日生[52]。
他更嚴厲批評說：

　　三代之衰，王道熄，而霸術昌。孔子既沒，聖學晦，而邪說橫。教者不復以此爲教，而學者不復以此爲學。霸

---

[51] 參考余英時：〈古代知識階層的興起與發展〉，收在氏著《中國知識階層史論(古代篇)》，頁 38—41，台北，聯經出版公司，民國 73 年。及〈道統與政統之間〉、〈中國知識分子的古代傳統〉，收在氏著《史學與傳統》，頁 50—53、84—90，台北，時報文化公司，民國 75 年。

者之徒，竊取先王之近似者，假之於外，以內濟其私己之欲，天下靡然而宗之，聖人之道，遂以蕪塞相倣相效。日求所以富強之說，傾詐之謀，攻伐之計。一切欺天罔人。苟一時之得，以獵取聲利之術[53]。

明人常認為興建書院的目的，在為救儒學之弊端。在知識分子「忽實修而崇虛談」的背景下，我們可清楚為何明儒要大力興建書院，正如鄒守益明白地宣示：

> 書院之建，群多士而育之，固將使之脫末學之支離，闢異端之空寂，而進之以聖賢之歸也。二三子之朝夕於斯也，其務各致其良知，勿使縈於塵而已矣。處則以是求其志，達則以是行其義。毀譽不能搖，利害不能屈[54]。

此言也明白地顯示，鄒守益已深刻地體察到「勢」與「士」之間的緊張性。

講會活動雖然以知識分子為主體，但並不是封閉性的學術團體，而是對一般大眾開放的，例如錢德洪曾記載他參加青原會的情況：

> 余其自戊申嘗與龍溪子赴青原、復古會。今九年而再至，見窮鄉邃谷雖田夫野老皆知有會，莫不敬業而安之[55]。

又，清人沈佳曾記載安福與青原講會：

> (鄒守益)等建復古、連山、復真諸書院，為四時之會，春秋二季合五郡出青原山為大會。凡鄉賢士大夫偕與，

---

[52] 錢德洪：《王陽明全集—文集》，卷3，頁60。

[53] 陳榮捷：《王陽明傳習錄詳註集評》，〈答顧東橋書〉，頁197。

[54] 鄒守益：《東廓文集》，卷5，頁12上—下。

[55] 轉引自李才棟：《江西古代書院研究》，頁327。

> 遠者年聚，近者月會。小會人百，大會人千，絳帷一啟，
>
> 雲擁星羅，或更端稟承，或籲筆述記[56]。

可見這些講會規模盛大，而且不分階層都可參與。由此，我們要問：王門諸子孜孜講學，組織講會的目的為何？有哪些特別的社會意義？

我們知道，反功利、反異端，是理學家講學的動機之一，而自元、明兩代以後，程、朱理學已是政府的「正統」之學，士宦階層都必須通過它浸潤。但是對廣大民間而言，佛、老，特別是雜揉二者的民間宗教，仍然是民眾精神寄託之所在，所以王門弟子大力講學，直接的目的是向民間傳播陽明學，間接的目的則是欲扭轉儒家和下層社會脫節的情勢，這二點也正是王門學者講學所具有的特殊社會意義。

從學術與社會的的互動關係看，朱熹「格物窮理」的成聖功夫，確實是比較重視知識的地位，具有濃厚的書卷氣，而王守仁的「良知學」，則訴諸人心所共有的一點「靈明」，由此而來的「格物」，守仁自己也說是「自童子以至聖人皆是此等工夫」，換言之，朱熹的立論主要是偏重「士」以上的階層，而王守仁的學說，則較能親近一般大眾，如王棟(1503—81)曾說：

> 自古農、工、商業雖不同，然人人皆可共學。……至秦
>
> 滅學，漢興，惟記誦古人遺經者，起為經師，更相授受，
>
> 於是指此學獨為經生、文士之業，而千古聖人與人人共
>
> 明共成之學，遂泯沒而不傳矣。天生我師，崛起海濱，
>
> 慨然獨悟，直超孔、孟，直指人心。然後愚夫俗子，不

---

[56] 沈佳：《明儒言行錄》，收在周駿富輯：《明代傳記叢刊》第四冊，頁138，台北，明文書局，民國81年。

> 識一字之人，皆知自性自靈，自完自足。不暇聞見，不
> 煩口耳，而二千年不傳之消息，一朝復明[57]。

王棟是王艮的弟子，上文爲稱頌王艮，但相當有助於理解王門弟
子向大衆講學的用意。《傳習錄》中還記載了一段王守仁師生間
相當生動的對話：

> (錢德)洪與黃正之(宏綱)、張叔謙(元沖)、汝中(王畿)，
> 丙戌(嘉靖五年)會試歸。爲先生道途中講學，有信有不
> 信。先生曰：「你們拏一箇聖人去與人講學，人見聖人
> 來，都怕走了，如何講得行？須做箇愚夫愚婦，方可與
> 人講學[58]。

這段對話正是清楚地傳達出，王守仁期勉學生們要把「良知學」
傳播到群衆中去，而且還要放下士大夫身段，融入到「愚夫愚婦」
群衆中去講學。

從實際的層面說，講學諸子要完成其目標，只靠個人的單打
獨鬥，成效終究有限，此時書院與講會就扮演了重要的角色。書
院提供了自由的學習空間，其有計畫的教育活動，讓知識分子除
了埋首科舉時文外，猶能啓迪思想，辨析學術大師思想之精華，
使理學能有更細緻的發展，如黃宗羲所說：「有明文章事功，皆
不及前代。獨於理學，前代之所不及也。牛毛繭絲，無不辨析，
眞能發先儒之未發」[59]。而組織講會，定期聚講，以集體的力量向
民間傳播理學，更可視爲一大規模的鄉村文化運動，此亦爲前代
之所不及也。

---

[57] 黃宗羲：《明儒學案》，卷 32，頁 741。
[58] 陳榮捷：《王陽明傳習錄詳註集評》，頁 357。
[59] 黃宗羲：《明儒學案》，「發凡」，頁 17。

四、組織鄉約，推行教化──鄉村運動之二

　　鄉約源於北宋陝西藍田呂大鈞兄弟的創作。呂大鈞與張載(1020—77)為同年友，但以心悅張載之學，而執弟子禮，故而錢穆先生曾說呂氏鄉約是張載〈西銘〉所呈現的理想之具體化[60]。它主要的內容有「德業相勸」、「過失相規」、「禮俗相交」、「患難相恤」等四項，目的在透過鄉里的自發力量，來提倡倫理道德、推廣地方教育、促進民眾交流與合作，並利用定期聚會，互相約束的方式，組織成一個類似的地方性自治團體。蕭公權先生曾高度評價為「空前之創制」，但由於鄉約的本質是私人的自由參與，而且約定的內容也偏重道德約束，在地方的經濟和社會秩序等事務上並無立法權，所以從「自治」的條件來衡量就不完備，並不足以構成充分的地方自治單位[61]。

　　鄉約雖從宋代出現，但並未普及，一直要到王守仁給予高度地重視，並率先施行，再加上王門弟子的大力推展，才比較能夠落實於地方。

　　王守仁於正德十三年(1534)在江西平亂，認為「民雖格面，未知格心」，所以制定了「南贛鄉約」，以下分為四點介紹之[62]：

　　1.鄉約的領導人員如約長(一人)、約副(二人)，均由民眾推選年高有德，為眾人所敬服者擔任。

---

[60] 錢穆：《宋明理學概述》，頁119，台北，學生書局，民國76年。
[61] 蕭公權：《中國政治思想史》下冊，頁570，台北，聯經出版公司，民國71年。
[62] 「南贛鄉約」收錄在錢德洪：《王陽明全集─奏議》，卷9。

2.民眾赴會為不可規避的義務。

王守仁規定：「會期以月之望，若有疾病事故不及赴者，許先期遣人告知約，無故不赴者，以過惡書，仍罰銀一兩公用。」

3.約長應會同民眾調解民事糾紛。

南贛鄉約規定：約眾如有危疑難處之事，「皆須約長會同約之人，與之裁處區畫，必當於理、濟於事而後已。不得坐視推託，陷人於惡，罪坐約長諸人。」其具體項目有七項：

(1)一應鬥毆不平之事，鳴之約長等公論是非，或約長聞之，即與曉諭詳釋，敢有仍前妄者，率諸同約，呈官誅殄。

(2)有陽為良善、陰通賊情、販買牛馬、走傳消息、歸利一己，殃及萬民者，約長等率同約諸人，指實勸戒，不悛，呈官究治。

(3)吏書義民總甲里老百長弓兵機快人等，若攬差下鄉，索求齎發者，約長率同呈官追究。

(4)投招新民，當痛自克責，改過自新。勤耕勤織、平買平賣，思同良民，約長等各宜時時提撕曉諭，如踵前非者，呈官懲治。

(5)對自新之民，毋得再懷前雠，致擾地方。約長等常宜曉諭，令各守本分，有不聽者，呈官治罪。

(6)男女宜及時嫁聚，不應論聘禮嫁妝。父母喪葬，約內之人一遵禮制。有仍蹈前非者，即於糾惡簿內書以不孝。

(7)本地大戶，異境客商，放債收息，合依常例。或有貧難不能償者，亦宜以理量寬，有等不仁之徒，輒便捉鎖磊取，挾寫田地，致令窮民無告，去而為之盜。

4.約長於開會時諮詢約眾的公意以彰善糾過。

南贛鄉約規定「彰善」、「糾過」進行的流程如下：

(1)約會之日，民眾跪聽約正宣讀告諭，然後分立東西交拜，少者各酌酒於長者。

　(2)由知約設彰善位、陳彰善簿，後由約史宣告：「某人有某善，某人能改某過，請書之，以爲同約勸。」然後由約正詢問民眾：「如何？」請民眾表示意見。

　(3)若無異議，乃請善者進彰善位，約史復謂眾曰：「請各舉所知。」若無，即由約長舉杯宣告：「某能爲某善，某能改某過，是能修其身也。某能使某族人爲某善，改某過，是能齊其家也。使人人若此，風俗焉有不厚？凡我同約，當取以爲法。」並書之於彰善簿內。善者再酌酒酬約長曰：「此豈足爲善，乃勞長者過獎。某誠惶怍，敢不益加砥礪，期無負長者之教。」約長答拜。彰善之儀式到此結束。

　(4)以同樣的過程再進行「糾過」。

　(5)二項重要儀式完成後，約眾共飯聯誼，飯畢，約正再宣言：「人孰無善，亦孰無惡。爲善雖人不知，積之既久，自然善積而不可掩。爲惡若不知改，積之既久，必至惡極而不可赦。今有善而爲人所彰，固可喜，苟遂以爲善而自恃，將日入於惡矣。有惡而爲人所糾，固可愧，苟能悔其惡而自改，將日進於善矣。然則，今日之善者，未可自恃以爲善，而今日之惡者，亦豈遂終於惡哉。凡我同約之人，盍共勉之。」約眾東西序立，交拜，退席，散會。

　爲使鄉約能順利進行，民眾能眞誠地改過遷善，王守仁特別強調民眾應共同「誘獎勵之，以興其善念」，王陽明提醒：

　　彰善者，其辭顯而決；糾過者，其辭隱而婉，亦忠厚之道也。如有人不弟，毋直曰不弟，但云：「聞某於事兄敬長之禮，頗有未盡，某未敢以信，如書之以俟。」若有難改之惡，且勿糾使無所容，或激而遂肆其惡矣。約長副等，須先期陰與之言，使當自首，眾共誘獎勸之，以興其善念，姑使書之，使其可改。若不能改，然後糾

之。又不能改，然後白之官。又不能改，同約之人，執
送之官，明正其罪。勢不能執，戮力協謀官府，請兵滅
之[63]。

與呂氏鄉約比較，南贛鄉約特別增加了約長的民事調解權與
社會秩序維護權，這也是因為王守仁在平亂後施行鄉約，必須加
強控制地方以重建秩序的特殊需要。

受到王守仁的影響，江右諸子在吉安地區也多有推動或協助
地方官施行鄉約[64]，比較重要的有三個地區：

1.永新鄉約

永新縣在陸粲擔任知縣時，開始施行鄉約。

陸粲(1494—1551)，字子餘。嘉靖五年(1526)進士，任工科
給事中，因疏奏張璁(1475—1539)、桂萼(正德6年進士)等人專擅
朝事，而謫貴州都鎮驛丞。嘉靖十二年遷永新知縣。

陸粲雖不是王門中人，但他在永新的施政，很受到當地王門
士紳的協助，如鄒守益的好友甘公亮就「為陳禦盜殛奸諸要務，
又佐之行鄉約以化俗」[65]。《吉安府志》記載了陸粲的施政成績：

---

63 錢德洪：《王陽明全集—奏議》，卷9，頁59—62。

64 吉安地區的鄉約，除了王守仁的影響外，還有其他淵源，如正統時鄉
居的劉觀(正統4年進士)「作勤、儉、恭、恕四箴，以教其家；取呂
氏鄉約表著之，以教其鄉。」《明史》卷282，頁7248。又，成化時
羅倫(1431—78)曾「居里倡行鄉約，相率無敢犯。」《明史》卷179，
頁4750。

65 順治《吉安府志》，「儒行傳」，頁431—32，台北，成文出版社，
民國65年。有關甘公亮的生平，《吉安府志》載：「甘公亮，字欽采，
永新人，正德間登進士，授兵部主事，尋上疏乞改南便養，在刑曹，
出守惠州。歸田四十餘年，獨講業於安成於青原，嘗偕東廓先生為衡

時寇熾諸境，邑不逞朋起，粲盡擒殄之。尤厚學校，禮
耆老、倡鄉約。民至今稱之[66]。

關於永新鄉約的內容，鄒守益有簡要的記述：

> 詢于大夫士之彥，酌俗從宜，以立鄉約。演聖諭而疏之，
> 凡為孝順之目六、尊敬之目二、和睦之目六，教訓之目
> 五、生理之目四、毋作非為之目十有四。市井山谷之民
> 咸欣欣然服行之[67]。

2.永豐鄉約

永豐縣的鄉約，是由聶豹等江古等子推動的，並獲得知府季
本(1485—1563)的支持。

季本，字明德，號彭山，為浙中王門弟子。正德十二年(1517)
進士，授建寧府推官。又為御史，後因事於嘉靖七年(1528)謫廣
東揭揚主簿，當時王守仁總督兩廣軍務，在廣西平亂。季本受陽
明的影響，在當地實行鄉約，並呈文王守仁，守仁稱讚他：「不
卑小官，克勤細務，使為有司皆能以是修心實舉，下民焉有不被
其澤，風俗焉有不歸乎厚者」[68]。後陞南京禮部郎中，時湛若水、
鄒守益、呂柟都在南京任職，諸子常切磋講學。

嘉靖十五年(1536)任吉安同知，因聶豹等人的要求，季本在
永豐實行鄉約，並附以當地的戶口、土地等清冊，比在廣東所施
行的更要詳細，鄒守益曾概略記載永豐鄉約的內容：

岳之遊。長洲陸侯風裁振邑中，特加敬禮，則為陳禦盜殄奸諸要務，
又佐之行鄉約以化俗。為學沉潛義理而以孝友力踐為宗。」「儒行傳」，
頁 431—32。

[66] 順治《吉安府志》，「賢侯傳」，頁 268。
[67] 鄒守益：《東廓文集》，卷 2，〈敘永新鄉約〉，頁 37 上—下。
[68] 錢德洪：《王陽明全集—奏議》，卷 10，頁 83。

　　首以洪武禮制，社屬宴誓者二，教民榜文勸道者九，曰
　尊成規也。次以約儀者二，而列其申明約法、崇尚禮教、
　經理糧差、安靖地方者四，曰酌民宜也。附以丈量縣總
　而列其鄉總者五，都總者五十有三，曰稽官成防吏蠹也。
　於是視榕城之約加詳矣[69]。

3.安福鄉約

　　安福縣的鄉約與鄒守益關係密切。鄒守益在侍從王守仁江西
平亂時，就親見南贛鄉約的施行，受此啓發，他也曾在鄉里中利
用「社壇」、「厲壇」定期祭祀的機會，於祭畢「會飲，讀誓文，
參以牌諭鄉約，彰善糾惡，以安其人。」希望能「共成吾里之善
化」[70]。但是事與願違，因爲守益的復起任官，當地的鄉約即後繼
無人，他說：「顧無官法以督之，故不能普且久，心恆疚焉。」
並感嘆：「胡不一得彭山子也！」、「胡不得一比永新也」[71]！

　　很幸運地，同窗好友程文德(1497—1559)於嘉靖十五年(1536)
擔任安福知縣，在鄒守益的大力協助下，再度施行鄉約，並參考
了永新、永豐等地的實施經驗。

　　程文德，字舜敷，號松溪，爲浙中王門弟子。嘉靖八年(1529)
進士，授翰林院編修。因坐同年楊名劾汪鋐之事而下詔獄，謫爲
信宜典史。《吉安府志》曾記載他在安福的施政：

　　　政先教化民以事，至庭諄諄開導。⋯頃之脩行鄉約，選
　　邑父老之賢者爲之長，而降尊禮之，人人思自奮，莫不
　　奉宣德意以訓警其眾，蓋三月而民俗丕變。時時集博士

---

[69]　鄒守益：《東廓文集》，卷2，頁40上—41上。
[70]　鄒守益：《東廓文集》，卷10，頁4上。
[71]　鄒守益：《東廓文集》，卷10，頁12下—13上。

弟子講學至不能容，則創復古書院居之[72]。

安福鄉約的大體內容如下：

> 首以皇祖聖訓而疏為二十四目。孝父母、敬兄長，曰以立本也。重禮節、戒驕奢、嚴內外、立族規，曰以正家也。厚積蓄、節食用、勸農桑、警游惰、禁拋荒，曰以阜財也。供貢賦，曰以昭分也。修祀典，曰以享鬼神也。崇信義、尊高年、恤孤獨、周貧困、通借貸，曰以致睦也。端蒙養、正士習，曰以育才也。息爭訟、賤欺詐、懲奸盜，曰以罰惡也。去異端，曰以淑人心也。而復為或問以衍其義，將以教于士民諸生[73]。

比較三個地區的鄉約，以永新鄉約最為詳細，共有三十七個項目，尤為特別的是，在「毋作非為」大項下有十四個項目，可見其偏重在治安方面。永豐鄉約列有五鄉、五十三都的戶口、土地清冊，是其特別之處。而安福鄉約則呈現出儒家學者的關懷，如「立族規」、「修祀典」、「正士習」、「去異端」等項目，都是理學家特別重視的。

鄉約之所以在吉安地區被推行，除了儒家學者的共同信念

---

[72] 順治《吉安府志》，「賢侯傳」，頁 265。

[73] 鄒守益：《東廓文集》，卷 10，〈廣德鄉約題辭〉，頁 23 上—下。文中記載這一鄉約是由鄒守益「以安福鄉約貽於廣德新守」，故應是安福鄉約的大體內容。鄒守益另有〈新昌鄉約序〉一文，記載瑞州府新昌縣實行鄉約：「新昌在瑞，號難治，介川毛侯以清礪不撓主於郡，而雙圻吳尹節力追古道，拔除舊習，期舉安福已試之方，擇八鄉之公直而敏者為約長約副約史約贊約成，首聖諭解，次申戒、次條約、次圖位、次十家牌式，章善糾過，其約必信，期年而俗奮然以變，恥於訟爭，以禮義相高。」《東廓遺稿》，卷 2，頁 17 下—18 上。

外，又與當地長期以來的治安不佳與盜賊頻仍有關。

　　據《吉安府志》的記載，弘治時「吉民多豪橫，不知重法，武斷鄉曲，凌轢細戶，習爲故常。」甚至「鄉民有隙，則聚衆相挺，至千人殺傷，無所憚。」知府張本到任後，採強力鎮壓方式，規定聚衆十人以上者，全部發配邊遠戍守，民衆始無敢犯者[74]。

　　此外，很多資料也都記錄吉安民衆好鬥爭訟，如羅洪先就曾說當地：

　　　其俗尚氣，君子重名，小人務訟。兼之軍民雜襲，豪猾

　　　螽騰，吏治鮮效。廬陵、泰和，最稱難理[75]。

其因素與當地世族衆多，社會關係複雜有關，羅洪先曾說：「吉安多巨族，多以閥閱相侈競」[76]我們在羅洪先的文集中發現收錄了一整卷、計二十九篇之多的〈族譜序〉類文章，可見得有許多大族子弟隨他讀書講學，從這些文章中可以知道吉安地區的大族至少有以下幾個特徵：

　　1.江西吉安、撫州等腹心地區的城鄉，大族普遍存在著。這些大族至遲在宋代已定居，此後數百年間，雖不乏分枝外遷者，但作爲開基祖地的中心(村)族，則盤根錯節，沒有大規模舉族遷移的情況，所以大族人數衆多，雄據一方。

　　2.大族由於較早對河谷、平原地區的佔有，資源較爲豐富，

---

[74] 順治《吉安府志》，「賢侯傳」，頁255。同一卷還記載弘治間安福知縣李如圭到任時，「惡民之獷悍，而猾建者一治以猛，由是奸民栗縮，相顧不敢發其私。」「賢侯傳」，頁264。

[75] 同治《吉安府志》，卷1，「地理志」，轉引自方志遠：〈明代吉安的爭訟〉，刊《江西經濟史論叢》第一輯，頁176，江西師範大學歷史系，1987年。

[76] 羅洪先：《念菴文集》，卷12，頁45下，文淵閣四庫全書。

交通條件相對優越，因此更便於與地區政治中心和市場聯繫。

　　3.大族在歷史上產生過不少的官宦，所以大族、世族又常常自稱或被稱爲「宦族」[77]。

　　這些雄據一方的大族，以各種手段擴張政治、經濟利益，以致產生大族與大族間的鬥爭，如成化時許聰在赴任吉安知府前上疏，謂吉安「強宗豪右亦不少，或互相爭鬥，或彼此侵漁，囂訟大興」[78]。更嚴重的是大族對平民土地的巧取豪奪，以及稅賦不均而引起的纏訟與不滿，下文將再論述。

　　另一方面，由於江西南部的贛州、南安二府民氣強悍，嗜勇好鬥，向稱難治[79]，當地的山區與福建、廣東、湖廣相連，盜賊出沒頻繁，社會秩序很難維持，例如兵備副使胡世寧(1469—1530)曾於正德十年(1520)疏奏表示，建昌府從成化二十三年(1487)以來，八次被閩廣盜賊流劫，其中有三次還殺擄了地方官員，並進一步由建昌而進入吉安劫掠[80]。

　　到了正德初期，由於武宗荒亂無道，太監劉瑾弄權，朝中正人遭受迫害，致使吏治大壞。影響至江西地區，乃發生了前所未有之劇烈的社會動亂。《明史》記載正德六年(1511)二月：

　　　　江西盜起。詔起陳金爲左都御史，總制軍務。……當是

----

[77] 梁洪生：〈江右王門學者的鄉族建設〉，刊《新史學》，8卷1期，1997年3月，頁65—66。

[78] 《明憲宗實錄》，卷56，成化4年7月癸未條。

[79] 《贛州府志》，卷1，頁20，載各縣之風俗：雩都縣「民易生喜怒」、會昌縣「居民抗健，嗜勇好鬥」、安遠縣「抗健難治，民性朴野」、瑞金縣「民性悍勇」、龍南縣「輕生好鬥、勇悍相角」。《天一閣藏明代方志選刊》第十二冊，台北，新文豐出版公司。

[80] 《建昌府志》，卷8，頁122。《天一閣藏明代方志選刊》。

> 時撫州則東鄉賊王鈺五、徐仰三、傅傑一、揭端三等，
> 南昌則姚源賊汪澄二、王浩八、殷勇十、洪瑞七等，瑞
> 州則華林賊羅光權、陳福一等，而贛州大帽山賊何積欽
> 等又起，官軍累年不能克[81]。

陳金(1446—1528)從次年開始用兵，半年間剿賊幾盡，俘斬近二萬人。但陳金的部隊也官貪兵殘，對當地造成極大的破壞，如史載陳金的部隊：

> 貪殘嗜殺，剽掠甚於賊，有巨族數百口闔門罹害者。所
> 獲婦女率指為賊屬，載數千艘去[82]。

正德八年(1513)春，先前投降的姚源盜賊王浩八又叛，賊眾達萬餘人，連營十餘里，後由俞諫(1453—1527)率軍圍剿，擒浩八，俘斬數千人，餘黨流竄南贛，遭當地地方官剿滅，俘斬七百餘人[83]。

正德十一年(1516)，南安、贛州府等地的盜賊峰起，《明史》記載：

> 謝志山據橫水、左溪、桶岡，池仲容據浰頭，皆稱王，
> 與大庾陳曰能、樂昌高快馬、郴州龔福全等攻剽府縣。
> 而福建大帽山賊詹師富等又起。前巡撫文森托疾避去。
> 志山合樂昌賊掠大庾，攻南康、贛州，贛縣主簿吳玭戰
> 死[84]。

這次盜亂直到正德十三年底，才由王守仁大致平定。但在次年又

---

[81] 《明史》，卷 187，頁 4961—62。

[82] 《明史》，卷 187，頁 4962。

[83] 《明史》，卷 187，頁 4963—64。

[84] 《明史》，卷 195，頁 5160。

發生了震驚朝野的寧王朱宸濠叛亂，《明史》載：

> 以李士實、劉養正為左、右丞相，王綸為兵部尚書，集
> 兵號十萬。命其承奉涂欽與素所蓄群盜閔念四等，略九
> 江、南康，破之[85]。

宸濠聲勢雖大，但王守仁用兵如神，使亂事歷四十三日而平定。
時間雖短，卻使社會動盪更加劇烈，羅洪先就曾概括道：「自明
興百六十年，江西盜起數四，莫熾於桃源，莫固於桶崗，莫大於
宸濠」[86]。

嘉靖以來，「閩廣流寇」加上贛、南好鬥之民，繼續擾亂秩
序，其中最大的一次是在嘉靖四十年(1561)。《吉安府志》記載：

> 閩廣流賊入江西境，窺新城、廣昌，轉掠萬安、泰和。
> 閏五月，參政王應時，副使汪一中領兵御之，敗績，一
> 中遂遇害，應時被擄[87]。

盜賊凌虐，社會動盪，地方政府為確保生民財產，除加強武
備與城防外，領導民眾組織鄉約以聯防互保，乃為重要的施政，
而王守仁在江西的經驗，更成為弟子們效法的成規，如羅洪先言：

> 民散無紀，或為之戍鼓，或為之保甲。變者名，不變者
> 法之餘意，鄉約又其近也。藍田而後，祖述漸眾，強半
> 彌文。然在吾鄉有五善：利禦寇，故眾樂從；世家力均，
> 故專橫絕；聽命於官，故威難相假；不攝訟，故謗無由
> 作；事已而退，各守常業，故人莫敢擅功。卒之大憝消，

---

[85] 《明史》，卷 117，頁 3595。

[86] 羅洪先：《念菴文集》，卷 16，頁 18 下。

[87] 順治《吉安府志》，「郡紀」。

外侮拒，矜棘之呼顧忌而不敢逞，殆又其近者歟[88]！

羅洪先說鄉約「利禦寇」，正與吉安地區所面臨的盜匪滋擾與武裝叛亂有關。其他「世家力均」、「聽命於官」、「不涉訟」等項，也都能針對吉安的特殊環境而發揮效用，這使得鄉約在當地很容易被接受。

對一般民眾而言，加入鄉約的直接好處，是在社會動亂時對生命財產比較能有保障。此外，鄉約在「和睦鄉里」的互助條款下，還能集合眾人的力量興辦公益活動，尤能提供鄉民實質的利益，如前述的安福鄉約中有「恤孤獨、周貧困、通借貸」等項目，就具有社會福利的義涵，我們在鄒守益的文集中，發現了利用鄉約組織從事社會救濟的具體例證：

嘉靖二十三、四年間(1544—45)，安福當地發生饑荒，鄒守益與鄉人商議，希望同約中比較富裕而有餘糧者，能捐出義穀救荒，之後決議推選公正敏捷人士主持，於八月徵集，次年三月賑發。而熱心助人者要於聚會中公開表揚，並「慶以酒，登於善籍」。反之，若「有私以市恩，虛以貿利，惰以弛事者」，於會約之日，由眾議舉罰輕重。至於若有「富而吝於出穀，貧而頑於償穀」者，因為是志願性質，只能以「皆神所弗佑也」儆告之[89]。

明代的鄉約多由地方官員主導[90]，上述江西地區的鄉約，也都是王守仁及其弟子們以地方官的身分組織鄉約，民眾的自發性降低，則明顯地改變了鄉約的私人性質，而進入公共規範的領域。

---

[88] 羅洪先：《念菴文集》，卷6，〈刻鄉約引〉，頁6下—7上。
[89] 鄒守益：《東廓文集》，卷10，頁33上—下。
[90] 王蘭蔭在明代方志中找出了十一個施行鄉約的地區，其中只有一縣是由民眾倡行，其他都是倡自地方官。參見〈明代之鄉約與民眾教育〉，

換言之，鄉約轉而多少具有些「刑政」的意味。然而，對於儒家學者而言，他們倡組鄉約的目的，乃是基於「教化」鄉里的使命感，如聶豹就認為鄉約有助於教化，因為它能「仍俗以和行為恕，崇禮以經民為仁，尊聖論以利其勢為敬為智」[91]。鄒守益更強調「古之善教天下者，必自鄉始」[92]。所以在鄉約中，他特別重視「立本」、「正家」、「阜財」、「致睦」，目的正要使人人體會「仁者以萬物為一體」，他強調：

> 約之所由興也，則仁以為基，而其廢也，則不仁為之屬階。隆古比閭州黨之仁，相保相愛，相救相賙，若心腹臂指，脈絡融液，強無凌弱，眾無暴寡，智無欺愚，合愛同敬，遷善改過，而莫知為之者。教之敝也，讒說殄行，得以媒蘗其間[93]。

此處明白可見，他們對於鄉約，並非著眼於「刑政」，而是繼承王守仁在〈拔本塞源論〉中抒發的理想，認為惟有喚醒人們的道德意識，才能達致三代之治的理想境界。

　　我們知道，明代的經濟到了中葉以後有了很大的變化，尤其是在江南地區，商品經濟和手工業的發展極為迅速，對社會風氣帶來很大的影響。據徐泓的研究，江、浙地區大體上從嘉靖時期開始，社會風氣就逐漸由明初的淳樸趨向於奢靡，這種變化表現在食、衣、住、行各方面。影響所及，首先是太祖規定的「貴賤有等」、「安分守禮」的體制無法維持，其次是建立在傳統價值

收在《明史研究論叢》第二輯，頁 279。
[91] 鄒守益：《東廓文集》，卷 10，〈鄉約後語〉，頁 13 下，
[92] 鄒守益：《東廓文集》，卷 2，頁 40 上。
[93] 鄒守益：《東廓遺稿》，卷 2，〈新昌鄉約序〉，頁 18 上—下。

上的社會秩序無法維持，一切行爲皆從利益考量，因而造成一些
混亂的現象，如富人驕縱凌人、婚姻專重錢財、敬老尊賢的風氣
不再、師生形同路人，甚至有生員毆罵師長的情形發生，而士人
爲學也只以「博科第、肥妻子」爲目的[94]。吉安地區的風俗，也同
樣地變化，據《府志》記載：

> 飲食或窮豐侈，而祭祀顧安於簡陋。宴享輒及暱狎，而
> 教養靡致夫鮮膡。逋叛之童欺孤弱趨豪勢，法吏剖折之
> 不爲衰止。而婚聘至較金多寡，娶則計粧厚薄，以婚姻
> 爲市道[95]。

這樣的風氣也影響到時人對講學的看法，例如樂安縣的董燧
(1503—1583)就是一個很好的例子。樂安縣屬撫州府，臨近吉安
府之永豐縣，故董燧自嘉靖七年(1528)爲生員時，就積極參與江
右王門學者的講學活動，先後師事聶豹、歐陽德、鄒守益、陳九
川等人。然而，卻有人公開對董燧的父親說：「兩個好秀才，不
讀書，只去講學，可惜跌下水去。」到嘉靖十年，董燧考取舉人，
仍頻頻遠游聚會，常逾年未歸，於是兩度「鄉有好事者謗燧死矣」，
後一次竟把他母親嚇得當堂昏倒。事後董父感嘆曰：

> 浮謗不足惜也，所可惜者，風俗之偸耳。商買射利四方，
> 有數年而忘返者，未蒙一謗，吾子講學四方，男子所有
> 事也，方逾歲而遽謗以死，甚哉，風俗之偸也[96]。

---

[94] 徐泓：〈明代社會風氣的變遷〉，刊《第二屆國際漢學會議論文集》，
「明清近代史組」，頁 137—159。

[95] 順治《吉安府志》，「風土志」，頁 201。

[96] 董燧：〈先考納庵翁公傳〉，《撫樂流溪董孕(胤)昂公房支譜》，轉
引自梁洪生：〈江右王門學者的鄉族建設〉，《新史學》，8 卷 1 期，
1997 年 3 月，頁 50。

兩相對照,在時人眼中,入仕與經商都在講學之上,重功利的社會風氣,具體細微地反映出來。

　　相對於社會風氣的轉趨功利奢靡,江右諸子的大眾講會和組織鄉約,以勸德規過、修身立己、反功利、反異端,就顯得格外具有意義,尤其是依照孔子立下的「身教」傳統,諸子的立身清介、行事嚴謹,不只為學生立下楷模,也突顯出處在價值變遷的時代裡,作為儒家知識分子的一分堅持。以下簡要地列出幾位學者的德行操守:

鄒守益:

　　先生溫粹寬博,士無賢不肖,悉容納攝受,隨材而牗迪之。學者望其容,冰玉皎潔,如神明之恍臨,而鄙心自消;聽其言,平易融徹,如天籟之清響,而宿蔽自釋。如春風及拂,藹然天地,生生之德,莫不心醉而神怡也[97]。

歐陽德:

　　洞達融渾,與人交不矜不激,出其肺腑,以致忠告之益。遇事處之情理曲當,真誠自然,非由矯飾。至關國家大計,艱危棼錯之際,眾相顧驚愕,先生神閒氣定,徐出片言立解[98]。

羅洪先:

　　先世田宅,盡推以與庶弟,別架數楹,僅蔽風雨。尋為水漂流,假寓田家。撫院馬森以其故所卻饋,先後數千金,復致之立室,先生不受。其門下構正學堂以居之。

---

[97] 王時槐:〈東廓鄒先生守益傳〉,收在焦竑:《國朝獻徵錄》,卷74,頁12。《明代傳記叢刊》第112冊。

[98] 順治《吉安府志》,「理學傳」,頁9上。

將卒，問疾者入室，視如懸磬，曰：「何至一貧如此？」
先生曰：「貧固自好」[99]。

劉陽：

　(任碭山知縣)待僚佐有恩意，煦煦然昆弟也，而僚佐亦
以昆弟視先生。先生褆身如寒士，時入覲裹俸金以行，
不煩民一楮。(為御史)官舍蕭然禪室，日恆蔬食，或諷先
生太儉，先生曰不聞青菜侍郎長齋御史乎[100]。

甘公亮：

　所居樸陋，雞距豚跡交於廳事，陸粲遺梓為新之，而乃
指授區畫，依然雞黍舍也。嘗戒其子曰：為士人須能忍
凍餓，乃不墮坑塹。人有懷數十金求誌銘者，公堅謝不
敏，退語人曰：吾能貧，不能為人諛墓也[101]。

劉教(師羅洪先)：

　平生清修勵行，甘貧茹澹，持身如處子，義利之防嚴於
一介。在刑署時貴溪分宜柄政，既同鄉又於分宜為年家，
顧引避不往見，散衙後其閉戶讀書[102]。

王釗(師劉曉、鄒守益)：

　三十年未嘗一日不切於朋友，朋友之善，喜成之，其未
善，則規規不以諷而以直，然其相成之意懇惻切至，即
拂耳而人不以為怨。事父孝，事伯兄如其父，率其弟共

---

[99] 黃宗羲：《明儒學案》，卷18，頁390。
[100] 順治《吉安府志》，「理學傳」，頁17下。
[101] 順治《吉安府志》，「儒行傳」，頁432。
[102] 順治《吉安府志》，「儒行傳」，頁433—34。

學，門內雍雍如也[103]。

　　學者們以嚴格地操守垂範他人，以孜孜不倦的精神推動教化，當然是有影響的，如江右晚期的學者劉元卿(1544—1609)，說他的家鄉地處安福偏遠之處而缺乏聲教，鄒守益雖曾到當地講學，但影響不大，所以風俗惡劣，「上富競勝，人重使氣，莫肯順教，豪傑者至抗吏治而強有力」，劉元卿深感為恥，因而倡建復禮書院，舉辦講會和組織鄉約。起初鄉民認為「學」是深奧的，元卿乃引地方有行誼者為例，說明「學」即是「明倫而已」，並非高遠難行，只是為與不為的差別，鄉民了解了元卿的解釋，其結果是：

> 遂相率即其家季一會，會輒引其子弟訓督之。奢者爭為簡，暴者忍辱，貪者捐其分以外之求。行之期年，風俗浸浸可觀[104]。

暫不論劉元卿所說是否誇大，但是，講會與鄉約對參與者具有團體的約束力量，再加上思想上的薰陶，至少在一定時間內，對於小範圍地區的社會風氣，還是有一定的影響。明末清初的學者施閏章，曾談及鄒守益倡建復真書院及在當地舉行講會，從他的論述中，我們可以體會講學對社會的影響，以及學者們的意圖：

> 一邑之中所在有會，歲必數舉，舉必累日，用相砥以勿懈。有入其中而戾其教者，則人目笑而背指之曰夫夫也，而與於講學者耶？其人聞之必大慚，於是君子有所誘而為善，小人有所憚而不敢為惡，淺者習威儀守繩墨，深者略言語而優入於性命，田夫、孺子、市販之徒，皆耳

---

[103] 順治《吉安府志》，「儒行傳」，頁 435。
[104] 劉元卿：〈復禮書院記〉，收在《天下書院總志》，頁 712—715。

習其言，目習其事，若日用飲食之相循不廢也，故其教
立而俗以不偷，則此數君子力也[105]。

五、清丈田地，平均賦稅——鄉村運動之三

明代中期以後，稅制出現許多弊病。

首先是太祖時登記土地的魚鱗圖冊，經過了一百多年，已無
法忠實呈現土地增減的情況，而若是因山崩、河流改道等自然現
象造成耕地減少，則倖存田地還要面臨加派的困難。不只如此，
更有些不肖胥吏故意毀棄魚鱗冊，以任意訂定土地稅則。

其次是明代土地的稅則相當複雜，江南地區尤其複雜。田有
官、民之分，又依土地性質分田地、山、蕩等種類，各類土地肥
瘠不一，又再分若干等則。一般而言官田科則高於民田，使得官
田租佃者將官田冒充民田而轉賣，官民田地版籍訛脫，疆界莫尋。
而官田買賣後就造成「戶去糧存」和「有糧無田」等「虛糧」的
情況，地方官乃責成里甲賠負。

第三是黃冊制度也生流弊。豪門富戶為了逃稅，乃有「詭
寄」、「活灑」、「花分」等手法，再加上弘治及嘉靖年間已無
「契本工墨錢」(土地買賣之契稅)項。使土地登記與稅制大亂[106]。

稅制出現問題，使地方政府收稅不足，乃把原定稅額攤派給
一般民戶，並責成糧長下鄉追徵，如嘉靖初年顧鼎臣(1473—1540)
上奏反映糧長徵稅的慘狀：

---

[105] 施閏章：〈復真書院記〉，收在《天下書院總志》，頁 711—712。
[106] 參閱賴惠敏：《明代南直隸賦役制度的研究》，頁 15—21，台北，台
灣大學文史叢刊，民國 72 年。

> 近者有司不復比較經催里甲負糧人戶，但立限敲扑糧
> 長，令下鄉追徵。豪強者則大斛倍收，多方索取，所至
> 難犬為空。孱弱者為勢豪所凌，耽延欺賴，不免變產補
> 納。至或舊役侵欠，責償新僉，一人逋負，株連親屬，
> 無辜之民死於箠楚囹圄者數百人[107]。

因此從嘉靖初年起，就不斷有人要求清丈田地[108]。

吉安府的田地與稅制也同樣出現問題，《府志》記載弘治時李如圭(？—1545)擔任安福知縣：

> 田賦之籍漫漶不理，貧者苦於虛懸，而富連阡陌，或仍
> 籍畸零。公為稱其丁糧升降之，民甚聳躍[109]。

到了正德以後，賦稅不公的問題更加嚴重，如鄒守益所記：

> 夫有田則有糧，有糧則有差，天地鬼神實鑒臨之。自奸
> 猾之巧於飛詭也，然後田存而糧隱矣；自奸猾之巧於躲
> 閃也，然後糧存而差脫矣。富連阡陌徵科不及，貧無卓
> 錐敲朴日尋，故無田之徒死於囹圄，徙於四方，隱於盜
> 賊[110]。

可知當地的社會不靖與盜賊出沒，與賦稅不公有密切的關係。

---

[107] 《明史》，食貨二，頁1898—99。

[108] 《明史》載：「嘉靖八年，霍韜奉命修會典，言：『自洪武迄弘治百四十年，天下額田已減強半，而湖廣、河南、廣東失額尤多。非撥給於王府，則欺隱於猾民。……』是時，桂萼、郭弘化、唐龍、簡霄先後疏請覈實田畝，而顧鼎臣請履畝丈量，丈量之議由此起。江西安福、河南裕州首行之，而法未詳具，人多疑憚。」食貨一，頁1882。

[109] 順治《吉安府志》，「賢侯傳」，頁264。

[110] 鄒守益：《東廓遺稿》，卷4，〈簡高中丞問丈量事宜〉，頁5上。

　　吉安地區的清丈工作，要以永新縣爲最早[111]。正德十五年
(1520)一月，王守仁在江西平宸濠之亂時，參議周文光即上書表
示：「江西田糧之弊，極於永新。」當時永新地方官已有清丈之
意，王陽明則認爲：

　　　今欲清理丈量，實亦救時切務，但恐奉行不至，未免反
　　滋弊端。……該道仍要再加區畫，曲盡物情，務仰各官
　　秉公任事，正己格物，殫知竭慮，削弊除奸，必能一勞
　　永逸，方可發謀舉事。如其虛文塞責，則莫若熟思審處，
　　以俟能者[112]。

此見陽明對清丈之愼重。

　　到了嘉靖元年(1522)，由胡偉擔任知縣，乃積極展開清丈工
作，《府志》記載了大略情形：

　　　邑歲苦虛賦，民以難輸，多流亡。(胡)偉疏奏量田更籍
　　均其賦役。命下，豪右咸稱不便，上官多沮其議，偉力
　　爭之，遂定。計分都制籍，因賦著役，不浹歲告成。轉
　　徙者復業，民至今頌思[113]。

　　永新清丈的成功，鼓舞了同受虛糧之苦的安福縣，如鄒守益
就曾說：「敝邑虛糧至七八千石，糧里當役往往逃亡」[114]。查《府
志》記載，萬曆時安福縣的稅糧共計約 62000 石[115]，則虛糧約佔

---

[111]　鄒守益說：「茲永新首告成功，而安福永豐廬陵吉水以次告成。」《東
　　廓遺稿》，卷2，〈萬安丈田獎績序〉，頁34上。
[112]　錢德洪：《王陽明全書—奏議》，卷9，〈清理永新田糧〉，頁68。
[113]　順治《吉安府志》，「賢侯傳」，頁268。
[114]　《東廓遺稿》，卷7，〈簡張淨峰中丞——再復五條〉，頁10下。
[115]　官米 18750 石、民米 40312 石、夏稅米麥 2935 石，共計約 62000 石。
　　順治《吉安府志》，「戶賦志」，頁224—225。

全部的 12—13%。因此，在鄒守益等有心人士與地方官的努力下，
自嘉靖十一年(1532)起開始辦理，歷時三年才完成。首其事者是
危嶽(？—1535)，時任吉安府推官，署安福篆，《府志》記載他：

> 力行丈田，豪猾不敢逞志。嘗疋馬入山谷間履畝抽丈，
> 不憚險阻。簡淡無異儒生，竟卒於官，囊篋罄然，無以
> 為斂，士民哀之[116]。

安福縣在丈量的過程中，當然有許多反對意見，如有人認為
更張過大，恐貽民患，更有認為不須重新丈量，只須建造「推收
冊」即可。

查「推收冊」是每年土地所有權變更的記錄冊，它只須登記
田畝數字而不必編造坵段圖冊，換言之，「推收冊」只是呈現土
地的數字，若是應付官場行政檔案的建立，是足夠的，但對賦役
負擔的均平，卻毫無作用，因為「推收冊」不用編造地籍圖，所
以無法追索地主，更無法覈實飛灑詭寄等弊端，所以豪門形勢之
家主張推收，而具有實際行政經驗和關心小民生計的官員們必會
極力反對，如南宋朱熹便遇到同樣的情況[117]，鄒守益也有同樣的
看法，他曾去函吉安知府楊彝表示：

> 今既廢閣丈量，必須以推收造冊，飛詭之虛糧何以覈

---

[116] 順治《吉安府志》，「賢侯傳」，頁 256。又，鄒守益還曾記載：「侯
閱故籍，詢土宜，盡得其為奸株，迺誕告于庶民曰，綺羅之豪坐享其
粟，…於是分野授任，布令陳教，三其籍以防奸，四其壤以定則，十
其眾以同好惡，五其會以廣耳目，一之于神明以祓心志，四境之內惕
然欣然夙夜服其事。…嗚呼，侯之體國恤民，以遺愛於吾邦，可謂斃
而後已。」《東廓文集》，卷 3，頁 8 下—9 下。

[117] 何炳棣：《中國歷代土地數字考實》，頁 46—47，台北，聯經出版公
司，民國 84 年。

之？逃絕貧乏之里甲何以處之？更望與俟齋公(危嶽)一
留意焉，救得一分則民受一分之賜矣，所可慮者，奸人
之計神出鬼沒，或請以丈量推收雜然並行[118]。
在致楊彝的另一函中，守益希望丈田能儘速完成，他說：

　　若復曠日持久，必將以舊冊徵糧，則每圖虛貼將及百
兩，積二百餘圖，不啻萬金，而奸民猾胥仍食萬金之利
矣。欲望轉達下情，將督丈諸生考畢先令，各執其事，
曲加誘獎，以堅其初心。……速下令於民，凡稱枉者，
使從實具報，某號廣狹失實、某段肥瘠不平，各具甘結，
不致虛誕，選委廉能官督同諸生臨田覈覆，而虛者必罪
無縱，則得實者可以自辨，而無情者不敢以肆[119]。

從以上二段引文，可知：

1.安福丈量不採手續較簡易的推收法，而花費相當大的工夫
重新編製了魚鱗圖。

2.動員了地方生員協助辦理。

3.採取民眾自行陳報，再由政府覆覈的方式。

依嘉靖初年顧鼎臣的上奏，原本是建請各地的丈量，即為魚
鱗圖冊的重編[120]，但事實不是如此，大部分地區並未落實規定，
只有如安福等少數地區的丈田，確實是認真執行重編魚鱗圖冊，

---

[118] 鄒守益：《東廓遺稿》，卷7，〈簡楊几川郡侯〉，頁4上—下。
[119] 鄒守益：《東廓遺稿》，卷7，〈簡楊几川郡侯〉，頁3上—下。
[120] 嘉靖時「顧鼎臣上錢糧積弊四事：一曰察理田糧舊額。請責州縣官，
於農隙時，令里甲等倣洪武、正統間魚鱗、風旗之式，編造圖冊，細
列元額田糧、字圩、則號、條段、坍荒、成熟步口數目，官為覆勘，
分別界址，履畝檢踏丈量，具開墾改正豁除之數。刊刻成書，收貯官
庫，給散里中，永為稽考。」《明史》，食貨二，頁1898—99。

這也可能是爲什麼鄰近縣分丈田不用一年可成[121]，而安福卻長達三年，而後續整理與編印糧總圖冊的工作，又歷經四位知縣，花了近八年時間，到嘉靖二十二年(1543)才完成[122]。另外，安福糧總圖冊又附加了里甲均徭等內容，並發給每一民戶，可以說是結合魚鱗圖冊與黃冊的要項，讓政府與民眾均有依據，鄒守益說：

> 安福之刻縣總，自松谿程侯文德始，按丈田之籍而提其要，以周民數、以覈賦稅、以均事役。奸豪無所覬，貧弱無所疚，而胥吏無所搖[123]。

田地清丈涉及豪門地主與胥吏的切身利益，他們自然會多方施壓反抗，而地方官爲免得罪巨室而招至訕謗，或是畏憚勞苦而無功，也多以消極態度面對，如鄒守益就清楚地說：

> 郡邑民生之蠱，莫酷於虛賦，而攻療之良，莫要於丈量，然亦莫難於丈量[124]。

既謂「莫要於丈量」，但又「莫難於丈量」，可見其中有太多的利害關係糾結難理。前節已述吉安地區多世族與宦族，經濟與政治利益的結合，反對清丈的力量自然強大，但從嘉靖初年開始，各縣仍能陸續進行丈量，除了虛糧問題嚴重，使地方官不得不正

---

[121] 吉安府的萬安縣五月完成，撫州府的樂安縣約一年完成。見《東廓遺稿》，卷 2，〈萬安丈田獎績序〉，頁 34 上—下；卷 4，〈撫州府樂安縣丈田記〉，頁 13 下—14 下。

[122] 鄒守益：《東廓遺稿》，卷 3，頁 28 下—29 下。

[123] 鄒守益：《東廓文集》，卷 3，頁 35 下。鄒守益還說：「本縣虛糧久爲民害，上界丈量既成，造實徵定本，程松溪復將圖總刻而戶頒之，今景山李尹加意推收，亦已刻行矣，盡消過徵過納之弊。」《東廓遺稿》，卷 7，頁 11 下。

[124] 《東廓遺稿》，卷 2，〈萬安丈田獎績序〉，頁 33 下—34 上。

視外，很關鍵性的力量是來自王門學者的支持，地方官如季本、
程文德等人，士紳如鄒守益、劉邦采的大力協助安福縣丈量[125]，
羅洪先協助吉水縣的丈量[126]等等。他們透過自己的社會聲望與人
際網絡，影響上層官員，希望由公權力的強制執行來貫徹丈量工
作，例如鄒守益在他的遺稿中，留下多封給本縣和本府地方官的
書信，包含他對安福的賦役、丈田、禦寇、賑災等事項的建言[127]。

　　尤為特別的是，王門弟子在江西大力舉辦講會，這一學術團
體更提供了他們影響地方政務的組織性力量，讓我們看看鄒守益
的一段文字：

> 　　嘉靖癸丑(三十二年)，同志聚於青原，切磋萬物一體之
> 學。樂安諸友言其邑虛糧，如倒懸不可解，好義者籲天
> 閽求丈量甦之，而所司憚煩勞廢閣几案，至鬻產市屋無
> 告也。時今中丞鍾陽馬公分守湖東，執訊高日，仁人在
> 高位，為邑人請命。……邑尹郭子楠謀諸邑士夫，遣諸
> 生詣安福，問已試之政，而屬其丞簿尉，分鄉以抽丈，
> 分局以收冊，樹疆界，均官民奠寄庄，期年而完矣[128]。

---

[125] 劉邦采對丈田的關注，見於鄒守益的記載，見《東廓遺稿》，卷7，
〈簡高中丞問丈量事宜〉，頁5上—下。

[126] 參見拙著：〈明儒羅洪先的理學與實踐〉，刊《國際人文年刊》，第
6期，民國86年6月，頁239。

[127] 參閱鄒守益：《東廓遺稿》，卷7。

[128] 《東廓遺稿》，卷4，〈撫州府樂安縣丈田記〉，頁13下—14下。
又，危嶽在安福丈田時，也曾利用講學期勉諸生協助，鄒守益載：「集
諸生以講萬物一體之學，因屬以核田曰：『虛糧之病亟矣。予為父母
而弗療，罪實在予，二三子為昆弟子姓而弗協以療，將誰執其咎。』
諸生惕服其勞，相與演繹，以告於四方。」鄒守益：〈竹園劉氏義田

由以上敘述，可見安福丈田的經驗也傳於樂安。尤其重要是，此文揭示了王門講會不只是地方學者們的學術聚會，它更整合了地方官員與鄉紳菁英，使講會所討論的議題擴大至地方的公共事務。它所代表的意義有二點相當值得重視：一則是王門諸子藉由講會，分享地方政府的控制權。二則是晚明「東林運動」之興起，可由此時尋其端倪。

六、結論

本文論述江右王門學者，在吉安地區所進行的提倡講學、成立講會、組織鄉約、清丈田地等工作。從外在的環境看，這些事項明顯的是為了應對正德、嘉靖以來所發生的種種社會變遷，如知識分子只重利祿，不顧道德修養，如社會風氣奢靡，豪門與官員勾結逃稅，使貧民生活無依，致使盜賊頻生，社會動盪等等。再由於王守仁在江西的講學與功業，使他的學說在吉安地區存有極大的影響力，甚至在嘉靖初年當地的官員與士紳大部分都是王學中人，而陽明學作為一套取代程朱正統之學的理論，它具有廣泛的適用性和直截的方法論，因而很容易地成為地方官員與鄉村菁英獲致共識的基礎，進而提昇為推動地方事務的理念，當然這套理念的基礎，仍是基於儒家傳統的「內聖外王」以達致三代之治的理想境界，如鄒守益就曾宣示：

> 夫皇之建極以福民也。公孤至於大夫師長，所以承而宣之也。故不匱其財曰富，不傷其生曰壽，不擾其安曰康

記〉，此文在《東廓文集》中未收，轉引自梁洪生：〈江右王門學者的鄉族建設〉，《新史學》，8卷1期，1997年3月，頁74。

> 寧，不弛其教曰好德，不虧其天彝曰考，終繫古之道也，
> 而知恤者鮮矣。吾邑之運既否而將亨，虛賦蠲矣，積寇
> 掃矣，群役平矣，鄉約立矣，書院創矣，嗣是而勤恤之，
> 以移於百世，雖三代不難復也[129]。

我們從諸子的言行中，也再再感受到他們因為對於現狀的不滿，希望經由自己的努力推動，以建立心目中理想的社會秩序與制度，從廣義的角度言，這些工作已具有社會運動(social movements)的意涵。

另外，江右學者對王守仁「無善無惡」說的反省與修正，對工夫修養的重視，以及利用講會和鄉約的組織，討論公共事務，進而參與地方政治，都顯示出他們不是書齋裡的學究，或是用高談性命以掩飾無行，他們更具體地將其生命與學問落實於社會人群，從學術史的角度說，這除了顯示他們與王學末流之有別外，並對晚明東林學派的學說與行為有著啟發性的作用。

---

[129] 鄒守益：《東廓遺稿》，卷 3，頁 29 下—30 上。

參考文獻

一、方志(依時間順序)

弘治《永平府志》，上海，上海書店，天一閣藏明代方志選輯續編(以下簡稱「天一閣續編」)。

弘治《句容縣志》，台北，新文豐出版公司，天一閣藏明代方志選輯(以下簡稱「天一閣初編」)。

弘治《夷陵州志》，上海，上海書店，天一閣續編。

弘治《樂將縣志》，上海，上海書店，天一閣續編。

正德《永康縣志》，上海，上海書店，天一閣續編。

正德《姑蘇志》，上海，上海書店，天一閣續編。

正德《松江府志》，上海，上海書店，天一閣續編。

正德《南康府志》，台北，新文豐出版公司，天一閣初編。

正德《建昌府志》，台北，新文豐出版公司，天一閣初編。

正德《常州府志續集》，上海，上海書店，天一閣續編。

正德《新城縣志》，上海，上海書店，天一閣續編。

正德《饒州府志》，上海，上海書店，天一閣續編。

嘉靖《六合縣志》，上海，上海書店，天一閣續編。

嘉靖《永豐縣志》，台北，新文豐出版公司，天一閣初編。

嘉靖《永城縣志》，上海，上海書店，天一閣續編。

嘉靖《汀州府志》，上海，上海書店，天一閣續編。

嘉靖《如皋縣志》，上海，上海書店，天一閣續編。

嘉靖《安吉州志》，上海，上海書店，天一閣續編。

嘉靖《吳江縣志》，台北，學生書局，中國史學叢書。

嘉靖《沛縣志》，上海，上海書店，天一閣續編。

嘉靖《始興縣志》，上海，上海書店，天一閣續編。

嘉靖《昌樂縣志》，上海，上海書店，天一閣續編。

嘉靖《長泰縣志》，上海，上海書店，天一閣續編。

嘉靖《南康縣志》，上海，上海書店，天一閣續編。

嘉靖《南畿志》，台北，學生書局，中國史學叢書。

嘉靖《南雄府志》，上海，上海書店，天一閣續編。

嘉靖《威縣志》，上海，上海書店，天一閣續編。

嘉靖《建寧縣志》，上海，上海書店，天一閣續編。

嘉靖《徐州志》，台北，學生書局，中國史學叢書。

嘉靖《涇縣志》，上海，上海書店，天一閣續編。

嘉靖《海門縣志》，台北，新文豐出版公司，天一閣初編。

嘉靖《茶陵州志》，上海，上海書店，天一閣續編。

嘉靖《袁州府志》，上海，上海書店，天一閣續編。

嘉靖《商城縣志》，上海，上海書店，天一閣續編。

嘉靖《惟揚志》，台北，新文豐出版公司，天一閣初編。

嘉靖《清流縣志》，上海，上海書店，天一閣續編。

嘉靖《通許縣志》，上海，上海書店，天一閣續編。

嘉靖《章丘縣志》，上海，上海書店，天一閣續編。

嘉靖《惠大記》，上海，上海書店，天一閣續編。

嘉靖《瑞金縣志》，台北，新文豐出版公司，天一閣初編。

嘉靖《鉛山縣志》，上海，上海書店，天一閣續編。

嘉靖《寧州志》，上海，上海書店，天一閣續編。

嘉靖《寧國縣志》，上海，上海書店，天一閣續編。

嘉靖《漳平縣志》，上海，上海書店，天一閣續編。

嘉靖《福寧縣志》，上海，上海書店，天一閣續編。

嘉靖《儀封縣志》，上海，上海書店，天一閣續編。

嘉靖《增城縣志》，上海，上海書店，天一閣續編。

嘉靖《廣信府志》，上海，上海書店，天一閣續編。

嘉靖《德州志》，上海，上海書店，天一閣續編。

嘉靖《德慶州志》，上海，上海書店，天一閣續編。

嘉靖《鞏縣志》，上海，上海書店，天一閣續編。

嘉靖《興寧縣志》，上海，上海書店，天一閣續編。

嘉靖《濮州志》，上海，上海書店，天一閣續編。

嘉靖《翼城縣志》，上海，上海書店，天一閣續編。

嘉靖《歸德志》，上海，上海書店，天一閣續編。

嘉靖《豐乘》，上海，上海書店，天一閣續編。

嘉靖《羅田縣志》，上海，上海書店，天一閣續編。

嘉靖《蠡縣志》，上海，上海書店，天一閣續編。

嘉靖《贛州府志》，台北，新文豐出版公司，天一閣初編。

隆慶《臨江府志》，台北，新文豐出版公司，天一閣初編。

隆慶《寶應縣志》，上海，上海書店，天一閣續編。

萬曆《丹徒縣志》，上海，上海書店，天一閣續編。

萬曆《江浦縣志》，上海，上海書店，天一閣續編。

萬曆《杭州府志》，台北，學生書局，中國史學叢書。

萬曆《長洲縣志》，台北，學生書局，中國史學叢書。

萬曆《兗州府志》，上海，上海書店，天一閣續編。

萬曆《宿遷縣志》，上海，上海書店，天一閣續編。

萬曆《淮安府志》，上海，上海書店，天一閣續編。

萬曆《通州志》，台北，新文豐出版公司，天一閣初編。

萬曆《會稽縣志》，上海，上海書店，天一閣續編。

萬曆《嘉定縣志》，台北，學生書局，中國史學叢書。

天啓《平湖縣志》，上海，上海書店，天一閣續編。

崇禎《吳縣志》，上海，上海書店，天一閣續編。

順治《吉安府志》，台北，成文出版社，民國 65 年。

光緒《江西通志》，台北，華文出版社，民國 56 年。

二、文集

陳俊民輯：《藍田呂氏遺著輯校》，北京，中華書局，1993 年。

朱　熹：《朱子大全》，台北，中華書局，四部備要。

王守仁：《王陽明全集》，台北，宏業書局，影印民國二四年刊本。

王世貞：《弇州山人續稿》，台北，文海出版社，明人文集叢刊。

王世貞：《弇山堂別集》，台北，學生書局，中國史學叢書。

王　衡：《王緱山先生集》，台北，文海出版社，明人文集叢刊。

王　畿：《王龍溪全集》，台北，華文書局，民國 59 年。

朱元璋：《明太祖御製文集》，台北，學生書局，中國史學叢書。

呂　柟：《涇野先生文集》，國家圖書館藏，明嘉靖 34 年刊本。

呂　柟：《涇野子內篇》，台北，商務印書館，文淵閣四庫全書。

周汝登：《東越證學錄》，台北，文海出版公司，明人文集叢刊。

邵　寶：《容春堂集》，台北，商務印書館，文淵閣四庫全書。

胡　直：《衡廬精舍藏稿》，台北，商務印書館，文淵閣四庫全書。

唐順之：《荊川集》，台北，商務印書館，文淵閣四庫全書。

海　瑞：《海瑞集》，北京，中華書局，1981 年。

耿定向：《耿天臺先生文集》，台北，文海出版社，明人文集

　　　　　叢刊。

孫承恩：《文簡集》，台北，商務印書館，文淵閣四庫全書。

陸　粲：《陸子餘集》，台北，商務印書館，文淵閣四庫全書。

程文德：《程文恭公遺稿》，故宮博物院藏，明萬曆 12 年刊
　　　　　本。

馮從吾：《少墟集》，台北，商務印書館，文淵閣四庫全書。

葉春及：《石洞集》，台北，商務印書館，文淵閣四庫全書。

鄒元標：《願學集》，台北，商務印書館，文淵閣四庫全書。

鄒守益：《東廓鄒先生文集》，國家圖書館藏，明嘉靖末年刊
　　　　　本。

鄒守益：《東廓鄒先生遺稿》，國家圖書館藏，明嘉靖末年刊
　　　　　本。

歐陽德：《歐陽南野先生文集》，國家圖書館藏，明嘉靖 37
　　　　　年刊本。

蔡　清：《虛齋蔡先生文集》，台北，文海出版社，明人文集
　　　　　叢刊。

歸有光：《震川文集》，台北，中華書局，四部備要。

聶　豹：《雙江聶先生文集》，國家圖書館藏，明嘉靖年間刊
　　　　　本。

魏　校：《莊渠遺書》，台北，商務印書館，文淵閣四庫全書。

羅汝芳：《旴江羅近溪先生全集》，國家圖書館藏，明萬曆 46
　　　　　年刊本。

羅　倫：《一峰文集》，台北，商務印書館，文淵閣四庫全書。

羅洪先：《念菴文集》，台北，商務印書館，文淵閣四庫全書。

羅欽順：《整菴存稿》，台北，商務印書館，文淵閣四庫全書。

顧起元：《嬾眞草堂集》，台北，文海出版社，明人文集叢刊。

顧炎武：《顧亭林詩文集》，台北，漢京文化公司，民國 73
　　　　年。

三、重要史料

《明實錄》，台北，中央研究院歷史語言研究所。

王士性：《廣志繹》，北京，中華書局，元明史料筆記。

申時行：重修《大明會典》，台北，新文豐出版公司，影印
　　　　萬曆十五年刊本。

朱國楨：《湧幢小品》，台北，新興書局，筆記小說大觀。

何良俊：《四友齋叢說》，北京，中華書局，元明史料筆記。

吳相湘編：《明朝開國文獻》，台北，學生書局，中國史學叢
　　　　書。

呂　坤：《呂公實政錄》，台北，文史哲出版社，影印清嘉慶
　　　　年間刊本。

李　贄：《續藏書》，台北，學生書局，民國 75 年。

李　詡：《戒庵老人漫筆》，北京，中華書局，元明史料筆記。

沈德符：《萬曆野獲編》，台北，新興書局，筆記小說大觀。

徐學聚：《國朝典彙》，台北，學生書局，中國史學叢書。

笑笑生：《金瓶梅》，台北，三民書局印行。

袁　袠：《世緯》，台北，新興書局，筆記小說大觀。

張　萱：《西園聞見錄》，台北，明文書局，明人傳記叢刊。

張　鹵：《皇明制書》，台北，成文出版社，民國 58 年。

張　陛：《救荒事宜》，台北，新興書局，筆記小說大觀。

許孚遠編：《皇明經世文編》，台北，國聯圖書公司，影印崇
　　　　　禎間刊本。

陳良謨：《見聞記訓》，台北，新興書局，筆記小說大觀。

陳治本：《皇明寶訓》，台北，學生書局，中國史學叢書。

陸　容：《菽園雜記》，北京，中華書局，元明史料筆記。

章　潢：《圖書編》，台北，商務印書館，文淵閣四庫全書。

焦　竑：《玉堂叢語》，北京，中華書局，元明史料筆記。

焦　竑：《國朝獻徵錄》，台北，學生書局，中國史學叢書。

黃　佐：《泰泉鄉禮》，台北，商務印書館，文淵閣四庫全書。

黃宗羲：《明儒學案》，台北，華世書局，標點本。

黃宗羲：《明夷待訪錄》，台北，新興書局，國學基本叢書。

黃省曾：《吳風錄》，台北，新興書局，筆記小說大觀。

葉　盛：《水東日記》，台北，學生書局，中國史學叢書。

葉　權：《賢博編》，北京，中華書局，元明史料筆記。

管志道：《從先維俗議》，台北，新文豐出版公司，叢書集成。

談　遷：《國榷》，台北，鼎文書局，新校本。

謝肇淛：《五雜俎》，台北，偉文出版公司。

顧起元：《客座贅語》，北京，中華書局，元明史料筆記。

沈　佳：《明儒言行錄》，台北，商務印書館，文淵閣四庫全書。

顧炎武：《日知錄》，台北，文史哲出版社，民國 68 年。

張廷玉：《明史》，台北，鼎文書局，新校本。

陳夢雷編：《古今圖書集成》，台北，文星書店，民國 53 年。

趙　翼：《廿二史劄記》，台北，華世出版社，民國 66 年。

龍文彬：《明會要》，台北，世界書局。

四、時人著作

1.專書

王天有：《明代國家統治機構研究》，北京，北京大學出版社，1992 年。

王春瑜：《明清史散論》，上海，東方出版中心，1996 年。

王貴民：《中國禮俗史》，台北，文津出版社，民國 82 年。

王爾敏：《明清社會文化生態》，台北，商務印書館，民國 86 年。

牛建強：《明代中後期社會變遷研究》，台北，文津出版社，民國 86 年。

江西師範大學歷史系編：《江西經濟史論叢》第一輯，江西，

江西師範大學，1987年。

牟宗三：《從陸象山到劉蕺山》，台北，學生書局，民國79年。

何炳棣著，葛劍雄譯：《1368—1953中國人口研究》，上海，上海古籍出版社，1989年。

何炳棣：《中國歷代土地數字考實》，台北，聯經出版公司，民國84年。

余英時：《中國知識階層史論(古代篇)》，台北，聯經出版公司，民國73年。

余英時：《史學與傳統》，台北，時報文化公司，民國75年。

余英時：《中國思想傳統的現代詮釋》，台北，聯經出版公司，民國76年。

余英時等：《中國歷史轉型時期的知識分子》，台北，聯經出版公司，民國81年。

吳智和：《明代的儒學教官》，台北，學生書局，民國80年。

吳智和編：《明史研究論叢》第一、二輯，台北，大立出版社。

吳　晗：《朱元璋大傳》，台北，遠流出版公司重印，民國80年。

吳　晗：《讀史劄記》，台北翻印本。

吳　晗：《吳晗史學論著選集》，北京，人民出版社，1988年。

李才棟：《江西古代書院研究》，南昌，江西教育出版社，1993

年。

李文治：《明清時代封建土地關係的鬆解》，北京，中國社會
　　科學出版社，1993 年。

李　洵：《下學集》，北京，中國社會科學出版社，1995 年。

李焯然：《明史散論》，台北，允晨文化公司，民國 80 年。

杜贊奇(Prasenjit Duara)著，王福明譯：《文化、權力與國——
　　1900～1942 年的華北農村》，南京，江蘇人民出版
　　社，1994 年。

杜正勝：《編戶齊民——傳統政治社會結構之形成》，台北，
　　聯經出版公司，民國 79 年。

邱仲麟：《明代北京都市社會的變遷》，台灣大學歷史研究所
　　碩士論文，民國 80 年。

周康燮編：《明代社會經濟史論集》，香港，崇文書店，1975
　　年。

孟　森：《明代史》，台北，中華叢書委員會，民國 82 年。

林麗月：《明代的國子監生》，中國學術著作獎助委員會，民
　　國 67 年。

林麗月：《明末的東林運動》，台灣師範大學歷史研究所博士
　　論文，民國 71 年。

洪煥椿：《明清史偶存》，南京，南京大學出版社，1992 年。

韋慶遠：《明清史新析》，北京，中國社會科學出版社，1995
　　年。

侯外廬編：《中國思想通史》，北京，人民出版社，1960 年。

侯外廬編：《宋明理學史》，北京，人民出版社，1987 年。

胡美琦：《中國教育史》，台北，三民書局，民國 67 年。

容肇祖：《明代思想史》，台北，台灣開明書店，民國 71 年。

徐揚杰：《宋明家族制度史論》，北京，中華書局，1995 年。

徐復觀：《學術與政治之間》，台北，學生書局，民國 69 年。

徐復觀：《儒家政治思想和民主自由人權》，台北，學生書局，
　　　　民國 68 年。

秦家懿：《王陽明》，台北，東大圖書公司，民國 76 年。

梁其姿：《施善與教化》，台北，聯經出版公司，民國 86 年。

張仲禮著，李榮昌譯：《中國紳士——關於其在 19 世紀中國
　　　　社會中作用的研究》，上海，社會科學院出版社，
　　　　1991 年。

張治安：《明代政治制度研究》，台北，聯經出版公司，民國
　　　　81 年。

張其昀等：《陽明學論文集》，台北，華岡出版公司，民國 66
　　　　年。

張捷夫：《中國喪葬史》，台北，文津出版社，民國 84 年。

淡江大學中文系編：《晚明思潮與社會變動》，台北，弘化出
　　　　版公司，民國 76 年。

陳　來：《有無之境》，北京，人民出版社，1991 年。

陳東原：《中國教育史》，台北，商務印書館，民國 25 年。

陳郁夫：《江門學記》，台北，學生書局，民國 76 年。

陳榮捷：《王陽明與禪》，台北，學生書局，民國 73 年。

陳榮捷：《王陽明傳習錄詳註集評》，台北，學生書局，民國 77 年。

陳榮捷：《朱熹》，台北，東大圖書公司，民國 79 年。

陳學文：《明清社會經濟史研究》，台北，稻禾出版社，民國 80 年。

傅衣凌：《明代江南市民經濟初探》，台北，谷風出版社影印，民國 75 年。

傅衣凌編：《明清福建社會與鄉村經濟》，廈門，廈門大學，1987 年。

傅衣凌：《明清封建土地所有制論綱》，上海，上海人民出版社，1992 年。

滋賀秀三：《明清時期的民事審判與民間契約》，北京，法律出版社，1998 年。

勞思光：《中國哲學史》，台北，三民書局，民國 79 年。

喬繼堂：《中國歲時禮俗》，台北，百觀出版社，民國 82 年。

嵇文甫：《晚明思想史論》，上海，商務印書館，民國 33 年。

嵇文甫：《左派王學》，台北，國文天地雜誌社重印，民國 79 年。

湯志敏：《明代嘉、隆、萬三朝的反王學議論》，文化大學史學研究所碩士論文，民國 80 年。

黃仁宇：《放寬歷史的視界》，台北，允晨文化公司，民國 77
　　　　年。

黃仁宇：《萬曆十五年》，台北，食貨出版社，民國 77 年。

黃彰健：《明代律例彙編》，台北，中央研究院歷史語言研究
　　　　所，民國 65 年。

黃彰健：《明清史研究叢稿》，台北，商務印書館，民國 66
　　　　年。

楊國禎、陳支平：《明史新編》，台北，雲龍出版社，民國 84
　　　　年。

葛兆光：《道教與中國文化》，上海，人民出版社，1987 年。

劉俊文編：《日本學者研究中國史論著選譯》，北京，中華書
　　　　局，1993 年。

劉志偉：《在國家與社會之間——明清廣東里甲賦役制度研
　　　　究》，廣州，中山大學出版社，1997 年。

蕭福登：《敦煌俗文學論叢》，台北，商務印書館，民國 77
　　　　年。

蕭公權：《中國政治思想史》，台北，聯經出版公司，民國 71
　　　　年。

賴惠敏：《明代南直隸賦役制度的研究》，台北，台灣大學文
　　　　史叢刊，民國 72 年。

錢　杭等：《十七世紀江南社會生活》，杭州，浙江人民出版
　　　　社，1996 年。

錢　　穆：《朱子學提綱》，台北，三民書局，民國 64 年。

錢　　穆：《中國思想史論叢》，台北，東大圖書公司，民國 75
　　　　　年。

錢　　穆：《宋明理學概述》，台北，學生書局，民國 76 年。

錢　　穆：《宋明理學概述》，台北，學生書局，民國 76 年。

錢　　穆：《中國學術通義》，台北，學生書局，民國 77 年。

謝國楨：《明末清初的學風》，台北翻印本。

關文發、顏廣文：《明代政治制度研究》，北京，中國社會科
　　　　　學出版社，1995 年。

釋聖嚴著、關世謙譯：《明末中國佛教之研究》，台北，學生
　　　　　書局，民 77 年。

欒成顯：《明代黃冊研究》，北京，中國社會科學出版社，1998
　　　　　年。

2.論文

王家儉：〈呂坤的憂患意識與經世思想〉，《師大歷史學報》，
　　　　　13 期，民國 73 年 6 月。

王家儉：〈晚明的實學思潮〉，《漢學研究》，7 卷 2 期，民國
　　　　　78 年 12 月。

王崇峻：〈明代書院講學的研究〉，台灣師範大學歷史研究所
　　　　　碩士論文，民國 82 年。

王崇峻：〈明儒鄒守益的講學與論學〉，刊《孔孟學報》第 69

期，民國 84 年 3 月。

王崇峻：〈明儒羅洪先的理學與實踐〉，刊《國際人文年刊》，
　　　　第 6 期，民國 86 年 6 月。

甲　凱：〈明代的學風與士習〉，《中國歷史學會史學集刊》，
　　　　7 期，民國 64 年。

朱鴻林：〈明代中期地方社區治安重建理之展現〉，刊韓國《中
　　　　國學報》，第 32 輯，1992 年 8 月。

李孝悌：〈從中國傳統士庶文化的關係看 20 世紀的新動向〉，
　　　　《中央研究院近代史研究所集刊》，第 19 期，民國
　　　　79 年 6 月。

李孝悌：〈17 世紀以來的士大夫與民眾——研究回顧〉，《新
　　　　史學》，4 卷 4 期，民國 82 年 12 月。

余英時：〈現代儒學的回顧與展望——從明清思想基調的轉
　　　　換看儒學的現代發展〉，刊黃俊傑主編：《東亞文化
　　　　的探索》，台北，正中書局，民國 85 年。

徐道鄰：〈明太祖與中國專制政權〉，刊《清華學報》，新八
　　　　卷一期。

徐泓：〈明代社會風氣的變遷〉，刊《第二屆國際漢學會議論
　　　　文集》「明清近代史組」。

徐泓：〈明代的家庭：家庭形態、權力角度成員間的關係〉，
　　　　《明史研究》，第 4 輯，合肥，黃山書社，1994 年。

馬堅楚：〈明太祖對道教的態度及其對三教合一的追求〉，《明

史研究》，第 4 輯，合肥，黃山書社，1994 年。

商傳：〈晚明文化商品化與社會縱欲思潮〉，《明史研究》，第 4 輯，合肥，黃山書社，1994 年。

張灝：〈宋明以來儒家經世思想試釋〉，刊《近世中國經世思想研討會論文集》。

張克偉：〈王陽明門人弟子所建書院及講舍考錄〉，刊《孔孟月刊》，26 卷 10 期。

曹松葉：〈宋元明清書院概況〉，刊《中山大學語言歷史研究所週刊》，第 10 卷，民國 29 年。

曹國慶：〈王守仁與南贛鄉約〉，《明史研究》，第 3 輯，合肥，黃山書社，1993 年。

梁洪生：〈江右王門學者的鄉族建設〉，刊《新史學》，8 卷 1 期，1997 年 3 月。

陳寶良：〈明代的保甲與火甲〉，《明史研究》，第 3 輯，合肥，黃山書社，1993 年。

劉桂光：〈論江右王門羅念菴之思想〉，刊《鵝湖學誌》第 14 期，民國 84 年 6 月。

暴鴻昌：〈論晚明社會的奢靡之風〉，《明史研究》，第 3 輯，合肥，黃山書社，1993 年。

五、英日文著作

Kung-Chuan Hsiao(蕭公權)：*Rural China：Imperial Control in the Nineteenth Century*, University of Washington Press, 1960

L. Carrington Goodrich ed. *Dictionary of Ming Biography*《明代名人傳》, Columbia university Press, 1976

WM. Theodore De Bary ed. *Self and Society in Ming Thought*, Columbia University Press , 1970

Wm. Theodore De Bary and John W. Chaffee ed. *Neo-Confucian Education: The Formative Stage,* Berkeley, University of California Press, 1989

酒井忠夫：《中國善書の研究》，東京，圖書刊行會，昭和 35 年。

多賀秋五郎編：《近世東アジア教育史研究》，東京，東京學術書出版會，昭和 45 年。

大久保英子：《明清時代書院の研究》，東京，圖書刊行會，昭和 51 年。

後記

　　這本小書的撰寫，源自於筆者在探討明儒興建書院與講學活動時發現，鄉約是儒學家們為地方官或鄉居時所從事的重點工作，而這項工作的社會意義尤其豐富，但涉及的問題也更加廣泛，因而興起一探究竟之念。然而，在閱讀的過程中卻發現相關的史料其實並不豐富，多數的記載僅只是「某人於何時、何地舉行鄉約」，要深入地瞭解其實際運作過程，諸如民眾的態度與反應、領袖的選拔、經費的運用等問題，皆非易事，所以繼續補充的工作，是非常必要的。

　　本書得以撰就，首要感謝師長們的指導：遠在加拿大的王家儉師，屢屢以書信提示重點，告知方向，用問學討論的方式給予最直接又平實的期勉，特為銘感。黃漢光師協助大量的方志與文集資料，免去奔波蒐尋之苦。徐光國主任的期勉，林宗賢、董光濤師的鼓勵，同事好友康培德代為蒐集資料，吳翎君、黃熾霖、林偉信的關心和幫助，亦衷心謝感。當然，在研究的過程中，父母與妻子的支持，特別是妻子既要做為本書的第一位讀者與校對，又要承擔所有家務，沒有他們，研究是無法持續進行的。

　　又，本書附錄四〈明代中期江右王門學者的鄉村運動〉，承蒙國立編譯館館刊惠允審查，即將出刊，而審查人提示筆者疏漏之處，更為可貴，亦為感佩。

　　承蒙文史哲出版社彭正雄先生高誼，惠允出版此書，謹表深湛的謝忱。

王崇峻

民國八十九年三月於國立花蓮師範學院